Xpert.press

Die Reihe **Xpert.press** vermittelt Professionals
in den Bereichen Softwareentwicklung,
Internettechnologie und IT-Management aktuell
und kompetent relevantes Fachwissen über
Technologien und Produkte zur Entwicklung
und Anwendung moderner Informationstechnologien.

Jochen Seemann
Jürgen Wolff von Gudenberg

Software-Entwurf mit UML 2

Objektorientierte Modellierung
mit Beispielen in Java

2. Auflage
Mit 252 Abbildungen und CD-ROM

 Springer

Jochen Seemann
DSL Tools Team
Microsoft
Redmond
jochen@seemanns.net

Jürgen Wolff von Gudenberg
Lehrstuhl für Informatik II
Universität Würzburg
Am Hubland
97074 Würzburg
wolff@informatik.uni-wuerzburg.de

Bibliografische Information der Deutschen Bibliothek
Die Deutsche Bibliothek verzeichnet diese Publikation in der Deutschen
Nationalbibliografie; detaillierte bibliografische Daten sind im Internet über
http://dnb.ddb.de abrufbar.

ISSN 1439-5428
ISBN-10 3-540-30949-7 Springer Berlin Heidelberg New York
ISBN-13 978-3-540-30949-9 Springer Berlin Heidelberg New York
ISBN-10 3-540-64103-3 1. Auflage Springer Berlin Heidelberg New York

Springer ist ein Unternehmen von Springer Science+Business Media

springer.de

© Springer-Verlag Berlin Heidelberg 2000, 2006
Printed in Germany

Satz: Druckfertige Daten der Autoren
Herstellung: LE-TeX, Jelonek, Schmidt & Vöckler GbR, Leipzig
Umschlaggestaltung: KünkelLopka Werbeagentur, Heidelberg
Gedruckt auf säurefreiem Papier   33/3100 YL – 5 4 3 2 1 0

Vorwort

Der objektorientierte Software-Entwurf ist weiterhin auf dem Vormarsch. Nachdem sich Programmiersprachen wie C++ und Java rasch verbreitet hatten, rückte die objektorientierte Analyse und der objektorientierte Entwurf in den Mittelpunkt des Interesses. Eine Vielzahl von Entwicklungsmethoden wurde in den 90er Jahren publiziert. Hinter all diesen Ansätzen steht der Wunsch, die Erstellung von Software von der bloßen Programmierung in einen systematischen, nachvollziehbaren Herstellungsprozess zu verwandeln. Weil fast jeder, der eine objektorientierte Programmiersprache einsetzt, Diagramme zeichnet, die seine Software dokumentieren, standen Entwurfsdiagramme schon immer im Zentrum der objektorientierten Methoden.

Im Zeichen zunehmender Komplexität, dem Trend zur Wiederverwendung von Software einerseits und der verteilten Entwicklung andererseits wurde der Wunsch nach einer einheitlichen Diagramm-Sprache für die Modellierung laut. Die Modellierungssprache UML (Unified Modeling Language), die sich innerhalb kurzer Zeit als Standard etabliert hat, stellt sich dieser Herausforderung. Darüberhinaus regte ihre Definition auch umfangreiche wissenschaftliche Aktivitäten an, und ihr Gebrauch wird immer mehr in Vorlesungen gelehrt.

UML ist eine Modellierungssprache, die für die Dokumentation der Analyse, des Entwurfs und der Implementierung objektorientierter Software entworfen wurde. Zu diesem Zweck vereinigt die UML eine Vielzahl von Beschreibungstechniken und unterstützt verschiedene Modelle. Sie beinhaltet kein Vorgehensmodell zur Software-Entwicklung, gibt aber den Rahmen eines Entwurfsprozesses vor.

Wir stellen im ersten Teil des Buches die visuelle, grafische Sprache UML, also die verschiedenen Untersprachen oder Diagrammarten, ähnlich wie eine Programmiersprache vor.

Das zentrale Anliegen des zweiten Teils ist der sinnvolle Einsatz dieser Mittel, die Kombination mehrerer Diagrammarten, um unser letztendliches Ziel, die kontrollierte und dokumentierte Erstellung von Software zu erreichen. So widmen wir uns in diesem Teil des Buches der Umsetzung eines UML-Modells in ausführbaren Code. Als Zielsprache verwenden wir Java.

Wir stellen ein einfaches Vorgehensmodell vor, das vorschreibt, wie man durch den Einsatz verschiedener UML-Diagramme Software entwirft. Diese Vorgehensweise wird verwendet, um ein vollständiges Beispiel, den Entwurf und die Implementierung einer Tabellenkalkulation, zu beschreiben. Die UML-Diagramme und das komplette Java Programm sind auf der beiliegenden CD enthalten.

Dieses Buch wendet sich in gleicher Weise an den Anwender wie an den Lernenden. Wünschenswert, aber nicht zwingend, sind Grundkenntnisse einer objektorientierten Programmiersprache wie C++ oder Java. Das Buch soll den Schritt zum objektorientierten Software-Entwurf unterstützen, indem es Umsteigern eine Einführung vermittelt und die teilweise neuen Beschreibungstechniken erläutert. Durch seinen übersichtlichen, aussagekräftigen Referenzteil am Schluss hilft das Buch auch Profis beim täglichen Einsatz der UML. Diese Zusammenfassung der UML ist zusätzlich als Hypertext auf der CD zu finden. Studenten und Neulinge werden das Buch sicher von Kapitel 1 bis Kapitel 15 lesen, während erfahrene Programmierer, die vor allem der Einsatz von UML zur Dokumentation der Software interessiert, vielleicht bei Kapitel 10 oder 11 anfangen werden und dann die einzelnen Kapitel des ersten Teiles nach Bedarf hinzuziehen.

Das Buch ist entstanden aus Vorlesungen an der Universität Würzburg sowie Schulungen der Firma 3SOFT in Erlangen. Im Verlauf der Fertigstellung des Buches wurde von der Object Management Group (OMG) eine Erweiterung des vorliegenden UML-Standards angeregt, deren Entwicklung sich bis in den Juli 1999 erstreckte. Diese neue Version 1.3 wurde vollständig in Buch und Referenz eingearbeitet.

Wir danken allen Kollegen, Studenten und Kursteilnehmern, die durch ihre Diskussionsbeiträge und Fragen zur Entstehung und Gestaltung des Buches beigetragen haben. Insbesondere sind hier Dr. Jürgen Schmied und Michael Lerch zu nennen, sowie Peter Fleischmann, der uns bei der Layout-„TeX"nik unterstützte.

Den Mitarbeitern des Springer-Verlages danken wir für die Geduld, die sie für die in Terminnöte geratenen Autoren aufbrachten. Unser besonderer Dank gilt ferner unseren Familien, die durch ihre wohlwollende Unterstützung wesentlich zum Gelingen des Buches beitrugen.

Würzburg, im August 1999   Jochen Seemann
                                              Jürgen Wolff von Gudenberg

Vorwort zur zweiten Auflage

Der Siegeszug der UML setzte sich in den vergangenen 5 Jahren fort. In diesem Sog wurde auch das vorliegende Buch so gut nachgefragt, dass eine zweite Auflage fällig wurde. Wir danken den interessierten Lesern.

Die Geschichte der 2. Auflage ähnelt dem Märchen vom Hase und vom Igel. Immer wenn sich die zwei Autoren zusammen gesetzt hatten und meinten fertig zu sein, meldete sich der Hase UML mit einer neuen Version zurück.

Die Versionen 1.4 und 1.5 brachten neben vielen Klarstellungen und Änderungen der Semantik einige auch für ein einführendes Werk wichtige neue Sprachelemente. So erfolgte eine weiter gehende Angleichung an die Programmiersprache Java.

Aber schon vor der Fertigstellung der Version 1.5 hatte sich ein Prozess der totalen Neugestaltung der UML in Gang gesetzt, der im Jahre 2003 mit den ersten Entwürfen an die Öffentlichkeit trat. Neben einer neuen Fundierung auf das Metamodell wurden vor Allem die Sequenz- und Interaktionsdiagramme erheblich erweitert. Dem Trend zum Komponenten basierten Programmieren wurde durch detailliertere Komponentendiagramme Rechnung getragen.

So musste das gesamte Buch neu geschrieben werden. Nach langen Diskussionen haben wir uns entschlossen, im Aufbau und in der Wahl der Beispiele der alten Vorlage treu zu bleiben. So wird in diesem Buch erstens die Syntax der UML 2.0 dargestellt, zweitens ein inzwischen auch in der Praxis bewährter Entwicklungsprozess vorgestellt und drittens die Umsetzung eines umfangreichen Beispiels in Java behandelt. Eine ausführliche UML Referenz im Anhang rundet das Buch ab.

Dank an alle Studenten und Leser, die uns auf Fehler oder Ungereimtheiten in der ersten Auflage hinwiesen, und an die, die bei der Neuauflage mithalfen, namentlich Holger Eichelberger und Gregor Fischer.

Würzburg, im November 2005

Jochen Seemann
Jürgen Wolff von Gudenberg

Inhaltsverzeichnis

Teil II Anwendung der UML

Teil III Formale Grundlagen der UML

Teil IV Anhang

Teil I

UML als Entwurfssprache

Kapitel 1

Modellierung von Software-Systemen

In diesem Kapitel gehen wir kurz auf die Wurzeln der UML ein und erläutern den Aufbau des Buches. Wir stellen verschiedene Modelle und Sichten auf ein Software-System vor.

- Software-Entwicklungsphasen
- Systemstruktur
- Systemverhalten
- Modellierung

Schließlich entwerfen wir unsere UML-Pyramide, die uns in immer neuen Ausprägungen durch das gesamte Buch führen wird.

Struktur   Verhalten

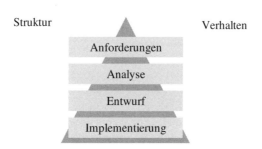

1.1 Entstehung der UML

Nach dem Vormarsch der objektorientierten Programmiersprachen, allen voran C++, in den späten 80er Jahren, setzte in den letzten 10 Jahren eine Entwicklung ein, den objektorientierten Ansatz nicht nur beim Programmieren zu verwenden, sondern von Anfang an den Software-Entwicklungsprozess darauf auszurichten. Es entstand eine Vielzahl von Methoden zur objektorientierten Analyse und Entwurf von Software Systemen (z.B. [16, 28, 5, 6, 26, 27, 11, 15, 3]) die sowohl in Notation als auch in der Vorgehensweise mehr oder weniger stark voneinander abwichen. Unter einer Methode, manchmal auch Methodologie genannt, versteht man dabei eine Modellierungssprache und einen Prozess, der die Vorgehensweise festlegt. Die einzelnen Methoden setzen unterschiedliche Schwerpunkte in der Modellierung. Bei einigen steht das prozessorientierte, dynamische Verhalten im Mittelpunkt, andere lassen sich eher als Erweiterung bekannter Datenverwaltungsparadigmen auffassen. Vorgehen und Schreibweisen aus der strukturierten Analyse oder funktionalen Modellierung wurden teilweise ohne Änderung übernommen. In der Regel waren weder Sprache noch Vorgehensmodell klar und eindeutig formuliert oder gar formalisiert. Trotzdem überschritten einige Methoden die Schwelle zur praktischen Anwendung und es existiert eine Reihe von CASE Tools, die sie mehr oder weniger stark unterstützen.

Der Wechsel vom funktionalen, strukturierten Modellieren zur Objektorientierung wurde dadurch nicht einfacher, es war lange Zeit nicht klar, welche Methoden überleben würden.

Trotz ihrer Verschiedenheit wiesen die Methoden doch auch viele Gemeinsamkeiten auf, so bietet eigentlich jede ein statisches Strukturdiagramm, in dem die Klassen und ihre Beziehungen dargestellt werden. Unterschiede im Detail und in der Notation, machten jedoch das Verständnis eines in einer anderen Modellierungssprache formulierten Diagramms unnötig schwer. Der Wunsch nach einer Standardisierung und Klarstellung kam auf.

Mit Interesse und großer Erwartung wurde deshalb der Wechsel von Jim Rumbaugh [26] und Ivar Jacobson [11] zu Rational betrachtet, in dessen Diensten mit Grady Booch [3] bereits ein weiterer OO-Guru stand. So waren die Begründer der drei bekanntesten Entwurfsmethoden, nämlich der Booch-Methode, der vor allem wegen ihrer klaren Notation sehr beliebten OMT Methode und der OOSE Methode, die neue Wege der Anforderungsermittlung im objektorientierten Kontext beschritten hatte, an einer Stelle konzentriert.

Und in der Tat erarbeiteten diese drei Amigos, wie sie sich selbst nennen, im Laufe der Jahre 1996 und 1997 die **Unified Modeling Language, UML**, die seit September 1997 in der Version 1.1 vorlag [23] und im November von der OMG als Standard [20] akzeptiert wurde. Mittlerweile wurde nach einer Zwischenversion eine neue Version 1.3 [25] entwickelt und bei der OMG zur Normung eingereicht, die Mitte 1999 abgeschlossen sein soll. In Abb. 1.1 sind die drei Hauptquellen der UML und weitere einflussreiche Modellierungstechniken dargestellt.

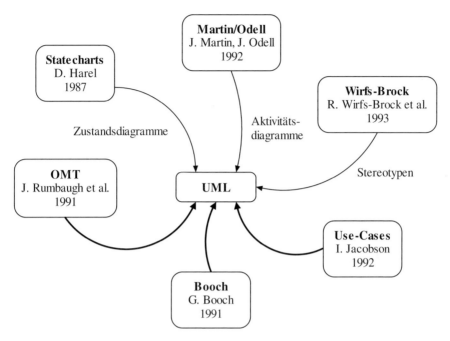

Abbildung 1.1. Die Entwicklung zur UML

Seit der ersten Auflage dieses Buches hat sich die UML weiter entwickelt. 2001 und 2003 entstanden die Versionen 1.4 und 1.5. Parallel dazu wurde eine komplette Neuorientierung der Spezifikation in Angriff genommen. Im Jahre 2003 gipfelte diese in der Veröffentlichung der vorläufigen UML 2.0 [21], deren wesentlicher Teil im Oktober 2004 akzeptiert wurde. UML 2.0 führt neue Beschreibungstechniken ein, die wir in dieser 2. Auflage des Buches ebenfalls vorstellen.

UML ist eine Sprache, die sich im gesamten Verlauf der Software-Entwicklung von der Anforderungsaufnahme über die konzeptionelle Analyse des Systemverhaltens bis zur detaillierten Beschreibung der Implementierung einsetzen lässt. Dabei kommen unterschiedliche Techniken und Notationen zum Einsatz. Es lassen sich Sichten und Modelle für verschiedene Aspekte aufstellen.

UML ist allerdings keine Methode, die mit einem genauen Vorgehensmodell den Software-Entwicklungsprozess regelt. Diese Entscheidung wurde bewusst getroffen, um die Verwendbarkeit der UML zu erhöhen. Eine detaillierte Vorschrift zur Erstellung von Software-Systemen hängt von vielen Faktoren ab, die Art des gestellten Problems, der Umfang, die Anzahl und Qualifikation der beteiligten Entwickler, die vorherrschende und eingeschliffene firmeninterne Praxis sind nur einige. Aus diesen Gründen wurde darauf verzichtet, sich auf einen für alle Anwendungen gültigen Entwicklungsprozess zu einigen. Durch diese Entscheidung haben die Entwickler die nötige Freiheit beim Modellieren, sie können in ihren gewohnten, objektorientierten Strukturen denken und brauchen nur die Notation anzupassen. Viel stärker wird der Effekt von UML auf die Gruppe sein, die bisher nicht objektorientiert vorgegangen ist. Durch das Vorliegen eines Standards wird der Schritt zur objektorientierten Vorgehensweise erleichtert.

Existierende Vorgehensmodelle können und werden für den Gebrauch der UML umgeschrieben werden und neue werden entstehen. Der Übergang zwischen diesen Prozessen wird erleichtert, die Verständlichkeit erhöht, da die Kommunikation in einheitlicher Sprache erfolgt.

Die UML kann diesen an sie gestellten Anspruch erfüllen, weil sie sich in verschiedene Untersprachen aufgliedert, deren Gebrauch und Gewichtung bei der Beschreibung des Modells von Fall zu Fall unterschiedlich ausfallen kann, und weil sie durch eingebaute Erweiterungsmechanismen flexibel genug ist, um an veränderte Situationen angepasst zu werden.

1.2 Zum Aufbau des Buches

Das Buch ist in drei Teile gegliedert, die den Umfang der UML vorstellen, ihre Anwendung beschreiben und etwas über die formale Grundlage mitteilen. Wie bei der Konstruktion von Software können wir diese Teile mit einer typischen Frage charakterisieren: Wir beschreiben **was** UML ist und **wie** sie angewendet wird.

Am Anfang stellen wir also die Frage: „Was steht an Modellierungs-Hilfsmitteln zur Verfügung?". Die Antwort hierauf geben wir im ersten Teil dieses Buches, indem wir die visuelle, grafische Sprache UML, also die verschiedenen Untersprachen oder Diagrammarten, ähnlich wie eine Programmiersprache einführen. Dabei halten wir uns eng an die im Originaldokument [21] vorgegebene Syntax und Semantik. Wir wollen jedoch an dieser Stelle schon bemerken, dass in dem Dokument selbst immer noch einige Widersprüche und Ungereimtheiten stehen, die wir durch eine eigene Interpretation auflösen.

Der Unterschied zwischen Modellierungs- und Programmiersprachen liegt zum Einen in der Bedeutung: Während eine Modellierungssprache vor Allem eine Beschreibung, eine Spezifikation ausdrückt, hat eine Programmiersprache stärkeren Ausführungscharakter, zum Anderen in der Detailtiefe, so schreibt die UML primitive Datentypen und deren Ausdruckskonzept nicht vor. Die Frage, ob überhaupt und wenn ja an welcher Stelle die Programmiersprache in den Entwurfsdokumenten berücksichtigt werden sollte, wollen wir nicht endgültig beantworten, sondern dem Entwickler von Fall zu Fall die Entscheidung überlassen. Da wir aber einen Schwerpunkt des Buches auf die Umsetzung des Entwurfs in Programmcode legen, wollen wir am Beispiel der Sprache Java illustrieren, wie UML zur implementierungsnahen Dokumentation von Programmen herangezogen und wie leicht sie auf Gepflogenheiten der Programmiersprache zugeschnitten werden kann.

Bei der Reihenfolge der Vorstellung folgen wir der allgemein anerkannten Gliederung des Software-Erstellungszyklus in

- Anforderungsermittlung,
- Analyse,
- Entwurf und
- Implementierung.

Wir stellen allerdings die verschiedenen Diagrammarten jeweils vollständig in einem Kapitel vor und unterscheiden hier nicht zwischen Analyse- oder Entwurfsdiagrammen. Ein Vorteil des objektorientierten Ansatzes im Allgemeinen und der UML im Speziellen liegt ja gerade darin, dass die Grenzen zwischen den Entwicklungsphasen fließend gestaltet und ohne Wechsel der Notation überschritten werden können.

Nach Abschluss des ersten Teils hat der Leser also einen Überblick darüber, was ihm an Modellierungsmitteln zur Verfügung steht. Der Haupteinsatzzweck der einzelnen Diagrammarten ist vorgestellt. Die Analyse der Sprache, unserer Anwendungsdomäne, ist abgeschlossen.

Die Einführung wird begleitet und illustriert durch die Modellierung eines Monopoly-Spiels, in der verschiedene Aspekte eines zusammenhängenden Problems dargestellt werden. Dieses Beispiel kann ohne großen Aufwand bis zur Implementierung durchgezogen werden. Wir gehen aber nicht so weit und nutzen es eher aus, um die vielen kleinen Beispiele, die zur Einführung in eine neue Sprache einfach notwendig sind, in einem Gesamtrahmen zu formulieren, der einem praktischen Einsatz recht nahe kommt. Wir bemühen uns also, auch einfache Beispiele zur Erläuterung der Notation anwendungsnah zu halten. In diesem Sinne verlassen wir das Monopoly-Spiel auch, wenn es um die dynamischen Zustandsdiagramme geht, da es hierfür keine guten Ansatzpunkte liefert. Statt dessen modellieren wir nun Verkehrsampeln.

Im zweiten Teil des Buches widmen wir uns der Umsetzung eines UML-Modells in ausführbaren Code. Wir führen aus, wie die bereitgestellten Beschreibungstechniken sinnvoll eingesetzt werden und mehrere Diagrammarten zusammen spielen, um unser letztendliches Ziel, nämlich die Erstellung eines guten Programms, zu erreichen.

Wir stellen in Kapitel 10 ein auf UML zugeschnittenes Vorgehensmodell zur Software-Erstellung vor. Hier unterscheiden wir, ganz im Sinne unserer Pyramide (siehe Abb. 1.2) deutlich zwischen den Phasen der Anforderungsermittlung, Analyse, Entwurf und Implementierung. Wir sehen diese Vorgehensweise als einen Leitfaden an und glauben, dass wir dem Leser damit eine wichtige Hilfe zum erfolgreichen Einsatz von UML geben. Andererseits lassen wir dem Entwickler noch genügend Freiheiten, um seine eigene Erfahrung einzubringen. Das Vorgehensmodell selbst wird mit UML-Diagrammen erläutert.

Unter der Implementierung verstehen wir die Umsetzung der Diagramme, in denen alle Informationen zur Software festgehalten wurden, in den Quellcode. Wir legen uns dabei bewusst nicht auf ein CASE-Tool fest, sondern beschreiben diesen Schritt eher prinzipiell.

Als Zielsprache verwenden wir Java. Nach einigen allgemeinen Faustregeln erläutern wir genauer, wie man in mehreren Verfeinerungsschritten von Klassendiagrammen fast automatisch zu Java Klassendefinitionen kommt, und erläutern, wie die Methodenrümpfe aus anderen Diagrammen gewonnen werden können. In dem Kapitel 11 zeigen wir auch, dass die UML hervorragend geeignet ist, Java Programme oder Klassenbibliotheken zu dokumentieren.

Im nächsten Kapitel 12 werden gängige Entwurfsmuster eingeführt und mit UML dokumentiert. Es wird nahegelegt und an einigen kleinen Beispielen illustriert, wie diese sinnvoll zu verwenden sind.

Als Abschluss dieses Teils modellieren wir ein neues, vollständiges Beispiel: Entwurf und Implementierung einer Tabellenkalkulation. Wir durchschreiten nach unserem Prozessmodell die Entwicklungsphasen Anforderungsermittlung, Analyse, Entwurf bis hin zur Implementierung und zeigen den sinnvollen Einsatz von verschiedenen Diagrammarten und -varianten in einem Projekt. Die UML-Diagramme und das komplette Java Programm sind auf der beiliegenden CD enthalten.

Im letzten Teil geben wir einen kurzen Einblick in die formalen Grundlagen der UML und stellen das Metamodell vor, um ein tieferes Verständnis für die Erweiterungsmechanismen zu schaffen.

Für die tägliche Arbeit mit der UML ist die Sprachreferenz sehr hilfreich, in der die Syntaxregeln der UML zusammengefasst sind. Der Referenzteil enthält keine näheren Erläuterungen mehr zur Bedeutung der Sprachelemente, statt dessen wurde ein ausgeklügeltes, Hypertext-artiges Verweissystem aufgebaut, in dem die Stelle des Buches, an der das Element beschrieben ist, referenziert wird. Eine html-Version des Referenzteils befindet sich ebenfalls auf der CD.

1.3 Modelle, Sichten und Diagramme

Dieses Buch beschreibt die Modellierung von Software-Systemen, die zur Lösung eines Anwendungsproblems entworfen werden. In diesem Sinne werden wir verschiedene Modelle sowohl der Anwendungsdomäne als auch des Software-Systems präsentieren und diese alle mit Hilfe von UML-Diagrammen darstellen. Diagramme sind Sichten auf ein Modell, die einen Aspekt oder einen Teil beleuchten.

Ein System, sei es ein beliebiger Ausschnitt aus der realen Welt, eine vorgegebene Aufgabenstellung oder ein Software-System,

- lässt sich generell als eine Menge von Funktionen, Anwendungsfällen, Diensten, etc. betrachten, also funktional modellieren. Wichtig sind hier die Schnittstellen und Aufrufkonventionen.

- wird andererseits durch eine Menge von Prozessen, Abläufen, Vorgängen, Workflows, etc. beschrieben, also eher prozessorientiert dargestellt. Man legt Wert auf Kommunikation und Interaktion.
- kann als Menge von Ausführungsszenarien aufgefasst werden.
- kann einfach nur aus Daten oder Objekten aufgebaut sein. Man interessiert sich nun für deren Struktur und Beziehungen untereinander, regelt die Kommunikation, beschreibt detailliert ihre Kooperation oder stellt Zustandsfolgen auf.
- wird üblicherweise in Subsysteme zerlegt, deren Abhängigkeiten nun zu betrachten sind.
- besteht aus eigenständigen, wiederverwendbaren Komponenten. Sowohl das Zusammenspiel der Komponenten als auch ihr innerer Aufbau sind zu beschreiben. Angaben über Funktionsweise und Installation gehören ebenfalls zum Gesamtbild.
- ist eher technisch gesehen eine Menge von Dateien, Dokumenten, Vorschriften, Regeln und dergleichen mehr.
- kann als verteiltes System auf einzelne Rechnereinheiten aufgeteilt sein.

Diese Betrachtungsweisen schließen sich nicht aus, es wird jedoch je nach Anwendung die eine oder andere im Vordergrund stehen. Orthogonal zu diesen Gesichtspunkten können auch Modelle für die einzelnen Entwicklungsphasen aufgestellt werden, oder einige Details beleuchtet werden.

Modelle beschreiben also nicht nur inhaltliche Aspekte, sondern berücksichtigen auch den Verlauf der Entwicklung. Ein Modell kann durch ein oder mehrere Diagramme gleichen oder unterschiedlichen Typs repräsentiert werden.

Grundsätzlich ist zwischen dem Modell der Anwendungsdomäne, welches durch eine sorgfältige Analyse der Aufgaben, Vorgänge und Beziehungen zwischen beteiligten Objekten ermittelt wird, und dem Systemmodell, das daraus entworfen wird, zu unterscheiden.

Die folgende UML Pyramide gibt einen guten Überblick über die von der UML vornehmlich unterstützten Modelle. Wir unterscheiden einerseits zwischen statischen und dynamischen Modellen, und gehen andererseits auf die oben genannten vier Entwicklungsphasen ein. Alle Kombinationen können durch geeignete UML-Diagramme veranschaulicht werden.

Als Ausgangspunkt für die Analyse werden die Anforderungen durch Geschäftsprozesse oder Anwendungsfälle beschrieben, in denen außen stehende Akteure Aktionen auslösen und organisatorische Abläufe formuliert werden. Strukturelle Zusammenhänge zwischen Objekten der realen Welt werden in Form eines ersten Klassendiagramms dargestellt. Ein Paketdiagramm stellt Gruppen von eng zusammenarbeitenden Objekten dar.

Wir beschreiben den Entwicklungsprozess in Kapitel 10 als einen Vorgang, der nach der Zusammenstellung der Anforderungen und einer anwendungsbetonten Systemanalyse, die das Domänenmodell liefert, dieses auf das zu

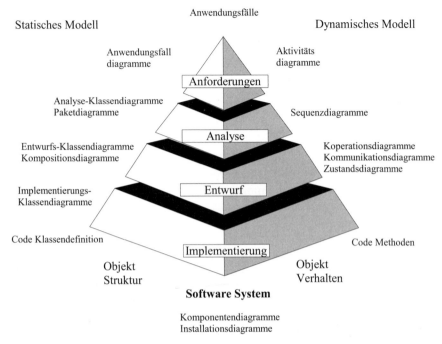

Abbildung 1.2. Der Umfang und das Einsatzgebiet der UML

erstellende Software-System überträgt und dann weiter verfeinert und bis zur Implementierung durchzieht.

Es wäre jedoch völlig verfehlt und irreführend, hieraus zu schließen, dass Software-Entwurf eine derart lineare, top-down durchführbare Angelegenheit ist. Die Pyramide bildet nur die Rahmenrichtlinien, zeigt die Phasen auf und beschreibt einen ersten Ansatz, in dem aber sicher für die einzelnen Schritte mehrere Iterationen benötigt werden, die ineinander verzahnt ablaufen werden.

Die Anforderungen des Systems können durch Aufzählen verschiedener Anwendungsfälle (engl. Use-Cases) ermittelt werden. Zu jedem Anwendungsfall gehören einige Szenarien, die dessen mögliche, alternative Abläufe beispielsweise in textueller Notation angeben. Diese Szenarien tragen also zur Beschreibung und damit auch zur Begrenzung des Funktionsumfangs des Systems bei. Anwendungsfalldiagramme fassen die verschiedenen Use-Cases zusammen. Ferner binden sie den normalerweise außen stehenden Benutzer, das kann auch ein externes Software-Produkt sein, als Akteur mit in die Spezifikation ein. Ein Use-Case kann einen anderen benutzen, aufrufen oder erweitern, d.h. an einer Stelle neue, detaillierte Funktionalität einbringen.

Anwendungsfalldiagramme stellen damit eine Außensicht des Funktionsumfangs des Systems dar, sie beschreiben ein Anforderungsmodell.

Anwendungsfälle oder Use-Cases dienen als Kommunikationsgrundlage mit dem Auftraggeber und sollten auf jeden Fall zur Testgenerierung und zur Erstellung früher Prototypen herangezogen werden. Oft wird empfohlen, sie als Grundlage für den gesamten Software-Entwicklungsprozess zu verwenden. Doch wird dieses methodische Vorgehen durch die UML, die ja nur eine Sprache und keine Vorgehensweise ist, nicht erzwungen.

Mit Hilfe von Aktivitätsdiagrammen lässt sich ein Szenario, ein Ablauf eines Anwendungsfalles, allgemeiner ein Vorgang (engl. workflow) veranschaulichen. Die verschiedenen Phasen oder Zustände eines Prozesses werden durch Transitionen miteinander verbunden. Dabei kann der Kontrollfluss durch Bedingungen und Verzweigungen und der Datenfluss durch Weitergabe von Objekten entlang der Transitionen protokolliert werden. Die UML bietet so auch die Möglichkeit Geschäftsprozesse zu modellieren und ein Vorgangsmodell aufzustellen.

Aus den Szenarien und Aktivitäten lassen sich Objekte und Klassen sowie ihre Beziehungen mitsamt Attributen und Operationen gewinnen und die grobe statische Struktur als Klassendiagramm veranschaulichen. Dieses erste Klassendiagramm, das das Domänenmodell beschreibt, wird in der Entwurfsphase verfeinert und dient dann oft als Rückgrat für die Implementierung.

Zusammenhängende Klassen mit ihren Beziehungen und Verhaltensbeschreibungen bilden in UML sogenannte Pakete, deren Abhängigkeiten mit einer speziellen Form von statischem Strukturdiagramm dargestellt werden können. Wichtig ist hierbei die Fähigkeit zur Vergröberung, d.h. ein System, welches nur durch ein Paketdiagramm beschrieben wird, sollte verständlich sein, ohne die Pakete auspacken zu müssen.

Handelt es sich um ein dynamisches, interaktives System, bei dem das Verhalten im Vordergrund steht, so kann auch mit der Darstellung der Kommunikation – des Nachrichtenaustausches – zwischen Objekten in Form von Sequenz- oder Kommunikationsdiagrammen begonnen werden. Erstere beschreiben den zeitlichen Ablauf, letztere berücksichtigen auch die strukturellen Beziehungen.

Noch mehr ins Detail als diese Interaktionsdiagramme gehen die Zustandsübergangsdiagramme, die das dynamische Verhalten eines Objekts als erweiterten Zustandsautomat beschreiben. Für einige dynamisch interessante Objekte, die viele Zustände einnehmen können und in diesen unterschiedlich auf Nachrichten reagieren, wird man durch diese Modellierung nicht nur neue Attribute und Methoden aufspüren, sondern auch wertvolle Information für den Objekttest erhalten.

In der Entwurfsphase wird die statische Struktur verfeinert, aus Analyseklassen entstehen Entwurfsklassen und ihre Assoziationen (Beziehungen) werden genauer festgelegt. Bis hin zur Implementierung in einer Programmiersprache werden vor allem die Klassendiagramme weiter verfeinert, Schnittstellen werden festgelegt, alle Klassenelemente werden detailliert beschrieben.

Solche Diagramme bilden eine hervorragende Dokumentation des Programmcodes, sie dienen als Landkarten zum Verständnis.

Komponenten als Halbfabrikate und ihr Zusammenwirken legen die Grobarchitektur des Software-Systems fest, dargestellt durch verschiedene Komponentendiagramme. Installationsdiagramme beschreiben die betreffende Implementierung in einer verteilten Rechnerumgebung. Im Gegensatz zu den logischen Abhängigkeiten zwischen Paketen werden hier die expliziten physikalischen Verbindungen dargestellt.

Modelle sind Sichten auf das System, die beispielsweise eine Schicht oder eine Flanke der Pyramide als Repräsentant des Gesamtsystems beleuchten und durch Diagramme veranschaulicht werden.

Auch an das Software-System können Anforderungen gestellt werden. So kann von vornherein die Architektur festliegen oder die Rechnerumgebung, für die das System entworfen wird, ist schon von Anfang an bekannt. Auch andere Einzelheiten des Entwurfs, wie etwa die Vorgabe eine existierende Bibliothek zu verwenden, können die Entscheidungsfreiheit begrenzen. Sie sollten jedoch nicht davon abhalten, eine saubere, problemadäquate Analyse durchzuführen.

Das statische Modell kann zumindest konzeptuell durch ein einziges Klassendiagramm beschrieben werden, in der Praxis in größeren Systemen sicher durch eine Anzahl von durchaus überlappenden einzelnen Diagrammen. Der dynamische Aspekt wird durch eine Reihe von Szenarien oder von Sequenzdiagrammen für die einzelnen Anwendungsfälle beschrieben. Diese sind gegen das Referenzmodell, das die Klassendiagramme bilden, abzugleichen. Für die in Sequenzdiagrammen auftauchenden Objekte sollten entsprechende Klassen vorhanden sein.

Schon in einer frühen Phase der Analyse sollte eine Zerlegung des Systems in Subsysteme in Betracht gezogen werden. Hierzu sind Gruppen kooperierender Objekte ausfindig zu machen. Man kann mit Hilfe von Anwendungsfalldiagrammen unabhängige Anwendungsfälle erkennen, die so diese Objektgruppen bestimmen. Auch Aktivitätsdiagramme mit ihrer Einteilung der agierenden Objekte leisten einen Beitrag.

1.4 Das statische Modell

Die Anforderungsermittlung an der Spitze der Pyramide orientiert sich mehr an Einzelfällen, während wir uns im statischen Modell um eine Gesamtsicht auf das zu modellierende Problemfeld bemühen. Wir suchen aus den verschiedenen Szenarien, der verbalen Problemspezifikation oder aus den Vorgangsdiagrammen die wichtigen, aktiven Objekte heraus. Das werden nur sehr selten ganz konkrete, festliegende Objekte sein, sondern in der Regel Musterobjekte oder Rollen, die ein gemeinsames Handlungsschema ausprägen. Noch im Sinne der Anforderungsanalyse ordnen wir den einzelnen Rollen Verantwortlichkeiten zu, die sie zu erfüllen haben.

Die relevanten Aktionen finden zwischen verschiedenen Objekten statt. Es gilt, die Verbindungen der beteiligten Objekte zu modellieren. Die Objekte sind handlungsfähig, sie haben einen Zustand, der von ihnen selbst verwaltet wird. Das Gesamtsystem wird durch die einzelnen Objekte und ihre Verknüpfungen dargestellt, wie schon erwähnt eigentlich mehr durch Rollen und Verbindungsstrukturen.

Das Modell abstrahiert von der Wirklichkeit, indem es für die Aufgabe unwesentliche Details weglässt. Wir fassen gleichartige Objekte als Exemplare einer Klasse auf und modellieren ihre Verknüpfungen als Exemplare von Beziehungen zwischen diesen Klassen. Das gilt sowohl für das Anwendungsmodell wie auch für das zu erstellende Software-System. Im statischen Modell geben wir an,

- **wer** agiert
- welche Verantwortlichkeiten es übernimmt, **was** es tut
- und **mit wem** es kooperiert oder **von wem** es Dienste in Anspruch nimmt.

In UML, wie in eigentlich allen objektorientierten Methoden und Modellierungssprachen werden die Klassen und ihre Beziehungen in Klassendiagrammen oder statischen Strukturdiagrammen dargestellt. Diese eignen sich sowohl zur Modellierung des Anwendungsbereiches und der Grobstruktur der Software als auch zur detaillierten Beschreibung der Implementierung. Sie decken in unserer Pyramide die gesamte statische Flanke ab. Diese vielfältige Verwendbarkeit birgt natürlich auch Gefahren in sich, sie mag dazu verleiten schon in frühen Phasen zu viele Details festzulegen. Das sollte vermieden werden. Statt dessen ist eine kontrollierte Weiterentwicklung und Verfeinerung der Diagramme zu empfehlen. Diese ist durchaus so zu verstehen, dass sich Klassen und Beziehungen ändern können, verschwinden und neue hinzu kommen. Dabei liegen einige Teile der Software sehr früh fest und werden schneller detailliert, während andere ihre endgültige Struktur erst sehr viel später erhalten.

Die Struktur des gesamten Systems wird durch Klassendiagramme repräsentiert, von denen eine Version das Ergebnis der Analyse, das statische Modell des Anwendungsbereiches, eine zweite Version das Ergebnis des Programmentwurfs und die detaillierteste Version die genaue Beschreibung der Implementierung bedeutet. In großen Systemen ist die Übersicht durch Verwendung von Subsystemen, Modulen oder Paketen zu wahren.

1.5 Das dynamische Modell

Das im vorigen Abschnitt behandelte statische Modell beschreibt die Struktur des Systems, es werden Datenstrukturen und Datentypen festgelegt, Beziehungen zwischen ihnen definiert, Verantwortlichkeiten zugeteilt und Kommunikations- oder Kooperationspartner ermittelt. Kurz gesagt das statische Modell beschreibt **was** das System tut und **wer** dafür verantwortlich ist. Diese Sicht kann als Daten-orientiert oder Programm-zentriert bezeichnet werden. Man kümmert sich um Aspekte der Speicherung und Programmierung. Es werden auch Konzepte zur Modularisierung und Zerlegung des Systems in Subsysteme betrachtet, Schachtelung von Elementen, Zusammenfassung und Hierarchiebildung sind verbreitete Strukturierungsmittel.

Im Gegensatz dazu konzentriert sich das dynamische Modell auf die Beschreibung des Systemverhaltens. Diese Sicht ist für viele Anwendungsbereiche sicherlich angebrachter und anschaulicher. Über detaillierte Szenarien für Ausführung oder Ablauf von Anwendungsfällen findet sich oft ein sehr viel direkterer Zugang zur geeigneten Systemarchitektur als durch strukturelle Überlegungen. Gerade bei interaktiven Programmteilen spielt der Nachrichtenaustausch, die Kommunikation zwischen Objekten eine große Rolle. Wir suchen nach Beschreibungstechniken für den zeitlichen Ablauf einer Interaktion, das Auslösen von Aktionen und deren Synchronisation. Die unterschiedlichen Zustände, die ein Objekt einnehmen kann, und deren Übergänge werden erfasst.

Darüberhinaus legt das dynamische Modell fest, wie die im statischen Modell festgelegten Verantwortlichkeiten ausgeführt werden. Es bietet eine anwendungsbezogene, zustandsorientierte Sicht auf die Funktion des Systems, auf seine Methoden. Das Zusammenspiel, die Zusammenarbeit von Objekten zur Ausführung einer Methode steht im Mittelpunkt. Dabei ist einerseits der zeitliche Ablauf unter Berücksichtigung von gleichzeitig ablaufenden Prozessen anzugeben, andererseits auch der Kontext, in dem die Kooperation stattfindet, die Beziehungen zu anderen Objekten aus dem statischen Modell in Betracht zu ziehen. Kurz gesagt, das **wie** und das **wann**.

Für Objekte, die im Verlauf ihrer Existenz verschiedene Zustände einnehmen und in diesen unterschiedlich auf einkommende Nachrichten reagieren, sollte der Lebenslauf modelliert werden. Die einzelnen Zustände und die Übergänge zwischen ihnen werden dargestellt, um so eine vollständige Beschreibung des Verhaltens zu erhalten.

Schon in der Anforderungsermittlung kann mit dem Aktivitätsdiagramm der organisatorische Ablauf eines Prozesses durch verschiedene Stationen modelliert werden. Auch jeder Anwendungsfall beschreibt einen wohlbestimmten Teil des Systemverhaltens. Das Anwendungsfalldiagramm dient jedoch mehr zur Strukturierung und wird von uns dem statischen Modell zugeordnet.

Der Gesamtkontrollfluss in einer objektorientierten Anwendung kann schwer zu erkennen sein, insbesondere wenn es sich um ein interaktives, ereignisgesteuertes System mit vielen fein granulierten Objekten handelt. Deshalb werden im dynamischen Modell viele Einzelszenarien mit angepassten Beschreibungstechniken betrachtet, die aber immer mit der statischen Struktur abgeglichen werden sollten.

Ausschnitte des Gesamtsystems, etwa für die Objekte, die zur Ausführung eines Anwendungsfalles zusammenarbeiten oder die gemeinsam eine Aufgabe erfüllen, werden deshalb in UML als eine Kooperation modelliert. Die verschiedenen Aspekte einer Kooperation werden durch zwei Arten von Interaktionsdiagrammen dargestellt, Sequenzdiagramme für den zeitlichen Ablauf einer Interaktion oder den Nachrichtenaustausch und Kommunikationsdiagramme, die zusätzlich noch den Kontext mitführen.

Für die Darstellung von häufig wiederkehrenden Kooperationsschablonen stehen Kooperationsdiagramme zur Verfügung.

Die internen Zustandsänderungen eines aktiven (Analyse-)Objektes illustrieren Zustandsdiagramme oder Zustandsautomaten. Dazu kommen die Aktivitätsdiagramme, die in der Frühphase Geschäfts- oder Anwendungsvorgänge beschreiben und des Weiteren auch zur Darstellung von Algorithmen und Wirkungsweise von Methoden herangezogen werden können.

Kapitel 2

Das Use-Case-Diagramm

Use-Case-Diagramme erfassen die Anforderungen und spezifizieren damit die Funktionalität, die die Software erfüllen soll.

- Anwendungsfälle
- Akteure
- Strukturierung von Anwendungsfällen

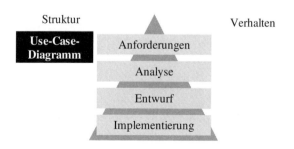

2.1 Anwendungsfälle

Bevor mit der eigentlichen Modellierung des Anwendungsbereiches begonnen wird, ist als erster Schritt der Problemanalyse der gewünschte Funktionsumfang des Systems festzustellen. Anstatt nun wie in traditionellen Methoden über Lasten- und Pflichtenheft zur vollständigen Problemspezifikation zu gelangen, unterstützt UML die Anforderungsermittlung durch Anwendungsfälle (engl. use cases).

Jeder Anwendungsfall beschreibt ein Stück des Systemverhaltens aus der Sicht des Benutzers, er stellt eine typische Interaktion dar. In anschaulicher Weise können so die verschiedenen Anwendungen aufgezählt werden. In ihrer Gesamtheit beschreiben sie vollständig die Anforderungen, die an das System gestellt werden. Ein Anwendungsfall (Use-Case), der eine Folge von Aktionen oder Systeminteraktionen zusammenfasst, hat einen Sinn für den Benutzer und ist in sich geschlossen.

Beispiel (Monopoly) 1
Betrachten wir ein Beispiel, das bekannte Spiel Monopoly. Wir stellen uns eine Software-Variante dieses Spiels vor, mit der über Internet verbundene Spieler zusammen Monopoly spielen können. Hierzu wollen wir zunächst eine Anforderungsanalyse durchführen. Dabei analysieren wir in diesem Kapitel das klassische Monopoly-Spiel und versuchen dessen Funktionalität in Form von Anwendungsfällen zu notieren.

- *Ein Spieler kauft eine Straße.*
- *Ein Spieler würfelt.*
- *Ein Spieler führt einen Spielzug durch.*
- *Ein Spieler zahlt Miete.*
- *Die Bank zahlt ein Gehalt an den Spieler.*
- *Ein Spieler nimmt eine Hypothek auf.*
- *Die Bank versteigert eine Immobilie.*
- *Ein Spieler errichtet Häuser und Hotels auf einer Straße.*
- *Das Spiel wird beendet.*

Wir wollen uns mit diesen Anwendungsfällen auf eine Auswahl beschränken. Der Leser findet bei Durchsicht der Spielanleitung von Monopoly eine Reihe weiterer Funktionalitäten, die ebenfalls wieder als Anwendungsfälle kurz zusammengefasst werden können.

In diesem Sinne ist die Vollständigkeit zu verstehen: Da die Use-Cases anschaulich Benutzerziele und -interaktionen mit dem System beschreiben und klar formulierbare Handlungen durchführen oder Ergebnisse liefern, sind sie für den Auftraggeber verständlich und er kann anhand der vorliegenden Fälle entscheiden, ob die gewünschte Funktionalität ausreicht. Es wird keine formale Spezifikation verlangt und gegen diese die Vollständigkeit geprüft. Durch die Angabe von Einzelfällen ist die Beschreibung recht konkret, und es sollte nicht vorkommen, dass überflüssige Software entwickelt wird. Das zu erstellende System erfüllt alle Anwendungsfälle, sonst nichts. Die explizite Aufzählung einzelner Fälle ist auch äußerst hilfreich bei der Aufteilung in Module oder Subsysteme und bietet eine großartige Gelegenheit Testfälle von Anfang an mit einzuplanen.

Die Darstellung eines solchen Anwendungsfalles besteht aus einem Eintrag im Anwendungsfalldiagramm und der Angabe von einem oder mehreren Szenarien, die den Vorgang beschreiben. Beginnen wir mit der Aufstellung der Elemente:

- Jeder Fall hat einen Namen, der die auszuführende Tätigkeit gut charakterisiert. Er ist mehr auf den Zweck ausgerichtet als auf die mechanische Handlung.
- In der Regel wird der Fall von einem Akteur (dem Benutzer) angestoßen.
- Dieser Akteur steht außerhalb des Systems, welches den Anwendungsfall realisiert.
- Als Akteure kommen auch externe Programme oder Geräte vor.
- Ein Fall kann mit mehreren Akteuren verbunden sein, die entweder als Initiator von dem Fall profitieren oder von außen zu seiner erfolgreichen Ausführung beitragen.
- Ein Akteur muss aber nicht immer aktiv handeln, es genügt auch, wenn er die Auswirkungen eines Falls beobachtet oder von ihnen profitiert.
- Anwendungsfälle können auch ohne Anstoß von außen starten, sie sind aber auf jeden Fall beobachtbar und liefern ein feststellbares Ergebnis.
- Das System wird im Anwendungsfallmodell als Menge seiner Use-Cases dargestellt und bleibt ansonsten anonym.

Die Ermittlung der Akteure ist in der Regel ganz einfach, eine sprachliche Formulierung der Fälle in der aktiven Form unterstützt sie zusätzlich.

Beispiel (Monopoly) 2
Der letzte Fall in unserem Beispiel wird deshalb besser als

- *Ein Spieler beendet das Spiel.*

beschrieben.

Charakteristisch ist hier wie in den anderen Fällen die verbale Phrase, die eine Tätigkeit beinhaltet.

Für jeden Fall brauchen wir ein Szenario für den Normalfall, welches die Folge von Anweisungen oder Aktionen auflistet, und eine Reihe von alternativen Handlungsabläufen.

Beispiel (Monopoly) 3
Bank zahlt Gehalt an Spieler
Szenario 1:

- *Der Spieler würfelt und kommt über das Los-Feld.*

- *Die Bank überweist DM 4000 an den Spieler.*
- *Der Spieler handelt entsprechend dem Zielfeld.*

Der Spieler stößt diesen Fall an, ein weiterer Akteur ist die Bank in unserem System. Nun noch je ein Szenario für zwei Abweichungen:

  Szenario 2:

- *Der Spieler würfelt einen Pasch und kommt über das Los-Feld.*
- *Die Bank überweist DM 4000 an den Spieler.*
- *Der Spieler handelt entsprechend dem Zielfeld.*
- *Der Spieler würfelt noch einmal.*

  Szenario 3:

- *Der Spieler würfelt und kommt genau auf das Los-Feld.*
- *Die Bank überweist DM 8000 an den Spieler.*

Man muss möglicherweise die Anwendungsfälle erst genauer differenzieren, um Szenarien vernünftig aufschreiben zu können. Wenn wir bespielsweise die Szenarien zum Anwendungsfall „Spielzug durchführen" detailliert angeben, so beschreiben wir bereits große Teile unserer Applikation ohne entsprechende Strukturierungsmöglichkeiten nutzen zu können.

2.2 Das Anwendungsfalldiagramm

Die Menge von Szenarien wird schnell recht groß und umfangreich. Man wird auch feststellen, dass einige Anwendungsfälle nicht unabhängig von anderen sind. Natürlich wird ein Akteur mehrere Fälle anstoßen oder an ihnen mitwirken. Auch sonst sind Abhängigkeiten zu beobachten. Eine übersichtliche Darstellung des Gesamtverhaltens kann durch ein Anwendungsfalldiagramm oder Use-Case-Diagramm gegeben werden.

Akteure werden als Strichmännchen dargestellt, das System durch einen rechteckigen Kasten. Jeder einzelne Anwendungsfall durch eine Ellipse, die den Namen enthält und mit den Akteuren durch Linien verbunden ist. Die Linie stellt eine Assoziation zwischen dem Akteur und dem Anwendungsfall dar. Ein Akteur beschreibt dabei eine Rolle, die ein Objekt in dem oder für das System spielt.

Beispiel (Monopoly) 4
Wir haben die zwei Rollen Spieler und Bank aufgeführt, weil diese in einem Monopoly-Spiel verschiedene Verhaltensmuster repräsentieren. Das bedeutet jedoch nicht, dass sie von verschiedenen Personen gespielt werden müssen. Im Gegenteil – in der echten Monopoly-Variante wird die Rolle der Bank auch immer von einem der Spieler wahrgenommen.

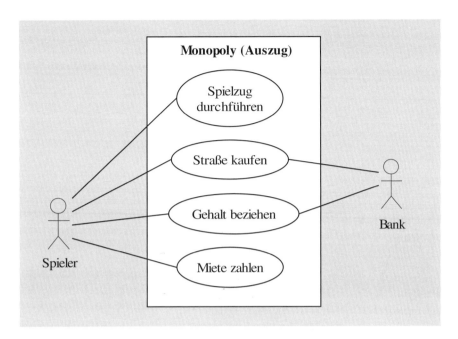

Abbildung 2.1. Anwendungsfalldiagramm

2.3 Verfeinerung von Anwendungsfällen

Bisher haben wir Anwendungsfälle als externe Aktionen beschrieben, die nach außen sichtbar sind. Das ist auch ihr Hauptanwendungsbereich. In UML kann allerdings auch internes Systemverhalten durch Anwendungsfälle modelliert werden. Die internen Fälle spezifizieren einen Teil des Verhaltens – etwa eines Prozesses, einer Klasse oder eines Subsystems. Die Akteure sind in diesem Fall andere Objekte, Prozesse oder Subsysteme. Diese Verfeinerung darf jedoch nicht übertrieben werden, damit nicht jede elementare Handlung als Use-Case modelliert wird. Es gilt also das richtige Abstraktionsniveau zu finden.

Beispiel (Monopoly) 5
Wir zerlegen den Anwendungsfall „Hypothek aufnehmen" in mehrere Unterfälle. Jeder dieser Unterfälle wird wieder mit einem eigenen Szenario beschrieben.

Eine andere Möglichkeit Anwendungsfälle zu verfeinern ist die Präzisierung der Szenarien in Form von Diagrammen. In UML stehen dazu folgende Diagramme zu Verfügung:

- Aktivitätsdiagramme (siehe Kapitel 3).
- Sequenzdiagramme (siehe Kapitel 5).
- Kommunikationsdiagramme (siehe Kapitel 6).

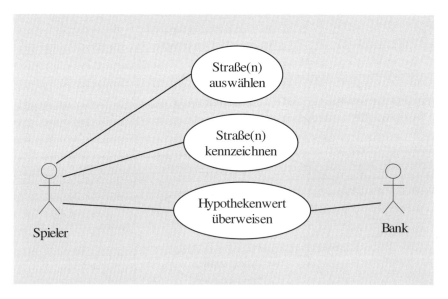

Abbildung 2.2. verfeinerter Anwendungsfall

• Zustandsdiagramme (siehe Kapitel 7).

Wir werden im nächsten Kapitel von dieser Möglichkeit Gebrauch machen und werden im Kapitel 10 wieder auf diese Vorgehensweise zurückkommen.

2.4 Beziehungen in Use-Case-Diagrammen

Die einzige Beziehung zwischen Anwendungsfällen und Akteuren sind die bereits erwähnten Assoziationen. Diese Beziehung kann dadurch verfeinert werden, dass wir festlegen, wieviele Akteure an diesem Anwendungsfall beteiligt sind. Dabei notiert man jeweils an die Assoziationslinie eine entsprechende Zahl oder einen Stern (∗), falls man ausdrücken möchte, dass es sich hier um beliebig viele Instanzen von Akteuren oder Anwendungsfällen handelt.

Beispiel (Monopoly) 6
Bei unserem Monopoly-Spiel gibt es bezüglich der Vielfachheit (Multiplizität) deutliche Unterschiede zwischen den Anwendungsfällen „Straße kaufen", „Miete zahlen", „Spiel beenden" und „Immobilie versteigern".

Die einzelnen Anwendungsfälle sind nicht unabhängig voneinander. Betrachten wir unser Beispiel.

Beispiel (Monopoly) 7
Schon beim Betrachten der ersten Use-Case-Liste war uns deutlich, dass die Anwendungsfälle sehr stark von einander abhängen. So sind die meisten An-

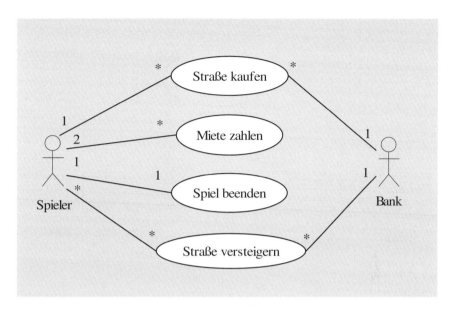

Abbildung 2.3. Anwendungsfall mit Angabe der beteiligten Instanzen

wendungsfälle eine spezielle Form eines Spielzugs. Eine Straße kann nur erworben werden, wenn man die Straße betritt. Außerdem schließen sich manche Anwendungsfälle gegenseitig aus. Ein Spieler kann immer nur entweder eine Straße kaufen oder Miete an den Besitzer der Straße bezahlen.

Wir können das auch anders formulieren. Der Fall Spielzug durchführen ist eine Verallgemeinerung – in UML Generalisierung genannt – mehrerer Anwendungsfälle (siehe Abb. 2.4).

Man versucht möglichst genau zu untersuchen, ob mehrere Anwendungsfälle so zusammenhängen, dass sie verallgemeinert werden können. Die Generalisierungsbeziehung wird mit einem Pfeil eingezeichnet, der als Pfeilspitze ein geschlossenes Dreieck trägt.

Doch nicht nur Anwendungsfälle können generalisiert werden. Akteure bzw. Rollen können ebenfalls verallgemeinert werden. Eine Instanz des spezialisierten Akteurs kann in diesem Fall als Akteur in der verallgemeinerten Rolle auftreten.

Beispiel (Monopoly) 8
Bei Monopoly wird ein Spieler bestimmt, der die Bank verwaltet. Dieser Akteur ist ein Spieler und kann alle Anwendungsfälle, die für Spieler spezifiziert wurden, ausführen. Außerdem kann er auch alle Anwendungsfälle der Bank ausführen.

Darüberhinaus gibt es noch Abhängigkeiten zwischen Anwendungsfällen.

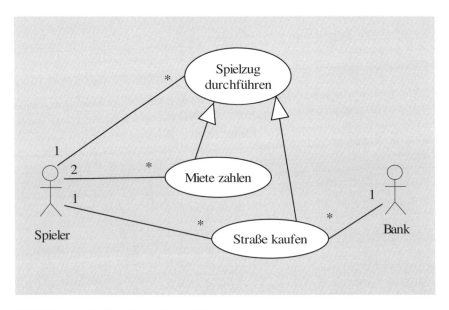

Abbildung 2.4. Use-Case Generalisierung

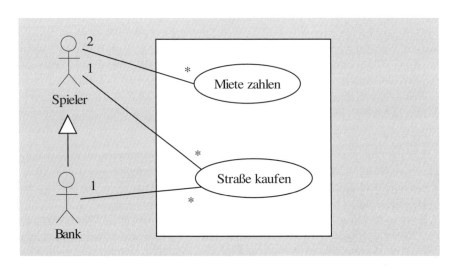

Abbildung 2.5. Generalisierung von Akteuren

Beispiel (Monopoly) 9

*Man kann eine Abhängigkeit zwischen dem Anwendungsfall „Straße kaufen"
und dem Anwendungsfall „Hypothek aufnehmen" identifizieren, da der zweite
Anwendungsfall möglicherweise zur Finanzierung des Ersten ausgeführt wird.*

*Wir können das auch anders formulieren. Der Fall „Straße kaufen" ist an
einer bestimmten Stelle erweiterbar, und zwar zum Beispiel für Aktionen zur
Finanzierung. Eine Möglichkeit der Finanzierung ist die Aufnahme einer Hypothek auf andere Straßen, eine andere wären vielleicht der Verkauf anderer
Immobilien. Man parametrisiert hier den ersten Fall mit anderen Fällen.*

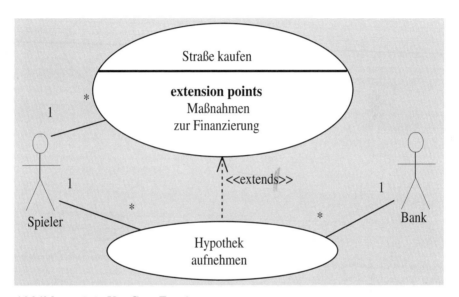

Abbildung 2.6. Use-Case Erweiterung

Im Allgemeinen kann ein Anwendungsfall optional die Hilfe eines anderen
in Anspruch nehmen, er kann feste Erweiterungspunkte vorsehen, an denen
ein anderer Fall auftreten kann, d.h. aufgerufen wird. Durch den Einsatz
verschiedener solcher Erweiterungsfälle wird die Funktionalität entsprechend
angepasst. Der Erweiterungsfall verfeinert das Verhalten des ursprünglichen
Anwendungsfalls. Dieser ist aber auch ohne die Erweiterung vollständig.

Beispiel (Monopoly) 10

*In unserem Beispiel liegt dieser Schluss natürlich auf der Hand, denn der
Erweiterungsfall wird nur unter bestimmten Bedingungen ausgeführt.*

Im Diagramm wird eine Liste der Namen der Erweiterungspunkte in die
untere Hälfte der Ellipse geschrieben. Die Erweiterung wird durch einen gestrichelten Abhängigkeitspfeil notiert und durch ≪extends≫ gekennzeich-

net. Die Bedingung, unter der die Erweiterung vorgenommen wird, kann als Notiz mit einer gestrichelten Linie an den Erweiterungspfeil geheftet werden.

Eine etwas andere Situation liegt vor, wenn ein Anwendungsfall einen anderen *immer* benutzt, ihn gewissermaßen als Unterfall aufruft.

Beispiel (Monopoly) 11
Ein Spielzug in Monopoly beinhaltet immer ein Würfeln.

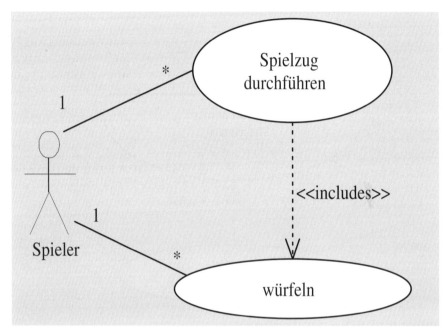

Abbildung 2.7. Benutzung eines Anwendungsfalles

Die Benutzung wird durch ≪includes≫ gekennzeichnet. Der ursprüngliche Fall benötigt und verwendet einige Fälle, um abgearbeitet zu werden.

Durch solche Beziehungen wie auch durch eine vorsichtige Detaillierung der Anwendungsfälle kann schon in einer frühen Phase der Analyse eine Zerlegung des Systems in Gruppen kooperierender Objekte erfolgen.

Dazu sollte noch bemerkt werden, wie aus Use-Cases Objekte und Beziehungen ermittelt werden. Dazu mehr in den Kapiteln 10 und 13.

2.5 Zusammenfassung

Use-Cases modellieren die Funktionalität eines Systems. Sie werden von einem Akteur angestoßen und erfüllen einen Zweck für diesen. Ein Anwendungsfall hat einen Namen und wird durch ein oder mehrere Szenarien beschrieben.

Im Anwendungsfalldiagramm wird jeder Use-Case durch eine Ellipse dargestellt, die den Namen enthält. Durchgezogene Linien verbinden die Ellipse mit den durch Strichmännchen dargestellten Akteuren (Personen oder externe Systeme). Ein Anwendungsfall kann einen anderen erweitern oder benutzen, beide Varianten werden durch einen gestrichelten Pfeil notiert, der entweder mit ≪extends≫ oder mit ≪includes≫ markiert ist. Darüberhinaus kann ein Anwendungsfall durch einen anderen spezialisiert werden, was durch einen Pfeil mit dreieckiger Spitze markiert wird.

Ein Anwendungsfalldiagramm dient als Kommunikationsgrundlage mit dem Auftraggeber, es verknüpft die Anwendungsfälle und bezieht dabei den Benutzer und externe Systeme mit ein. Es gibt schon in einer frühen Phase Hinweise auf die Modularisierung oder Zerlegung des Gesamtsystems. Ausserdem helfen Anwendungsfälle beim Auffinden von Testfällen für die Software.

Auf dem ersten Blick wirkt die Use-Case-Modellierung sehr einfach. Wenn man dann tatsächlich Systeme analysiert spürt man meist, dass die Durchführung oft schwierig ist – weniger aufgrund der UML Sprachelemente, sondern weil man als Entwickler die richtigen Abstraktionsniveaus in den Diagrammen finden muss. Mit etwas Übung wird man allerdings Use-Cases in realen Projekten nicht mehr wegdenken wollen.

Kapitel 3

Das Aktivitätsdiagramm

Mit Aktivitätsdiagrammen werden Abläufe spezifiziert. Sie eignen sich besonders zur Beschreibung von Geschäftsprozessen und Vorgängen. Auch diese Diagramme können zur Analyse von Anforderungen dienen - in diesem Fall der Analyse von dynamischen Vorgängen.

- Aktivitäten
- Kontrollfluss
- Nebenläufige Aktivitäten und Synchronisation
- Objektfluss
- Algorithmen

3.1 Abläufe und Vorgänge

Ein System kann durch eine Menge von Prozessen, Abläufen, Vorgängen, Workflows – kurz: auszuführende Aktivitäten – modelliert werden. Viele der im vorigen Abschnitt eingeführten Anwendungsfälle können als Vorgänge aufgefasst werden.

Vorgänge laufen in einem festen organisatorischen Rahmen ab. Es ist unmittelbar einsichtig, welche Schritte nacheinander ausgeführt werden müssen. Dazu gehören etwa die Bearbeitung eines Auftrages in einer Werkstatt oder Behörde, in denen die einzelnen Abteilungen fest vorgegebene Aktivitäten ausführen können.

Es kommt also nicht nur darauf an, was getan werden muss, sondern auch, in welcher Reihenfolge die Tätigkeiten auszuführen sind. In einer weiteren Verfeinerung wird dann noch festgelegt, wer handelt.

Beispiel (Monopoly) 12
Wir beschreiben ein Szenario des Anwendungsfalles „Spielzug durchführen“. Das Diagramm beschreibt nacheinander durchzuführende Tätigkeiten. Die Reihenfolge kann durch Pfeile bestimmt werden.

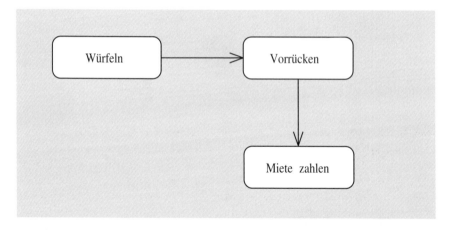

Abbildung 3.1. Durchführen eines Spielzuges als einfaches Aktivitätsdiagramm

So ein Diagramm heißt in UML Aktivitätsdiagramm (engl. activity diagram). Eine Aktion beschreibt eine Tätigkeit, die von Anfang bis Ende durchgeführt wird, sie wird als abgerundetes Rechteck gezeichnet. Nach Beendigung einer Aktion erfolgt der Übergang zu der nächsten, dargestellt durch einfache Pfeile.

Die Bearbeitung einer Aktion kann als Systemzustand interpretiert werden. Aktivitätsdiagramme veranschaulichen die verschiedenen Schritte (Zustände), die ein Vorgang zu seiner Erledigung einnehmen muss. Ein Startknoten kann durch einen ausgefüllten Kreis, ein Endknoten durch ein Spiegeleisymbol markiert werden. Wir wiederholen das erste Diagramm:

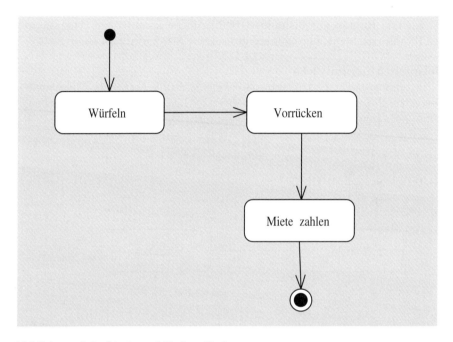

Abbildung 3.2. Start- und Endzustände

Aktivitätsdiagramme leisten in dieser Funktion eine übersichtliche Benutzerdokumentation und können auch ganz allgemein als Bedienungsanleitung verwendet werden. In ihrer eigentlichen Funktion der Prozessmodellierung durch Kontrollfluss und Datenfluss, d.h. Weitergabe von Objekten, beschreiben die Aktivitätsdiagramme ein Szenario, welches sich auf mehrere Klassen, auf ein Teilsystem bezieht. Das kann ein Paket oder eine Komponente im engeren Sinne sein (siehe auch Kap. 9), ein Anwendungsfall, eine Gruppe von Klassen oder auch eine einzelne Operation.

Wir verwenden sie vor allem bei der Ermittlung der Systemanforderungen an Stelle der Szenarien zur Detaillierung von Use Cases. Später in der Entwurfsphase können sie eingesetzt werden, um die Wirkung einzelner Methoden kurz aber präzise zu beschreiben.

3.2 Aufteilung des Kontrollflusses

In einem Aktivitätsdiagramm können Alternativen gut dargestellt werden, die Kanten werden einfach mit Bedingungen in eckigen Klammern versehen. Der Übergang findet nur statt, falls die Bedingung erfüllt ist. Durch mehrere ausgehende Kanten mit disjunkten Bedingungen kann so eine Verzweigung des Handlungsablaufes in mehrere alternative Stränge vorkommen.

Beispiel (Monopoly) 13
Wir modellieren den Fall, dass der Spieler eine Straße betritt. In Abhängigkeit davon, ob diese Straße bereits einen Besitzer hat, muss der Spieler vielleicht Miete bezahlen oder kann die Straße kaufen.

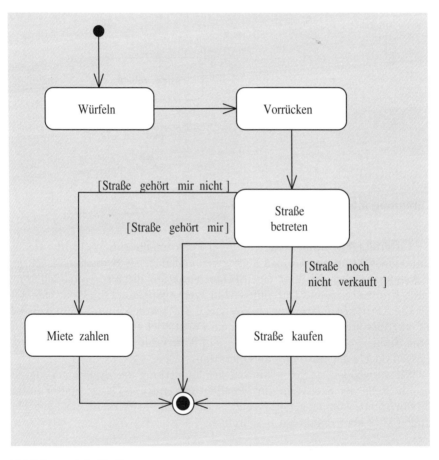

Abbildung 3.3. Bedingungen

Das lässt sich noch deutlicher durch die Raute als Verzweigungssymbol zeichnen. So lassen sich beliebig geschachtelte Abfragen modellieren. Die verzweigten Handlungsstränge können als Eingänge einer Raute, die nun als Zusammenführungssymbol dient, wieder zusammengeleitet werden. Die nächste Aktion wird nun ausgeführt, falls eine der anliegenden Kanten feuert.).

Beispiel (Monopoly) 14
Schon unser einfaches Beispiel lässt erahnen, dass die Diagramme in der Praxis durch Entscheidungsknoten übersichtlicher werden.

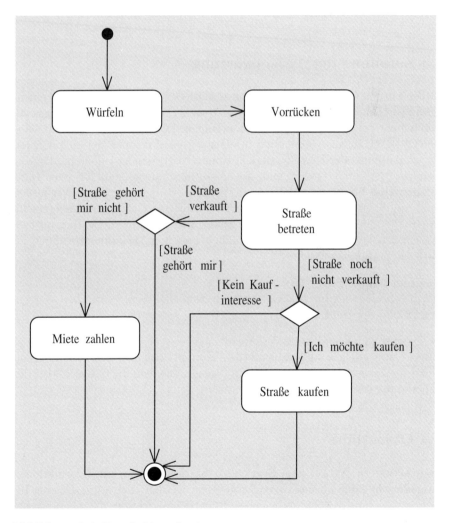

Abbildung 3.4. Entscheidungsknoten

Sind die Bedingungen nicht disjunkt, so wird das mittels eines Synchronisationsbalkens verdeutlicht. Der erzeugt als Verteiler aus einem Eingang mehrere nebenläufige Kontrollflüsse oder synchronisiert parallele Eingänge, indem er auf das Feuern jedes einzelnen wartet, zu einem Ausgang. Ein gleichzeitiger oder unabhängiger Ablauf aller neuen Aktionen wird angenommen.

Beispiel (Monopoly) 15
Wir beschreiben in Abbildung 3.5 eine Spielregel von Monopoly. Wenn ein Spieler dreimal hintereinander einen Pasch würfelt, so muss er ins Gefängnis, d.h. drei Runden aussetzen. Aus der Sicht eines Spielers kann man dieses Verhalten als nebenläufiges Aktivitätsdiagramm zeichnen.

3.3 Zuteilung der Verantwortung

Bisher wurden die Aktionen als solche beschrieben, eine Verbindung zu einem verantwortlichen Objekt wurde nicht hergestellt. Das genügt, um anfangs eine Vorstellung des Systemverhaltens zu erlangen. Die Zuordnung von handelnden Objekten, etwa Abteilungen in einer Firma, Personen bei einem Spiel, Objektgruppen oder Einzelobjekte in einem Programm ist jedoch häufig problemlos zu erhalten. Ordnet man die Aktivitäten nun so, dass für jeden Handelnden eine Spalte oder besser ein Verantwortungsbereich zur Verfügung steht, ergibt sich einerseits eine sehr übersichtliche Grafik und andererseits haben wir einen zweiten Vorschlag schon früh zu einer Zerlegung unseres Systems zu kommen, indem wir nämlich nun diese Handlungsgruppen zu Modulen zusammenfassen.

Beispiel (Monopoly) 16
Wir beschreiben die Interaktion, die beim Kauf einer Straße zwischen aktivem Spieler und der Bank abläuft.

Es ist sogar erlaubt diese Verantwortungsbereiche weiter zu strukturieren, indem Unterbereiche aufgezählt werden. Kommt noch eine weitere Dimension hinzu, so wird ein tabellenartiges Bild erzeugt, aus dem die Grobstruktur der Anwendung leicht erschlossen werden kann.

3.4 Objektfluss

Von Aktion zu Aktion, von Station zu Station müssen oft Informationen ausgetauscht oder Formulare weitergegeben werden. Bei etwas freierer Interpretation ist die Weitergabe eines Objektes eine Aktion, die das bewusste Objekt bearbeitet. Interessanter ist aber die direkte Sicht. Es kommt nämlich gerade bei der Beschreibung von Arbeitsprozessen häufig vor, dass Formulare, Akten oder Werkstücke verändert und weitergereicht werden.

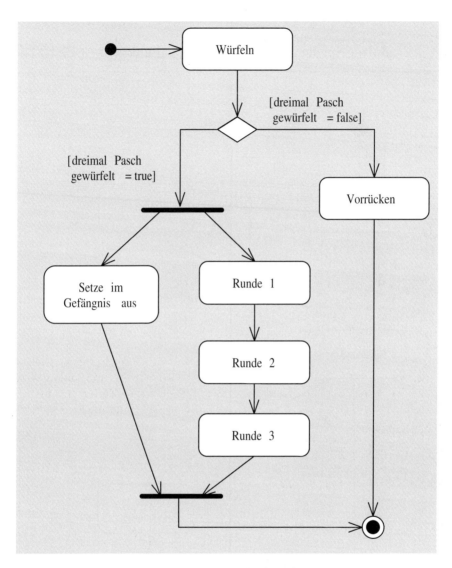

Abbildung 3.5. Synchronisation von nebenläufigen Aktivitäten

Eine Kante kann ein Objekt weiterleiten, dieses Objekt wird von einer Aktion generiert und von der nächsten konsumiert. Die Objekte parametrisieren so die Aktionen, es gibt Eingangs- und Ausgangsparameter. Objekte in Aktivitätsdiagrammen bezeichnen also lediglich Schablonen, deren Name den Typ (meist eine Klasse) angibt, und keine ausgeprägten Objekte. Sie werden als einfache Rechtecke gezeichnet, die mit normalen Kanten mit den Aktionen

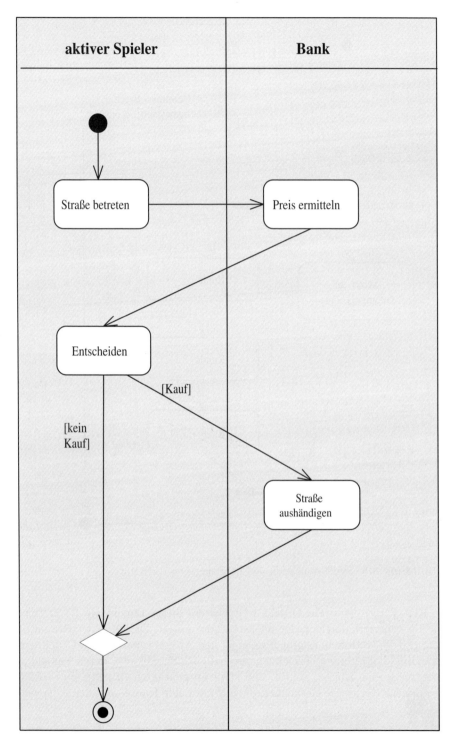

Abbildung 3.6. Verantwortungsbereiche

verknüpft werden. In dieser Form erinnern die Aktivitätsdiagramme stark an die bekannten Datenflussdiagramme der strukturierten Analyse.

Zur Verdeutlichung können die Ein- und Ausgangsparameter als getypte Pins der Aktion hervorgehoben werden. Ein Objekt wird nun von Pin zu Pin transportiert, dabei müssen die Typen zueinander passen.

Beispiel (Monopoly) 17
Beim Straßenkauf wird dem aktiven Spieler von der Bank der Preis der Straße und später die Besitzurkunde überreicht, in der anderen Richtung fließt das Geld vom Ausgangspin der Entscheidung zum Eigangspin der Bankaktion.

Der Objektfluss kann noch verfeinert werden, indem nun für die transportierten Objekte Zustandsattribute mitgeführt werden. Diese werden in eckige Klammern eingeschlossen.

Objektknoten können mehr als ein Objekt puffern oder auch permanent speichern. Dazu werden sie als «centralBuffer» bzw. «datastore» gekennzeichnet. Ebenso kann über eine Kante mehr als ein Objekt gesendet werden, wenn sie mit {*weight=n*} markiert ist. Die Kante feuert erst dann, wenn *n* Objekte anliegen.

3.5 Aktivitäten und Aktionen

Ein Aktivitätsdiagramm beschreibt eine Aktivität als eine Folge von Aktionen oder Datentransporten. Dabei kann eine einzelne Aktion wiederum eine ganze Aktivität verbergen. Aktivitäten können also geschachtelt werden. Im Überblick werden solche Aktionen durch ein Gabelungssymbol gekennzeichnet. Im Detail wird eine Aktivität, d.h. ein Aktivitätsdiagramm in ein abgerundetes Rechteck eingeschlossen, auf dessen Rändern links Eingangs- und rechts Ausgangsparameter stehen können.

Beispiel (Monopoly) 18
Wir zeigen ein Szenario eines Spielzugs, bei dem abhängig von einer Immobilie die entsprechende Miete zu zahlen ist. Das Zahlen der Miete selbst wird als eine parametrisierte Aktivität dargestellt.

3.6 Algorithmen

Aktivitätsdiagrammme eignen sich auch zur Modellierung von Algorithmen. Mit Datenflussdiagrammen, die elementare Operationen und Funktionen als Aktionen besitzen, lassen sich einfache Formeln modellieren.

Weitere Kontrollelemente für bedingte Anweisungen und Schleifen erlauben die Formulierung kompletter Algorithmen.

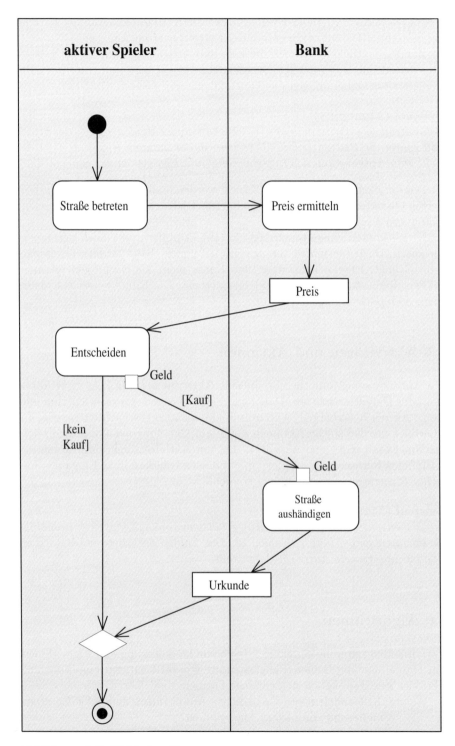

Abbildung 3.7. Objektflussdiagramm

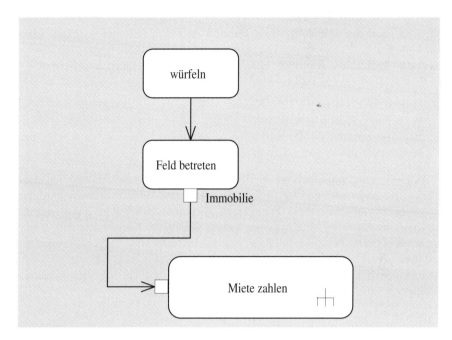

Abbildung 3.8. geschachtelte Aktivitäten

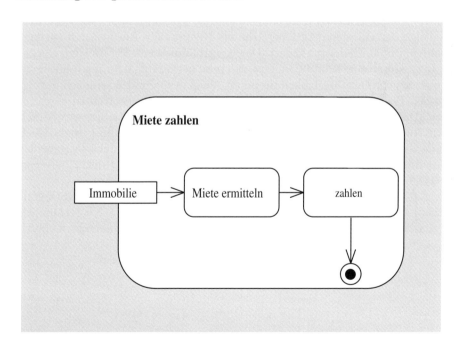

Abbildung 3.9. parametrisierte Aktivität

Beispiel (Monopoly) 19
Wir ermitteln die Miete für einen Bahnhof mit drei unterschiedlichen Algorithmen:
Sei n die Anzahl der Bahnhöfe des Spielers. Dann berechne die Miete m

1. $m := 2^{n-1} * 500$
2. *Falls $n = 1$, so $m := 500$. Falls $n = 2$, so $m := 1000$. Falls $n = 3$, so $m := 2000$. Falls $n = 4$, so $m := 4000$.*
3. *Beginne mit $m := 500$ und $a = 1$. Erhöhe a solange, bis $a = n$ und verdoppele m bei jeder Erhöhung.*

Wir erkennen natürlich sofort die Berechnung eines arithmetischen Ausdrucks, die Anwendung einer bedingten Anweisung oder Fallunterscheidung, bzw. die Formulierung einer Schleife als vertraute Hilfsmittel der Programmierung. In Aktivitätsdiagrammen lassen sich diese Konstrukte mit strukturierten Knoten veranschaulichen, wie in den folgenden 3 Abbildungen geschehen.

In einer Schleife steht im *for*-Bereich die Initialisierung, bei *while* die Bedingung und bei *do* der Schleifenrumpf.

3.7 Zusammenfassung

Aktivitätsdiagramme veranschaulichen einen Vorgang, dabei wird die Reihenfolge der einzelnen Aktionen, die als abgerundete Rechtecke gezeichnet werden, durch Pfeile spezifiziert. Der Kontrollfluss kann Verzweigungen enthalten – durch eine Raute symbolisiert – oder nebenläufige Stränge aufweisen, wobei Synchronisationsbalken für deren Aufspaltung und Zusammenführung sorgen. Bedingungen werden in eckigen Klammern an die Kanten geschrieben. Die Zuständigkeit einzelner Objektgruppen für Aktionen wird durch eine Aufteilung in mehrere Verantwortungsbereiche verdeutlicht, so dass sich auch Gruppen kooperierender Objekte ablesen lassen. Mit der Übergabe der Handlungskontrolle an die nächste Aktion kann auch ein Objekt überreicht werden.

Aktionen können im einfachsten Fall die Anwendung einer (arithmetischen) Operation beschreiben. Mit Hilfe von strukturierten Knoten für Alternativen oder Wiederholungen werden komplette Algorithmen formuliert.

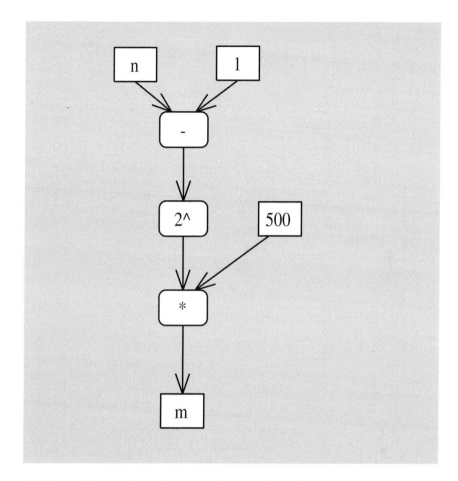

Abbildung 3.10. arithmetischer Ausdruck als Datenfluss

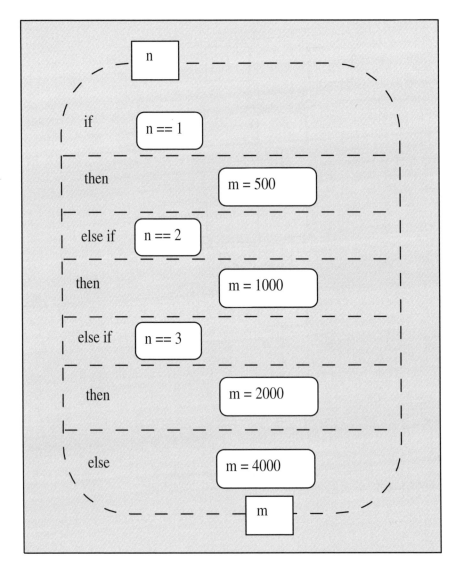

Abbildung 3.11. Fallunterscheidungen

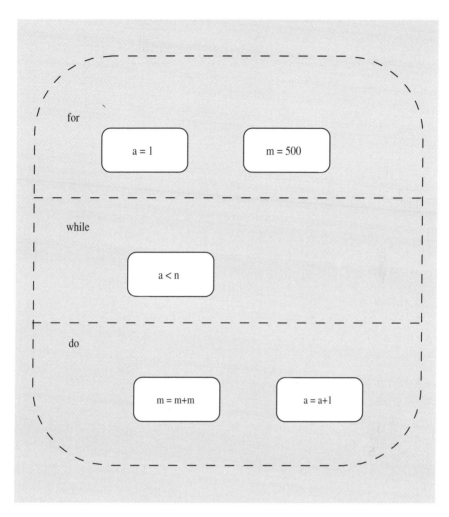

Abbildung 3.12. Schleife

Kapitel 4

Das Klassendiagramm

In diesem Kapitel stellen wir die Klassendiagramme als grundlegendes Element der UML vor. Die Klassendiagramme verbinden alle anderen Diagramme und zeigen die Struktur des Software-Systems im Detail. Sie werden von der frühen Analyse bis zur Implementierung eingesetzt.

- Objekte
- Klassen
- Attribute und Operationen
- Assoziationen
- Aggregation und Komposition
- Generalisierung
- Interfaces

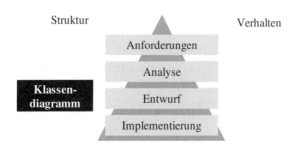

Klassendiagramme können in den Entwicklungsphasen Analyse, Entwurf und Implementierung eingesetzt werden. Sie modellieren also einerseits den Anwendungsbereich, können aber andererseits auch als grafische Dokumentation des Programmcodes aufgefasst werden. Klassendiagramme eignen sich auch dazu Teilaspekte des Systems zu beleuchten. Ein Klassendiagramm zeigt eine Menge von Klassen und unterschiedliche Beziehungen zwischen diesen Klassen. Die Vorstellung, dass die gesamte statische Struktur der Software in einem einzigen Diagramm zu beschreiben ist, kann hilfreich sein. Jedoch strebt man in der Praxis üblicherweise nicht an, dieses Diagramm auch wirklich zeichnen zu wollen. Durch die Wahl kleiner Ausschnitte können die einzelnen Elemente eines Diagramms und ihre Bedeutung klarer herausgestellt werden. Wir präsentieren die Syntaxregeln, nach denen Klassendiagramme in UML erstellt werden. Gleichzeitig modellieren wir das Monopoly-Spiel weiter, um ein aussagekräftiges Beispiel aus einer zusammenhängenden Anwendung zur Verfügung zu haben.

4.1 Klassen

Eine Klasse beschreibt eine Menge von Objekten, die gemeinsames Verhalten und gemeinsame Merkmale aufweisen. Die Klasse steht also für alle ihre Objekte, die als Exemplare, oft auch Instanzen, der Klasse bezeichnet werden. In dieser extensionalen Sicht definiert eine Klasse einen Wertebereich, im Sinne einer Programmiersprache eine Datenstruktur.

Beispiel (Monopoly) 20
In unserem Beispiel ist es sicher sinnvoll eine Klasse Spieler und eine Klasse Straße vorzusehen.

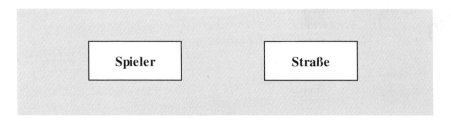

Abbildung 4.1. Zwei Klassen in der einfachsten Darstellung

Ein Klassensymbol ist ein Rechteck, welches im einfachsten Fall nur den fett gedruckten Klassennamen enthält.

Eine Klasse ist mehr als eine Datenstruktur, mehr als ein Speicherschema, denn eine Klasse beschreibt Objekte, die gemeinsames Verhalten in einem System aufweisen. Dieses Verhalten wird nicht nur durch Handlungsvorschriften für ihre Exemplare in Form von Operationen, sondern auch durch die Angabe von Beziehungen zu anderen Klassen ausgedrückt. Eine Klasse definiert also einen Datentyp, der durch einen Wertebereich und Operationen bestimmt ist.

4.2 Attribute und Operationen

Eine Klasse definiert einen Wertebereich durch Angabe von Attributen. Das sind die Merkmale, die den Zustand eines Objektes bestimmen. In einem eigenen Fach im Klassenrechteck wird für jedes Attribut der Name aufgeführt, dazu kann die Angabe eines Datentyps, d.h. des Wertebereichs des Attributes, und eher selten die Angabe eines Vorbesetzungswertes kommen. Die Syntax der Typ- und Wertangabe ist durch die UML nicht festgelegt.

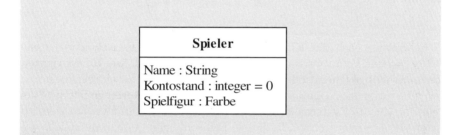

Abbildung 4.2. Attribute einer Klasse

Es wird empfohlen in jeder Phase nur die wirklich wichtigen Attribute, die etwas zum Verständnis des Modells beitragen, anzugeben. Das werden im Verlauf der Entwicklung sicher immer mehr werden, bis zum Schluss auch reine Implementierungsattribute, wie zum Beispiel ein Index auf das aktuelle Element einer Liste, hinzukommen.

Für die einzelnen Exemplare der Klasse, die Objekte, werden Werte festgelegt, mit denen die Attribute bei der Erzeugung des Objektes initialisiert werden. Auch hier braucht keine vollständige Belegung stattzufinden, es reicht für das Verständnis wesentliche oder für die Identifizierung notwendige Werte anzugeben.

Jedes Attribut hat für jedes Objekt einen individuellen Wert. Sogenannte Klassenattribute beschreiben Merkmale, die nicht den Objekten, sondern der Klasse selbst zugeordnet sind, die also für alle Objekte den gleichen Wert aufweisen. Diese werden unterstrichen. Ein typisches Beispiel ist ein Zähler-attribut, welches die Anzahl der existierenden Exemplare einer Klasse registriert.

Beispiel (Monopoly) 21
Das Klassenattribut Anzahl im Diagramm gibt an, wie viele Spieler momentan verwaltet werden, d.h. die Anzahl der Objekte dieser Klasse.

Spieler
Name : String
Kontostand : integer = 0
Spielfigur : Farbe
<u>Anzahl : integer</u>

Abbildung 4.3. Klassenattribute

Im dritten Fach des Klassenrechtecks folgen die Operationen, die eine Fähigkeit oder Verantwortlichkeit spezifizieren. Hier gilt wie bei Attributen, dass nur wichtige Operationen und keine primitiven Aktionen aufgelistet werden. Operationen verändern den Zustand eines Objektes, sie können von fremden Objekten aufgerufen werden, indem Nachrichten zwischen den Objekten ausgetauscht werden. In diesem Fall sollte eine Assoziation (siehe 4.6) zwischen den beiden Klassen bestehen. In Klassendiagrammen wird durch die Operationen nur beschrieben, was geändert wird. Wir entwerfen oder modellieren und legen keine Implementierung fest. Zu diesem Zweck kann eine Liste von Parametern und ein Ergebnistyp angeführt werden und die Veränderung durch Angabe von Vor- und Nachbedingungen logisch spezifiziert werden. Für die eigentliche Implementierung durch eine Methode stehen im Klassendiagramm eigentlich keine Mittel zur Verfügung. Codeskizzen werden in Form eines UML-Kommentars (siehe 4.11.2) formuliert. Klassenoperationen werden nicht von individuellen Objekten aufgerufen und dürfen deshalb nur auf Klassenattribute zugreifen. Sie sollten im objektorientierten Entwurf nicht eingesetzt werden.

Hinter dem Namen der Operation folgt immer eine Parameterliste, treten keine Parameter auf, so besteht diese aus zwei Klammern (). Für jeden Parameter kann angegeben werden, ob es sich um einen Eingabe- (`in`), Ausgabe-(`out`) oder Ein/Ausgabewert (`inout`) handelt, dann folgt der Parametername, dessen Typ und ein optionaler Vorbesetzungswert. Üblicherweise enthält die Parameterliste Eingabeparameter und deshalb nimmt man `in` an, falls nichts anderes angegeben wurde. Liefert die Operation einen Ergebniswert, so erscheint dessen Typ nach der Parameterliste. Sowohl Parameter- als auch Ergebnistyp werden durch Doppelpunkt abgetrennt, der Vorbesetzungswert

durch ein Gleichheitszeichen. Analog zu Klassenattributen werden Klassenoperationen unterstrichen.

Wir folgen hier nicht der restriktiven UML Vorschrift, bis auf den Vorbesetzungswert die komplette Signatur anzugeben, sondern lassen zu, dass
nicht alle Parameter mit Typ und Namen bezeichnet werden.

Beispiel (Monopoly) 22
*Eine Straße kann gekauft werden, ihren Mietpreis berechnen und mitteilen,
ob sie verkauft ist.*

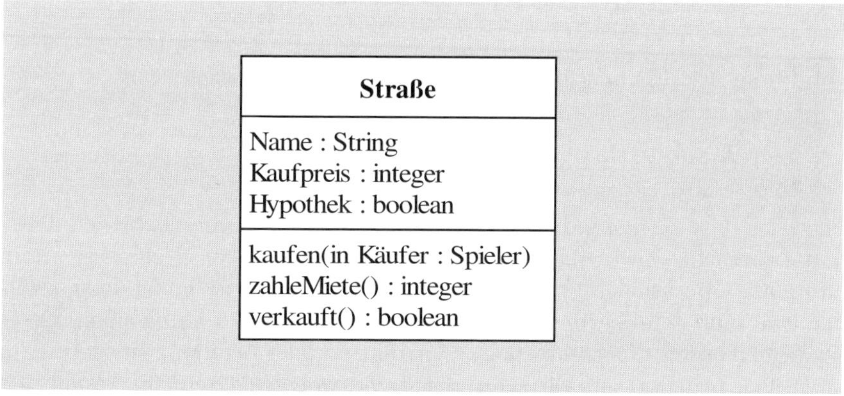

Straße
Name : String Kaufpreis : integer Hypothek : boolean
kaufen(in Käufer : Spieler) zahleMiete() : integer verkauft() : boolean

Abbildung 4.4. Klasse mit Attributen und Operationen

In der Originaldokumentation wird empfohlen Attribute mit einem Kleinbuchstaben beginnen zu lassen, was im Englischen sicher sinnvoll ist, von uns
für unsere deutschen Beispiele nicht übernommen wurde. Für Namen von
Operationen oder Methoden verwenden aber auch wir verbale Phrasen, die
mit einem Kleinbuchstaben beginnen.

Die Sichtbarkeit von Operationen und Attributen kann mit den von C++
und Java her bekannten Zugriffsreglern `public` (in UML als + geschrieben),
`protected` (#) und `private` (-) eingeschränkt werden. Die Sichtbarkeit im
Paket wird mit ~ angegeben. Wir empfehlen diese Feinheiten, wenn überhaupt, dann erst zu einem sehr späten Zeitpunkt in der Entwicklung zu verwenden.

Beispiel (Monopoly) 23
*Die Operationen unserer Straße sind meist öffentlich sichtbar, während die
Attribute geschützt sein sollten.*

```
┌─────────────────────────────────┐
│             Straße              │
├─────────────────────────────────┤
│ -Name : String                  │
│ #Kaufpreis : integer            │
│ -Hypothek : boolean             │
├─────────────────────────────────┤
│ +kaufen(in Käufer : Spieler)    │
│ +zahleMiete() : integer         │
│ #verkauft() : boolean           │
└─────────────────────────────────┘
```

Abbildung 4.5. Kennzeichnung der Sichtbarkeit der Klassenelemente

4.3 Verantwortlichkeiten

Eine Klasse ist eigenständig für einen Teil des Systems verantwortlich. Diese Verantwortlichkeit wird normalerweise durch Angabe von geeigneten Attributen und Operationen beschrieben. Diese Sicht verleitet häufig dazu, schon sehr früh eine detaillierte Festlegung von Operationen vorzunehmen. Da in der Regel mehrere Operationen und Attribute bei der Erfüllung einer Aufgabe mitwirken, bedeutet ein Verlagern der Verantwortlichkeiten eine komplizierte Aufbereitung der beteiligten Klassen. Dem Sinn von Klassen angemessen ist es dagegen, die Verantwortlichkeiten direkt und ohne andere Hilfsmittel auszudrücken. Das kann natürlich durch einen Kommentar geschehen, der im Diagramm irgendwo neben dem Klassensymbol auftaucht. Wir empfehlen eine noch engere Verflechtung und reservieren ein eigenes Fach im Klassenrechteck, in welches die Aufgaben oder Verantwortlichkeiten der Klasse in Form einer Stichpunktliste einzutragen sind.

Beispiel (Monopoly) 24
Die Klasse Straße muss in unserem System verschiedene Aufgaben erfüllen. Diese Aufgaben werden in Form von Verantwortlichkeiten angegeben.

Die Einrichtung von neuen Fächern im Klassenrechteck über die drei Standardfächer für Namen, Attribute und Operationen hinaus ist in UML vorgesehen. Ebenso wie die Verantwortlichkeiten können auch die von einer Klasse möglicherweise ausgelösten Ausnahmen aufgelistet werden. Diese zusätzlichen Fächer brauchen nicht in allen Gebrauchsphasen eines Diagramms mitgeführt zu werden. Die Verantwortlichkeiten werden vornehmlich in der Analyse verwendet und können, wenn der Entwurf schon so weit fortgeschritten ist, dass die ausführenden Operationen und beteiligten Attribute feststehen, wieder weggelassen werden.

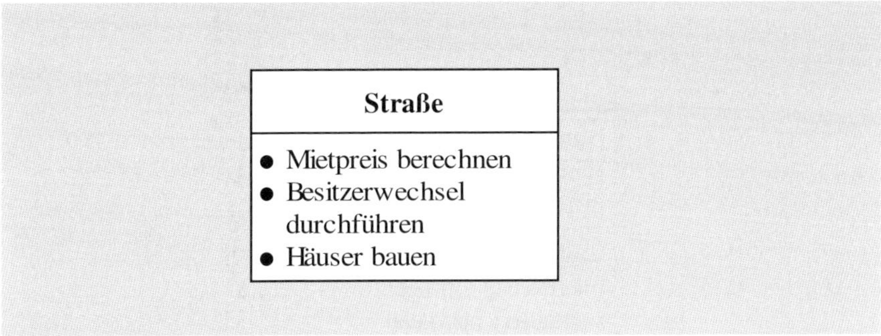

```
┌─────────────────────────────┐
│            Straße           │
├─────────────────────────────┤
│  ● Mietpreis berechnen      │
│  ● Besitzerwechsel          │
│    durchführen              │
│  ● Häuser bauen             │
└─────────────────────────────┘
```

Abbildung 4.6. Verantwortlichkeiten einer Klasse

4.4 Objekte

In jedem Klassendiagramm können Objekte eingezeichnet werden. Man spricht von einem Objektdiagramm, wenn ein Klassendiagramm nur Objekte enthält. Das Objektsymbol ist dabei wie das Klassensymbol ein Rechteck. Der Objektname wird unterstrichen und die Werte der wichtigen Attribute eingesetzt. Es muss aber keine vollständige Attributbelegung vorgenommen werden. Diese Darstellung eignet sich besonders zur Diskussion der Klassenstrukturen während der Entwurfsphase oder zur Dokumentation von Testfällen.

Beispiel (Monopoly) 25
Wir geben zwei Exemplare der Klasse Straße an.

Die Zugehörigkeit eines Objektes zu einer Klasse wird durch Angabe des Klassennamens spezifiziert. Die Objekte werden als Exemplare der jeweiligen Klassen aufgefasst und ebenso die Verknüpfungen als Instanzen von Klassenbeziehungen. Ein Objektdiagramm ist also immer auf ein Klassendiagramm bezogen.

Der vollständige Objektname besteht aus dem eigentlichen Objektnamen, der mit einem Doppelpunkt vom Klassennamen abgetrennt wird, beide Namen werden unterstrichen. Je nach Anwendungsfall kann jeder der zwei Namen für sich weggelassen werden.

In einfachen Fällen, wenn nur wenige von Anfang an bekannte Objekte auftreten, wie die beiden Straßen in Abbildung 4.7, genügen die Objektnamen. Wie dieses Beispiel zeigt, bezeichnet der Objektname den Namen der gesamten Struktur im Modell. Er entspricht einem Variablennamen im Programm, während das Attribut „Name" den Wert als einen String anspricht.

Dient das Objekt mehr als Musterobjekt, beschreibt also die Rolle, die jedes Exemplar dieser Klasse spielen könnte, so reicht die Angabe des Klassennamens mit Doppelpunkt. In Smalltalk und anderen objektorientierten Pro-

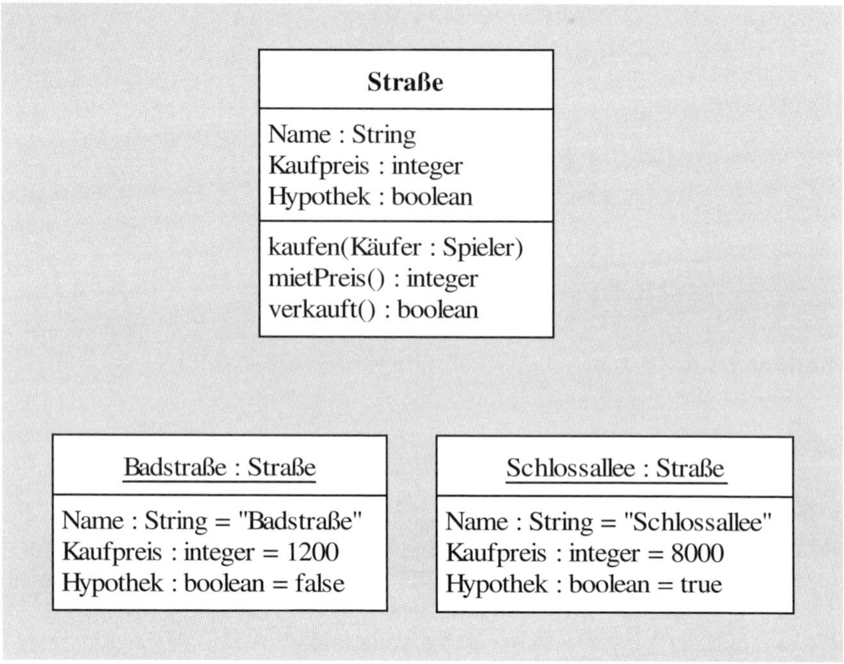

Straße
Name : String Kaufpreis : integer Hypothek : boolean
kaufen(Käufer : Spieler) mietPreis() : integer verkauft() : boolean

Badstraße : Straße	Schlossallee : Straße
Name : String = "Badstraße" Kaufpreis : integer = 1200 Hypothek : boolean = false	Name : String = "Schlossallee" Kaufpreis : integer = 8000 Hypothek : boolean = true

Abbildung 4.7. Zwei Objekte einer Klasse

grammiersprachen werden zum gleichen Zweck oft Objektnamen wie „aSpieler" verwendet.

Beispiel (Monopoly) 26
Ein typischer Spieler.

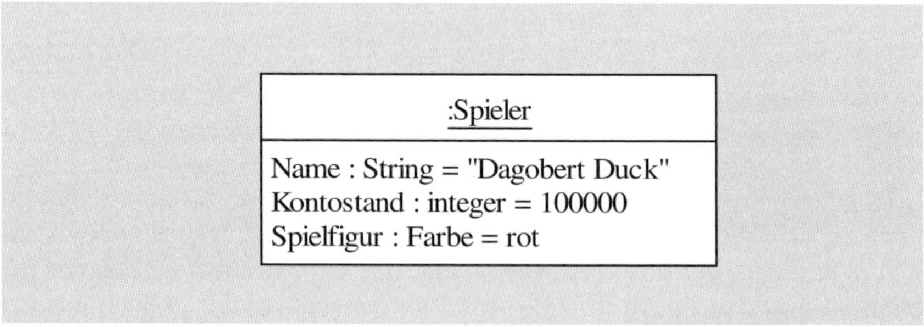

:Spieler
Name : String = "Dagobert Duck" Kontostand : integer = 100000 Spielfigur : Farbe = rot

Abbildung 4.8. Musterobjekt

Jedes ausgewählte Objekt kann die Operationen der Klasse durchführen. Das dynamische Verhalten der Objekte wird durch die Interaktionsdiagramme beschrieben (siehe Kapitel 5, 6). Dabei arbeiten mehrere Objekte zusammen, treten also zueinander in Beziehung, sind miteinander verknüpft.

4.5 Verknüpfungen

Zwei Objekte können durch sogenannte Links miteinander verknüpft werden. Eine Verknüpfung wird einfach als Verbindungslinie zwischen zwei Objekten dargestellt. Verknüpfte Objekte können miteinander kommunizieren, sich gegenseitig Nachrichten schicken, Methoden aufrufen oder Daten zur Verfügung stellen.

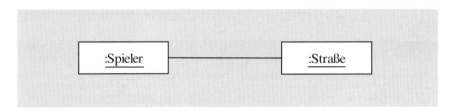

Abbildung 4.9. Link zwischen zwei Objekten

Beispiel (Monopoly) 27
Es besteht eine Verknüpfung zwischen einem Spieler und einer Straße (siehe Abb. 4.9). Das folgende Bild zeigt alle Straßen, die mit einem Spieler verknüpft sind (siehe Abb. 4.10).

Auch komplexere Szenen lassen sich anschaulich darstellen. Das folgende Diagramm zeigt fünf Straßen, die mit keinem, einem oder zwei Spielern verknüpft sind. Man sieht bereits, dass es zu einem Problem werden kann, wenn man nicht weiß, was die jeweilige Verknüpfung für eine Bedeutung hat (siehe Abb. 4.11).

4.6 Assoziationen

So wie Klassen zur Beschreibung von Objekten dienen, werden mit Assoziationen Links zwischen Objekten modelliert. Eine Assoziation ist also eine Beziehung zwischen Klassen, ihre Instanzen sind die Verknüpfungen der entsprechenden Objekte.

Beispiel (Monopoly) 28
Die in Abb. 4.10 gezeichneten Verknüpfungen werden im Klassendiagramm zu einer zusammengefasst.

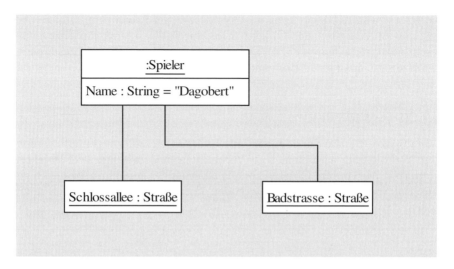

Abbildung 4.10. Zwei Links

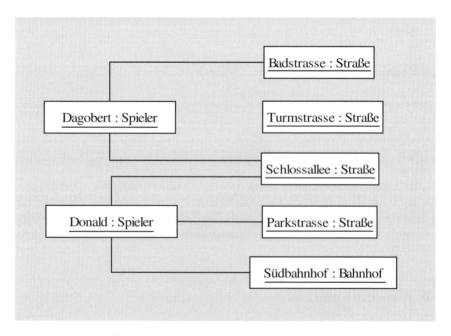

Abbildung 4.11. Viele Links zwischen Objekten

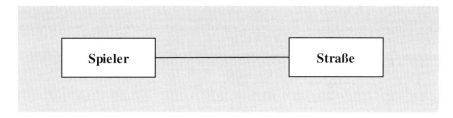

Abbildung 4.12. Eine einfache Assoziation

Die einfachste Form der Assoziation wird durch eine gerade Verbindungslinie zwischen zwei Klassensymbolen dargestellt.

Eine Assoziation zwischen zwei Klassen bedeutet, dass ihre Objekte miteinander verknüpft werden können und miteinander kooperieren. Diese Kooperation kann ein Austausch von Nachrichten, ein Abfragen des Zustandes, ein Aufruf einer Methode, eine Synchronisation oder eine beliebige andere Form der Zusammenarbeit bedeuten. Sie dient dazu die Verantwortlichkeiten der Klasse zu erfüllen.

4.6.1 Rollen und Richtungen

Zur Verdeutlichung sollten die Beziehungen benannt werden.

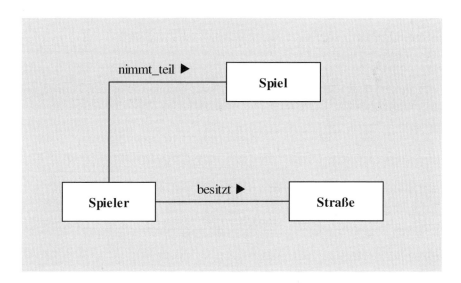

Abbildung 4.13. Zwei benannte Assoziationen

Das Dreieck am Assoziationsnamen gibt die Leserichtung an. Eine Benennung ist hier nicht unbedingt nötig, da einerseits jeweils nur eine Assoziation zwischen zwei Klassen besteht und andererseits die Klassennamen schon so gewählt sind, dass sie die Beziehung ebenfalls charakterisieren. Sie legen bereits die Rollen fest, die von den beteiligten Klassen gespielt werden.

Eine Assoziation bezeichnet also eine Beziehung, an der die beteiligten Klassen in gewissen Rollen teilnehmen. Rein technisch bezeichnen wir die Assoziationsenden, die Anschlussstellen der Klassen als Rollen. Oft ist eine explizite Benennung einer oder beider Rollen ratsam oder auch zur Unterscheidung verschiedener Assoziationen zwischen denselben Klassen nötig.

Beispiel (Monopoly) 29

Ein Spieler spielt in der Struktur der Monopoly-Software eine gewisse Rolle. Er tritt einerseits als Teilnehmer eines konkreten Monopoly-Spiels auf, andererseits als Besitzer verschiedener Straßen. Im Bezug auf die Straßen existieren allerdings auch noch weitere Beziehungen. Ein Spieler kann sich beispielsweise auf einer Straße befinden.

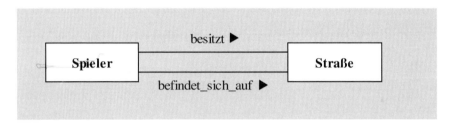

Abbildung 4.14. Zwei Assoziationen zwischen zwei Klassen

In diesem Fall identifizieren wir die Assoziationen über den Namen der Assoziation. Ebenso kann man die Assoziationen durch den Rollennamen unterscheiden.

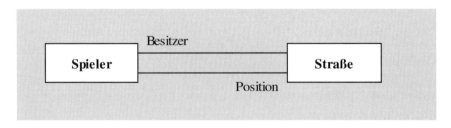

Abbildung 4.15. Assoziationen mit Rollennamen

Eine ähnliche Situation tritt bei einer reflexiven Assoziation auf, in der Rollennamen sehr hilfreich sind. Ein Link zu einer reflexiven Assoziation verknüpft in der Regel zwei verschiedene Objekte der Klasse, aber auch reflexive Verknüpfungen sind sinnvoll.

Beispiel (Monopoly) 30
Jeder Spieler hat ein anderen Spieler als Nachfolger. Diese Reihenfolge wird als reflexive Assoziation modelliert. Zur Verdeutlichung zeigen wir in Abb. 4.17 ein Objektdiagramm als Beispiel.

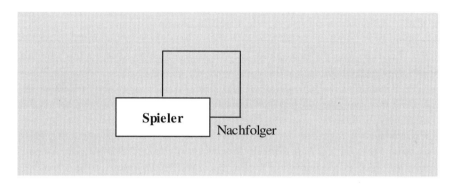

Abbildung 4.16. Eine reflexive Assoziation

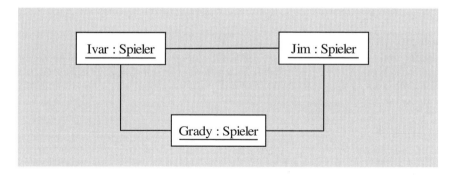

Abbildung 4.17. Objekte zur reflexiven Assoziation

Wählt man wie oben ein Verb für den Assoziationsnamen, so lässt sich die Beziehung anschaulich ablesen. Ausgehend von einer verbalen Beschreibung lassen sich umgekehrt oft Assoziationen gewinnen.

Auch die Angabe von Rollennamen hat Vorteile. Die Verständlichkeit der nun abzulesenden Phrase ist ebenso hoch, wenn auch „Ein Spieler steht in der Rolle als Teilnehmer mit einem Spiel in Beziehung." etwas gestelzt klingt.

Außerdem wird der Rollenname häufig im implementierten Programm auftauchen, etwa als Attribut über das die Verknüpfung hergestellt wird.

Der Assoziationsname kann auch ein Substantiv sein. Das deutet darauf hin, dass die Assoziation als eigenständige Klasse behandelt werden soll, eine Sichtweise die, wie wir später sehen werden, viele Vorteile aufweist. Übrigens treten derartige Formulierungen auch in textuellen Beschreibungen auf und dienen so auch zur Erkennung von Assoziationen. „Ein Spieler ist der Besitzer einer Straße."

Die Namen von Rollen und Assoziationen sollten so gewählt werden, dass sie etwas über die Semantik der zu Grunde liegenden Assoziation aussagen, also nicht „Beziehung1, Beziehung2" . Die Leserichtung der Namen hilft lediglich bei der Interpretation des Diagramms, sie sagt aber nichts über die tatsächlichen Zugriffspfade aus.

Der Richtung einer Assoziation legt fest, ob die Objekte der Klasse den Objekten der assoziierten Klasse Nachrichten senden können oder nicht. Nur wenn das sendende Objekt das Empfänger-Objekt kennt, kann es ihm eine Nachricht senden, worauf der Empfänger eine Methode ausführt. Die Richtung einer Assoziation kann durch Angabe von Pfeilspitzen an den Assoziationsenden festgelegt werden. Es gibt also unidirektionale und bidirektionale Assoziationen. Unidirektionale Assoziationen erleichtern die Implementierung wesentlich. Die Entscheidung, ob eine Assoziation uni- oder bidirektional ist, fällt aufgrund der Operationen in den beteiligten Klassen. Meist kann man dies anhand des statischen Klassendiagramms nicht entscheiden. In diesem Fall benutzt man weitere UML-Diagramme, die den Nachrichtenaustausch zeigen, um die Assoziationen festzulegen (siehe Kapitel 5 und 6).

Beispiel (Monopoly) 31
Ein Spieler hat Zugriff auf die Straßen, die ihm gehören. Umgekehrt kann von jedem Straßenobjekt aus festgestellt werden, wer der Besitzer dieser Straße ist (siehe Abb. 4.18).

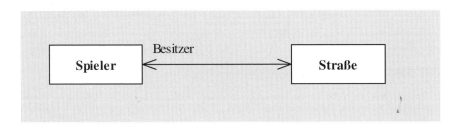

Abbildung 4.18. Eine bidirektionale Assoziation

Beispiel (Monopoly) 32

Dagegen kann der Spieler im folgenden Beispiel zwar feststellen auf welcher Straße er sich befindet, aber aus der Perspektive des Straßenobjekts kann nicht angegeben werden, ob, und welcher Spieler sich auf der Straße befindet. In diesem Fall gibt es also nie die Notwendigkeit, eine Nachricht über diese Assoziation von einem Straßenobjekt zu einem Spielerobjekt zu senden.

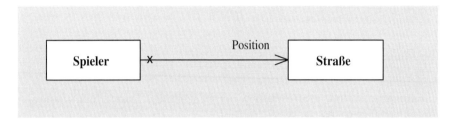

Abbildung 4.19. Eine unidirektionale Assoziation

Sind keine Pfeile vorhanden, so ist die Zugriffsrichtung nicht festgelegt. Ein Kreuz an einem Assoziationsende bedeutet, dass zu diesem Ende kein Zugriff besteht.

4.6.2 Aggregation und Komposition

Eine spezielle Form der Assoziation mit einer „besteht-aus" Semantik ist die Aggregation. Ein Aggregat besteht dabei aus mehreren Teilobjekten, die es in der Regel kennt, während die Teile selbst nichts von dem Aggregat wissen, in dem sie stecken.

Beispiel (Monopoly) 33

Eine Straße in Monopoly gehört zu einer Straßengruppe, die ebenfalls wieder durch eine Klasse beschrieben wird. Die Straßengruppe wird über ihre Farbe identifiziert und trägt Attribute wie den Hauspreis für die Bebauung einer Straße aus dieser Gruppe. Die Aggregation beschreibt, dass eine Straßengruppe aus Straßenobjekten besteht.

Eine noch strengere Enthaltenseinsbeziehung stellt die Komposition dar. Hier handelt es sich um eine Aggregation, bei der das Teilobjekt nur innerhalb eines Aggregats auftreten kann, ohne dieses nicht existieren kann und mit dessen Vernichtung ebenfalls verschwindet. Es ist deshalb gleichwertig zu einem Attribut. Das Teilobjekt kann allerdings nach dem Aggregat erzeugt und vorher zerstört werden.

Aggregation und Komposition werden durch eine Raute am Aggregatsende gekennzeichnet, diese ist bei Kompositionen ausgefüllt. Da oft ganze

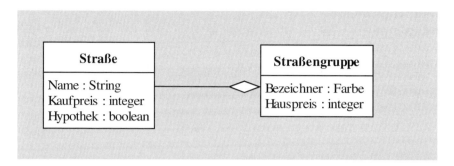

Abbildung 4.20. Aggregation

Teilbäume auftreten, gibt es neben der Einzellinien Darstellung noch eine zusammengefasste, baumartige Notation.

Beispiel (Monopoly) 34
Ein Monopoly-Spiel besteht aus vierzig Spielfeldern, und jeweils sechzehn Ereignis- und Gemeinschaftskarten.

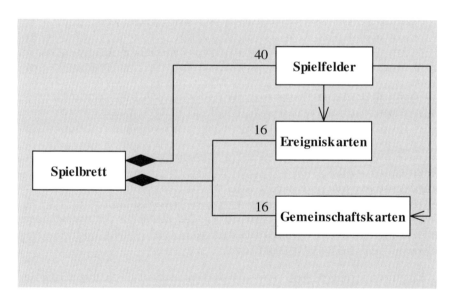

Abbildung 4.21. Komposition

Eine Komposition kann auch mit einem dem Objektdiagramm sehr ähnlichen Kompositionsdiagramm dargestellt werden. (Siehe Kap. 8.3.)

4.6.3 Multiplizität

An einer Beziehung zwischen zwei Klassen können unterschiedlich viele Objekte teilnehmen. Für jede Rolle kann die Vielfachheit, d.h. die Anzahl von Objekten, für die diese Verknüpfung geschaltet werden kann, durch Angabe eines Bereiches festgelegt werden.

Beispiel (Monopoly) 35
Eine Straßengruppe besteht aus 2 bis 3 Straßen.

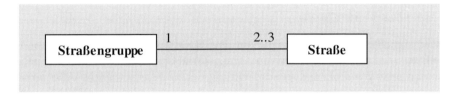

Abbildung 4.22. Multiplizität

Ein Bereich ist dabei eine natürliche Zahl oder ein Intervall von natürlichen Zahlen. Wenn dessen Obergrenze nicht festliegt, so wird * geschrieben. Ein Stern allein bedeutet: 0 oder beliebig viele.

Die Mengenangaben sind in beide Richtungen zu lesen: Eine Straßengruppe besteht aus zwei bis drei Straßen und jede Straße gehört zu genau einem Straßengruppenobjekt.

Die Multiplizität beschreibt wie viele Exemplare der angrenzenden Klasse mit einem Exemplar der gegenüberliegenden Klasse verknüpft sein können. Es ist möglich, dass beide Rollen eine Multiplizität größer als eins erhalten. Ganz ausführlich und anschaulich lassen sich die Anzahlverhältnisse in eigenen Objektdiagrammen (siehe Abschnitt 4.4) darstellen.

Beispiel (Monopoly) 36
An einem Monopoly-Spiel können 2 bis 6 Spieler teilnehmen, jeder Spieler kann aber an beliebig vielen Spielen teilnehmen.

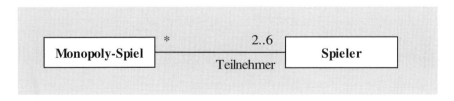

Abbildung 4.23. n:m Beziehung

Bezüglich der Multiplizität gibt es drei wesentlich verschiedene Kategorien von Assoziationen, die sich auch im Hinblick auf die Implementierung unterscheiden. Eine *1:1* Beziehung verbindet jeweils ein Objekt. Diese Verbindung kann optional sein, modelliert durch die Multiplizität 0..1. Eine *1:n* Assoziation verknüpft ein Objekt mit einer Menge von Objekten der anderen Klasse. Diese Menge kann leer sein, so dass eine optionale Beziehung ebenfalls durch diese Kategorie repräsentiert werden kann. Am allgemeinsten und aufwändigsten ist sicher die *n:m* Assoziation, in der nun auf beiden Seiten Mengen auftreten.

4.6.4 Objektselektoren

Wird eine Beziehung in Richtung auf eine Rolle mit der Vielfachheit m modelliert, so steht am Zielende eine Menge von Objekten. Dann ist ein effizienter Zugriff auf ein bestimmtes Objekt der m Klasse wichtig. Aber auch konzeptuell ist die Auswahl eines Objektes aus einer Menge eine häufig vorkommende Konstruktion. Sie kann durch Angabe eines Objektselektors, d.h eines Schlüsselattributes, welches die Auswahl eines Objektes ermöglicht, modelliert werden.

Beispiel (Monopoly) 37
Bei Angabe einer eindeutigen Position kann von einem Spielbrett-Objekt aus auf genau ein Spielfeld zugegriffen werden.

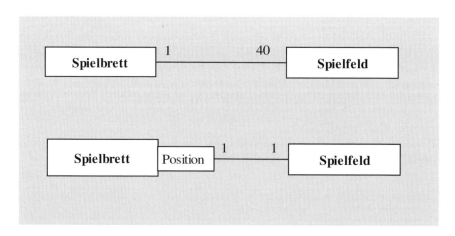

Abbildung 4.24. Objektselektor

Der Objektselektor (engl. qualifier) wird in einem kleinen Rechteck an die Quellklasse, von der aus die Assoziation ausgeht, gezeichnet, beschreibt aber ein Attribut aus der Zielklasse, die eine Vielfachheit größer 1 aufweist. Diese

Vielfachheit wird herabgesetzt, denn die neuen Angaben beziehen sich nun auf Objekte, die alle den bei der Verknüpfung angegebenen Objektselektorwert aufweisen.

Interessant sind natürlich solche Objektselektoren, die wie im Beispiel eine eindeutige Auswahl gestatten. Ein Objektselektor kann auch aus mehreren Attributen zusammengesetzt sein. Das Attribut nach dessen Wert ausgewählt wird, braucht, ja sollte nicht, in der Attributliste der Zielklasse auftauchen, es steht ja bereits an der Assoziation.

Bei n:m Assoziationen können beide Seiten qualifiziert werden.

4.6.5 Assoziation als Klasse

Bei der Verknüpfung von Objekten können Informationen auftreten, die ursächlich mit dieser Verknüpfung zusammenhängen und deshalb nicht bei einer der beteiligten Klassen vermerkt werden können. Diese Informationen werden als eigenständige Klasse modelliert, die mit der Assoziation verbunden ist.

Beispiel (Monopoly) 38
Wenn wir wie im letzten Beispiel zulassen, dass ein Spieler an mehreren Spielen teilnimmt, können wir den Kontostand nicht mehr als Attribut des Spielers modellieren, da der Spieler in jedem Spiel, an dem er teilnimmt, einen anderen Kontostand hat. Als Attribut des Spiels kann der Kontostand ebenfalls nicht modelliert werden, da nicht bekannt ist, wie viele Spieler tatsächlich am Spiel teilnehmen. Die Teilnahme an einem Spiel wird deshalb mit Hilfe einer Assoziationsklasse beschrieben.

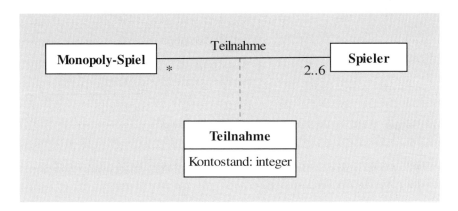

Abbildung 4.25. Assoziationsklasse

Die Assoziationsklasse beschreibt die Eigenschaften einer Beziehung genauer. Für jede Verknüpfung wird ein Objekt der Assoziationsklasse ausgeprägt.

Die Assoziationsklasse wird durch eine gestrichelte Linie an die Assoziationslinie geknüpft. Diese Linie enthält keine Vielfachheiten oder Rollenbezeichnungen. Der Assoziationsname muss, falls er angegeben ist, mit dem Namen der Assoziationsklasse übereinstimmen.

Die Assoziationsklasse selbst kann ihrerseits wie jede andere Klasse auch Beziehungen zu anderen Klassen aufbauen.

Beispiel (Monopoly) 39
Die Position des Spielers ist ebenfalls individuell für jedes Spiel, an dem er teilnimmt.

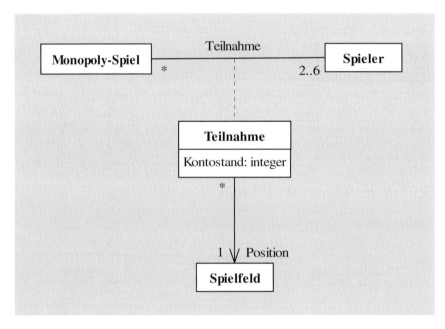

Abbildung 4.26. Assoziationsklasse mit Beziehungen

Der gleiche Spieler kann in verschiedenen Spielen, an denen er teilnimmt, auf der gleichen Position stehen, deshalb die 1:n Beziehung.

4.6.6 Mehrstellige Assoziationen

Gelegentlich treten Assoziationen auf, an denen mehr als zwei Klassen beteiligt sind und die sich nicht leicht in binäre Assoziationen umschreiben lassen, selbst wenn eine Assoziationsklasse in Betracht gezogen wird.

Beispiel (Monopoly) 40
Einerseits nimmt ein Spieler an mehreren Spielen gleichzeitig teil, andererseits kann jeder Spieler in jedem Spiel mehrere Straßen besitzen. Das wird in UML Klassendiagrammen durch folgendes Bild modelliert (siehe Abb. 4.27).

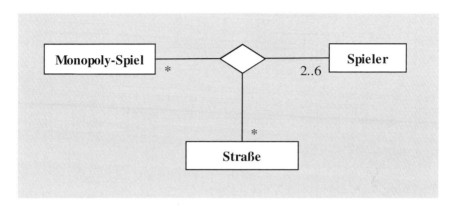

Abbildung 4.27. Eine ternäre Assoziation

Multiplizitäten können angegeben werden, bestimmen nun aber die mögliche Anzahl von Objekten, wenn alle anderen schon festgelegt sind. Eine echte mehrstellige Assoziation kann nicht ohne Informationsverlust in mehrere binäre transformiert werden.

Beispiel (Monopoly) 41
Versucht man es im oben angegebenen Beispiel, so hat man zwar ausgedrückt, dass ein Spieler an mehreren Spielen teilnehmen kann, an jedem Spiel 22 Straßen beteiligt sind usw., aber nicht explizit spezifiziert, dass die gleiche Straße im gleichen Spiel mehrere Besitzer haben kann, weil sie z.B. verkauft worden sein kann.

Objektselektoren sind bei mehrstelligen Assoziationen nicht möglich, da die Kandidatenschlüssel nun aus mehreren Klassen zu bilden wären.

Mehrstellige Assoziationen werden durch Rauten illustriert, an denen die drei oder mehr beteiligten Klassen mit durchgezogenen Linien und eine mögliche Assoziationsklasse mit einer gestrichelten Linie befestigt sind.

Beispiel (Monopoly) 42
Wenn beispielsweise für einen Spiele-Server festgehalten werden soll, wann welcher Spieler welche Straße besessen hat, kann man dies folgendermaßen modellieren. Die Assoziationsklasse ordnet jedem Tripel (Spiel,Spieler,Straße) die Spielzüge zu, in dem der Spieler die Straße besitzt.

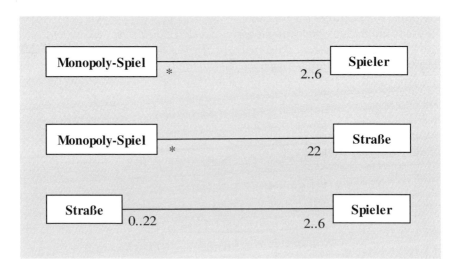

Abbildung 4.28. Drei binäre Assoziationen

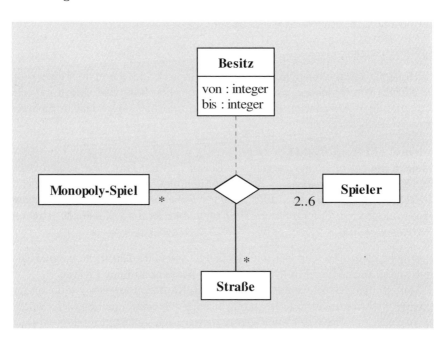

Abbildung 4.29. Ternäre Assoziation mit Assoziationsklasse

Das letzte Beispiel deutet bereits an, dass mehrstellige Assoziationen mehr bei der Modellierung von Datenbeständen auftreten als beim Entwurf von objektorientierten Programmen. Wenn irgend möglich sollten mehrstellige Assoziationen vermieden werden. Als Alternative könnten verbale Einschränkungen die binären Assoziationen miteinander in Beziehung bringen, (siehe Abschnitt 4.11.1).

4.7 Generalisierung

4.7.1 Verallgemeinerung – Spezialisierung

Durch Generalisierung, d.h. Verallgemeinerung von existierenden Klassen oder Zusammenfassen von ähnlichen Klassen, wird eine bessere Struktur des Entwurfs erzielt, Zusammenhänge werden deutlich und auch die Wiederverwendbarkeit steigt.

Der umgekehrte Schritt, nämlich vorhandene Klassen zu spezialisieren, an die neue Situation anzupassen, zu optimieren oder einfach existierenden Code wieder zu verwenden, tritt ebenso häufig auf.

Diese Beziehung ist von den objektorientierten Programmiersprachen als Vererbung bekannt.

Generalisierung ist für die objektorientierte Analyse der natürlichere Weg, da man davon ausgeht, dass man zuerst Objekte findet und dann diese Objekte in Form von Klassen strukturiert. Beim Entwurf des Systems macht man sich bereits Gedanken darüber, wie das System möglichst offen und erweiterbar gestaltet werden kann.

Bei einer Generalisierung übernimmt die Unterklasse (Spezialisierung) alle Merkmale, also Attribute und Bedingungen, das gesamte Verhalten in Form von Operationen mit ihren Vor- und Nachbedingungen und das Beziehungsgeflecht, die Teilnahme an Assoziationen von der Oberklasse. Sie darf eigene Merkmale und Operationen hinzufügen und neue Assoziationen knüpfen, sie darf auch das Verhalten ändern, indem Methoden neu definiert werden, Vorbedingungen gelockert, Nachbedingungen verschärft oder Vielfachheiten von Assoziationsrollen eingeschränkt werden. Unterklassen dürfen weder Merkmale noch Verhalten entfernen, denn jedes Exemplar der Unterklasse ist automatisch auch ein Exemplar der Oberklasse und muss sich deshalb auch so verhalten können. An jeder Stelle im System an der ein Objekt einer Oberklasse erwartet wird, kann also auch ein Objekt jeder beliebigen Unterklasse dieser Klasse auftauchen.

Diese komplexe Vererbungssemantik kann man anschaulich als eine *ist-ein* Beziehung beschreiben und diese Betrachtungsweise hilft bei der korrekten Modellierung. Alle oben angegebenen Einzelheiten dieser Beziehung werden nicht zwingend überprüft. Oft wird Generalisierung auch für andere Zwecke wie pure Wiederverwendung von bereits vorhandenem Code im Sinne der

Veererbung bei Programmiersprachen eingesetzt. Im objektorientierten Entwurf sollte dieser Aspekt aber nur eine untergeordnete Rolle spielen. Man sollte sich hier auf *echte* Generalisierungen konzentrieren.

Die Generalisierungsbeziehung ist gerichtet, denn die Unterklasse kennt ihre Oberklasse, während diese nichts von ihren Erben weiß. Die Gesamtsicht eines Objektes, also die Elemente, die zu seiner Definition beitragen, besteht aus all den Merkmalen, die aus der Klasse und aller ihrer Oberklassen zusammen gesammelt werden. Bei diesem Durchwandern der Vererbungshierarchie werden einmal gefundene Operationen oder Assoziationen nicht ersetzt, so dass stets die am weitesten unten stehende, speziellste Version aktuell ist.

Es gibt zwei Darstellungen, einzelne Pfeile mit dreieckigen Spitzen oder deren Zusammenfassung zu einem baumartigen Bild.

Beispiel (Monopoly) 43
Bei Monopoly existieren verschiedene Arten von Spielfeldern. Wir haben bereits Straßen kennengelernt, neben denen es auch Bahnhöfe gibt.

In einem weiteren Schritt machen wir uns Gedanken, was die Gemeinsamkeiten zwischen diesen beiden Arten von Spielfeldern sind und kommen so zu einer neuen Klasse Immobilie. Eine Immobilie hat immer einen Namen, einen Kaufpreis usw. Außerdem hat eine Immobilie eine Assoziation zum Besitzer der Immobilie. Diese Gemeinsamkeiten werden an die Unterklassen weitergegeben. In den Unterklassen werden nur die für diese Klasse speziellen Attribute, wie die Anzahl der Häuser bei der Straße, angegeben. Die Operation zahleMiete() wird jeweils von den Unterklassen überschrieben, da eine Straße ihre Miete nach einem anderen Algorithmus berechnet als ein Bahnhof.

Generalisierung sollte besonders dann eingesetzt werden, wenn sich für die Struktur der Software verbesserte Erweiterungsmöglichkeiten ergeben. In unserem Beispiel ist die Erweiterung des Monopoly-Spiels um beliebige Immobilien-Arten möglich, ohne die entworfene Struktur abändern zu müssen. Jede Immobilien-Unterklasse verfügt über jeweils individuelle Merkmale und Mietberechnungen. Die Gemeinsamkeiten, wie die Verwaltung eines Besitzers, bleibt unverändert bestehen.

4.7.2 Abstraktion

Oft ist mit der Generalisierung eine Abstraktion verbunden. Man modelliert die Gemeinsamkeiten zweier Klassen durch eine Klasse, die keine konkreten Objekte beschreibt. Solche abstrakten Klassen enthalten Operationen, für die es in dieser Klasse keine Implementierung gibt, da keine sinnvolle Angabe gemacht werden kann, wie eine solche Implementierung aussehen müsste. Es ist nur klar, dass alle Erben diese Operationen ausführen können, jedes nach seinem Typ. Solche Operationen heißen polymorph. Vererbung ist also auch Grundlage der Polymorphie. Der Name abstrakter Klassen und Operationen wird kursiv geschrieben.

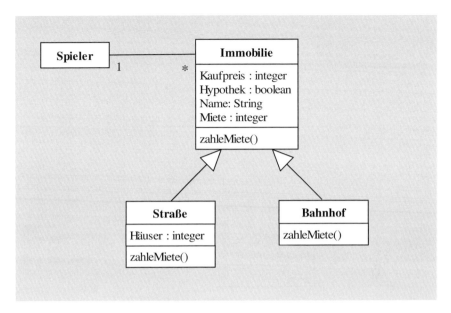

Abbildung 4.30. Generalisierung

Beispiel (Monopoly) 44
Man gibt in der Immobilien-Klasse keine Operation an, die den Mietpreis berechnet, sondern lässt die Implementierung völlig offen. Stattdessen wird nur die Schnittstelle spezifiziert.

Besitzt eine abstrakte Klasse kein Attribut und ist für keine der vorgesehenen Operationen eine Implementierung angegeben, so handelt es sich um eine reine Schnittstellenbeschreibung, ein Interface (siehe Kapitel 4.8).

4.7.3 Klassifikation

Vererbung kann auch dazu benutzt werden, eine Klasse in disjunkte oder überlappende Teilklassen zu zerlegen. Diese Aufteilung kann nach verschiedenen Gesichtspunkten erfolgen.

Beispiel (Monopoly) 45
Ein Gesellschaftsspiel lässt sich sowohl nach seiner Art als auch nach der Form seiner Durchführung untergliedern. Bei der Art sind in unserem Fall auch Überlappungen möglich. In unserem Beispiel könnten wir in Monopoly Aspekte eines Brett-, Würfel- und Kartenspiels entdecken.

Mehrfachvererbung, also das Erben aus mehreren Oberklassen, ist in UML vorgesehen, obwohl es einige Programmiersprachen, darunter Java, nicht

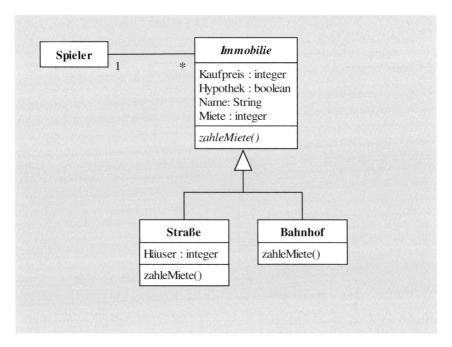

Abbildung 4.31. abstrakte Oberklasse

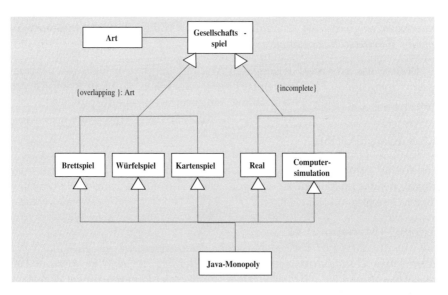

Abbildung 4.32. Klassifikation

ermöglichen. Unproblematisch ist dabei die Verbindung von disjunkten Hierarchien oder das Zusammenführen verschiedener Unterteilungen, wenn, wie in UML, noch gefordert wird, dass alle Attribute und Operationen unterscheidbare Namen tragen. Eine Umbenennung oder Redefinition ist verboten, nur Methoden (d.h. die Implementierung einer Operation) dürfen redefiniert werden. Die Zusammenführung mehrerer Äste einer Hierarchie ist nur dann erlaubt, wenn die Aufteilung mit `{overlapping}` als überlappend gekennzeichnet war.

Diagramme solcher Art können gut bei der Analyse eingesetzt werden. In der Entwurfsphase werden solche Klassifikationen meist in anders strukturierte Klassendiagramme transformiert um eine effiziente Implementierung des Modells zu ermöglichen.

4.8 Klassen und Schnittstellen

Ein Interface (eine Schnittstelle) ist eine abstrakte Klasse, die keine Attribute und nur abstrakte Operationen enthält. Ein Interface ist eine Klasse, kann damit an Assoziationen teilnehmen und in Vererbungshierarchien auftreten. Aufgrund der Regel, dass Erben keine Attribute von Vorfahren löschen dürfen, sind Interfaces allerdings meist in der Nähe der Wurzel einer Hierarchie zu finden.

Für die grafische Notation von Schnittstellen existieren zwei Varianten. Die Definition erfolgt als Klasse mit Stereotyp ≪interface≫ , realisierende Klassen werden mit ihr durch einen gestrichelten Vererbungspfeil verbunden. Die andere Variante ist unter dem Namen „Lollipop-Notation" bekannt. Sie zeigt die Schnittstelle, die eine Klasse implementiert, durch einen Kreis mit Verbindungslinie, an dem der Schnittstellenname steht. An diesen Kreis kann die Abhängigkeit zu den Kunden der Klasse eingezeichnet werden, d.h. zu den Klassen, für die die Operationen der Schnittstelle benötigt werden.

Beispiel (Monopoly) 46
Wir abstrahieren unsere Spielfelder weiter, so dass jedes Spielfeld nur ein festgelegtes Interface realisieren muss. In diesem Interface ist lediglich beschrieben, dass es eine Operation betreten() geben muss, die das Feld entsprechend ausfüllt. Wie man sieht, können auch abstrakte Klassen wie die Klasse Immobilie Interfaces realisieren.

Die explizite Abhängigkeit der realisierenden Klasse vom Interface ist in Abb. 4.34 zweimal hervorgehoben. Wir können, falls die Schnittstelle bekannt ist, auf das Klassensymbol des Interfaces verzichten und nur die Lollipop-Schreibweise verwenden. Noch einfacher und sogar allgemeiner wird die Beziehung zwischen einem Klienten und Realisierungen einer Schnittstelle durch eine direkte Verbindung der Klienten-Klasse und dem Interface ausgedrückt.

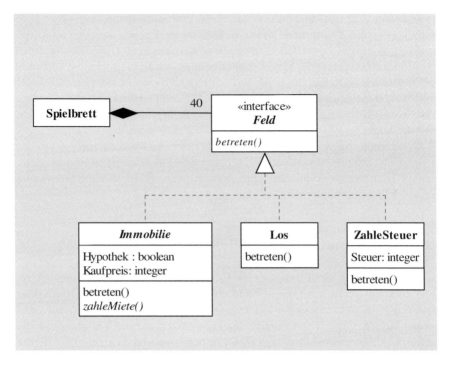

Abbildung 4.33. Interface

Beispiel (Monopoly) 47

Die Tatsache, dass das Spielbrett die Immobilien enthält wird jetzt in diesem Diagramm hervorgehoben und gleichzeitig die Abhängigkeit über das Interface dokumentiert.

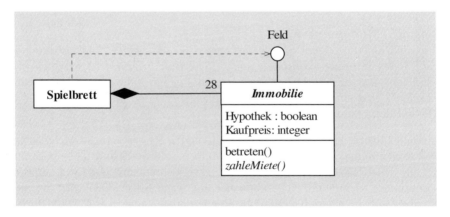

Abbildung 4.34. Interface-Beziehung

Die gestrichelten Pfeile bezeichnen allgemein eine Abhängigkeit zwischen den Elementen. Wir werden sie bei den Paketdiagrammen und anderen UML-Diagrammen noch antreffen.

4.9 Geschachtelte Klassen

Eine Klasse beschreibt eine Datenstruktur für ihre Objekte. Die einzelnen Komponenten (Attribute) gehören dabei anderen Klassen an. Eine Klasse kann darüber hinaus als Kapsel für eine geschachtelte Klassendefinition dienen. Objekte geschachtelter Klassen existieren nur im Umfeld von Objekten der definierenden Klasse. Auf diese Art und Weise kann neben der Sichtbarkeit der Merkmale eine weitere Form der Datenkapselung, des Verbergens überflüssiger Information, genutzt werden. Klassen, die nur intern wichtige Information speichern, können so modelliert werden. Ein implementierungsnahes Beispiel ist etwa eine Elementklasse innerhalb einer Listenklasse. Siehe dazu Kapitel 8.3.

4.10 Schablonen

Einige objektorientierte Programmiersprachen – Java allerdings erst ab Version 1.5 – stellen Schablonen (engl. templates) zur Verfügung. Darunter versteht man typ-parametrisierte Datentypen. Container, die andere Objekte enthalten, wie Listen, Mengen oder Hash-Tabellen, sind typische Kandidaten für Schablonen, weil die Semantik der Operationen des Containers, wie Suchen, Einfügen oder Löschen, nicht von dem Typ der gespeicherten Elemente abhängt.

In implementierungsnahen Klassendiagrammen der UML werden Schablonen durch ein Klassensymbol dargestellt, in dessen oberen rechten Rand ein gestricheltes Fenster für die Schablonenparameter – in der Regel Datentypen – vorgesehen ist. Ausprägungen dieser Schablonen sind normale Klassen, sie tragen den Schablonennamen mit in spitzen Klammern angehängten Parameterwerten als Klassennamen.

Die grafische Notation findet sich in Abbildung 4.35. Es kann für die Ausprägungen auch ein neuer Name verwendet werden, in diesem Fall ist die Zuordnung der Parameter (Name zu Wert bzw. Typ) mit dem Stereotyp ≪bind≫ an den Pfeil zu schreiben.

Konstante Werte, etwa für die maximale Größe eines Feldes, können auch als Schablonenparameter vorkommen. Der Typ der Schablonenargumente kann hinter einem Doppelpunkt genau festgelegt oder hinter einem Größerzeichen eingeschränkt werden, in diesem Fall kann mit Untertypen ausgeprägt werden. Optionale Argumente überschreiben einen in der Schablonenparameterliste angeführten Standardwert.

Schablonen beschreiben konkrete Implementierungen von Klassen und sollten in der Entwurfsphase höchstens zu einem sehr späten Zeitpunkt benutzt werden.

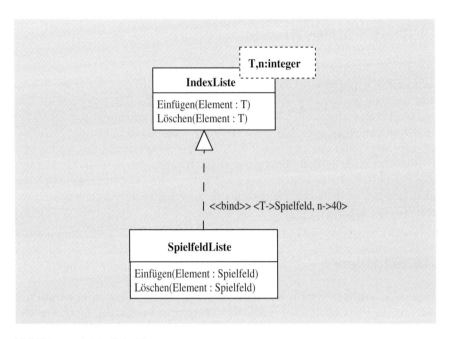

Abbildung 4.35. Schablone

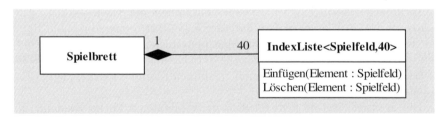

Abbildung 4.36. Instanziierte Schablonen sind als vollwertige Klassen verwendbar

4.11 Erläuternder Text

Wir haben schon mehrfach erwähnt, dass in Klassendiagrammen zur Erläuterung der Semantik an einigen Stellen zusätzlicher Text eingefügt werden kann.

Davon sollte reger Gebrauch gemacht werden. Es sind syntaktisch vier verschiedene Formen vorgesehen:

- Bedingungen, Einschränkungen, Zusicherungen (engl. Constraints)
- Kommentare
- Eigenschaftslisten, d.h. Listen von Schlüssel-Wert Paaren (engl. tagged values)
- Stereotypen

Das gilt generell für alle Diagrammtypen und alle Elemente der UML. Die Klassifikation der Beziehung zwischen zwei Anwendungsfällen als ≪includes≫ oder ≪extends≫ ist ein Beispiel für den Gebrauch von Stereotypen, die Kennzeichnung von Generalisierungen als überlappend oder disjunkt wurde durch vordefinierte Einschränkungen erledigt, in Aktivitätsdiagrammen wurden beliebige Bedingungen verwendet usw.

Während wir normalerweise diesen Text mehr als zusätzliche Information, als Ergänzung auffassen, kann im Prinzip durch diese Einschübe oder Mechanismen sogar die Ausdruckskraft der gesamten UML beschrieben und auch erweitert werden. Der Benutzer hat es z.B. durch Stereotypen in der Hand völlig neue Modellierungselemente einzuführen oder auch die grafische Gestaltung der vorhandenen zu ergänzen oder zu verändern. Davon sollte selbstredend nur sparsam Gebrauch gemacht werden, da sonst schnell alle Vorteile einer einheitlichen Notation wieder zunichte gemacht werden.

Wir wollen hier kurz die Notation und Anwendung von erläuterndem Text stellvertretend am Klassendiagramm vorstellen. Für eine ausführlichere Beschreibung der Erweiterungsmechanismen verweisen wir auf Kapitel 14.

4.11.1 Bedingungen

Bedingungen oder Einschränkungen (engl. constraints) stellen zusätzliche Informationen über eine Klasse, Assoziation oder andere Modellierungselemente dar. Durch sie lassen sich Eigenschaften formulieren, die in der grafischen Gestalt nicht vorgesehen sind. Sie spezifizieren etwa Klasseninvarianten, Vor- oder Nachbedingungen von Operationen, eine Ordnungseigenschaft für *1:n* Assoziationen und vieles mehr.

Eine einheitliche Syntax ist nicht vorgeschrieben und abhängig vom verwendeten Werkzeug. Es wird empfohlen, die Object Constraint Language (OCL), die Bestandteil der UML ist (siehe Abschnitt 14.5), zu verwenden. Aber auch Prolog oder andere formale Spezifikationstechniken, ja sogar normaler Text kann benutzt werden, Bedingungen zu formulieren. Die Bedingung wird in geschweifte Klammern eingeschlossen und neben das betreffende Modellierungselement gestellt bzw. mit diesem durch eine gestrichelte Linie verbunden.

Beispiel (Monopoly) 48
Ein Spieler kann bei einer Auktion eine Straße nicht an sich selbst verkaufen.

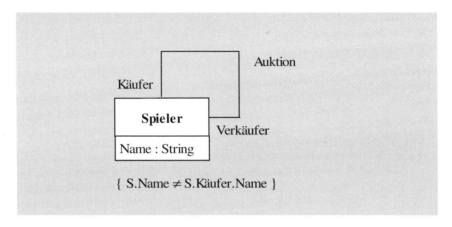

Abbildung 4.37. Bedingungen in Form von OCL-Ausdrücken

Beim Zugriff auf Attribute bedient man sich in der OCL der gängigen Punktnotation. Man gibt eine konkrete Instanz der Klasse an und nennt nach einem Punkt entweder ein Attribut der Klasse oder die Rolle einer assoziierten Klasse. Für weitere Informationen zur OCL siehe Kapitel 14.5.

Beispiel (Monopoly) 49
Die Vorbedingung, dass ein Spieler eine Straße erwerben kann, könnte ein entsprechender Kontostand sein.

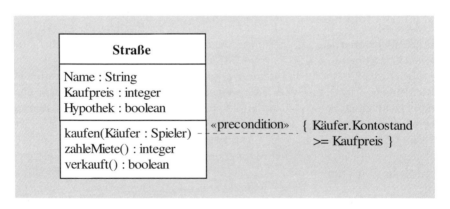

Abbildung 4.38. Vorbedingung

Ebenso sind Nachbedingungen formulierbar, in denen man durch Anhängen von @pre auf den Wert eines Attributs vor der Ausführung der Methode Bezug nehmen kann.

Verwendbar sind sowohl eigene frei formulierte aber auch einige vordefinierte Bedingungen. Zu letzteren gehören die Angaben, ob eine Generalisierung vollständig oder disjunkt ist ({complete}, {incomplete}, {disjoint}, {overlapping}, siehe Abb. 4.32).

Auch bei den Assoziationen gibt es vordefinierte Bedingungen. Von einer Klasse können zwei alternative Assoziationen ausgehen, die mit einer {xor} Bedingung verbunden sind. In diesem Fall wird die eine oder die andere Assoziation geschaltet.

Beispiel (Monopoly) 50
Ein Spieler nimmt entweder am Spiel teil und befindet sich auf einem Spielfeld oder im Gefängnis.

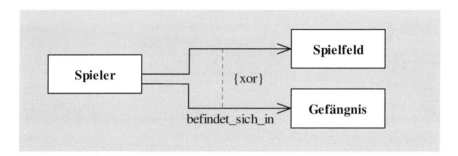

Abbildung 4.39. Alternative Assoziationen

Weitere vordefinierte Charakterisierungen betreffen die Enden von Verknüpfungen zwischen Objekten. Diese werden bei den Kommunikationsdiagrammen in Kapitel 6.1 aufgezählt.

Die Information, die durch Bedingungen ausgedrückt wird, dient dem besseren Verständnis des Modells und gibt wertvolle Hinweise für dessen Implementierung. Im Idealfall könnten einige Bedingungen von dem verwendeten Werkzeug ausgewertet werden. Davon ist man jedoch in der Praxis noch ein ganzes Stück entfernt.

4.11.2 Kommentare

Beliebige Information in textueller Form kann als Kommentar in einer Notiz, einem Rechteck mit Eselsohr, notiert werden. Oft wird man einige Details zur Implementierung einer Methode in dieser Form angeben.

4.11.3 Eigenschaftslisten

Über das eigentliche Modell hinausgehende, mehr das Umfeld, die Systemumgebung oder das Metamodell betreffende Information wird mit Hilfe von

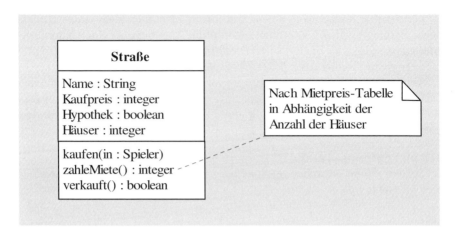

Abbildung 4.40. Notiz

Eigenschaftslisten festgelegt. Dabei handelt es sich Schlüssel-Wert Paare, die zusätzliche Eigenschaften wie Persistenz, Abstraktheit oder den Autor einer Klasse festlegen. Man sieht, dass das UML-Modell so immer mehr zum frei erweiterbaren Informationssystem über das Software-Modell wird.

Bei Eigenschaften, deren Wert ein boolescher Wert ist, bedeutet die Angabe des Schlüssels, dass dieser `true` ist.

Diese Listen werden ebenfalls in geschweifte Klammern eingeschlossen und an das betreffende Element gehängt. Betreffen sie eine Klasse, so werden sie im obersten, dem Namensfach, hinter dem Namen notiert.

Beispiel (Monopoly) 51
Wir halten wichtige Eigenschaften wie die Persistenz, den Autor und das Erstellungsdatum fest.

4.12 Stereotypen

Stereotypen geben den Verwendungskontext eines Modellierungselementes an, sie klassifizieren oder kategorisieren mögliche Anwendungszwecke, schreiben unterschiedliche Rollen vor, die das Element spielen kann.

Klassen lassen sich durch vordefinierte Stereotypen in reine Schnittstellen, Typen oder Implementierungsklassen gruppieren. Wir erwähnen hier neben den normalen Klassen nur die ≪implementationClass≫ , die die Implementierung in allen Einzelheiten festlegt und die reine Schnittstellenbeschreibung, das auch aus Java bekannte ≪interface≫ .

Klassenähnliche Strukturen, die im Modell an Stelle von Klassen eingesetzt werden können, werden in Prozesse, Threads und Utilities eingeteilt.

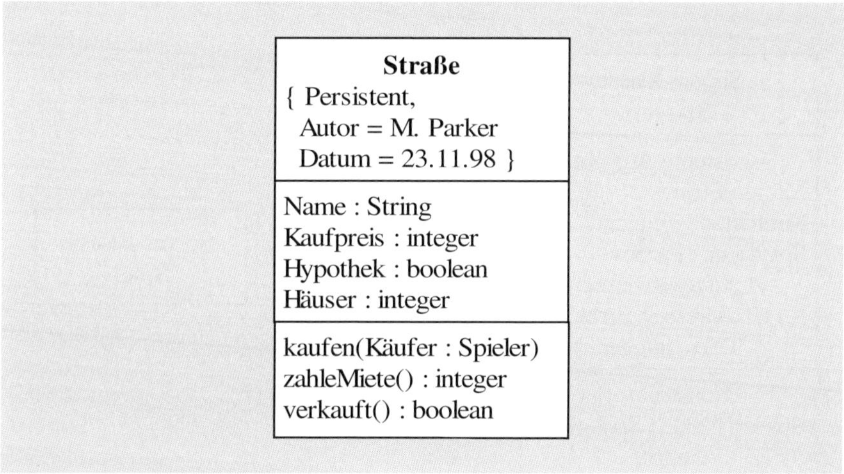

Straße
{ Persistent, Autor = M. Parker Datum = 23.11.98 }
Name : String Kaufpreis : integer Hypothek : boolean Häuser : integer
kaufen(Käufer : Spieler) zahleMiete() : integer verkauft() : boolean

Abbildung 4.41. Tagged Values

Methoden können durch Stereotypen als Initialisierungen, Abfragen oder Zugriffe ausgewiesen werden. Auch der Verwendungszweck von Bedingungen kann durch vordefinierte Stereotypen erläutert werden. So kann man beispielsweise Nachbedingungen mit dem Stereotypen ≪postcondition≫ kennzeichnen.

Bei der Definition eines neuen Stereotyps werden Bedingungen angegeben, die für jede Anwendung überprüft werden sollten, außerdem können Eigenschaftslisten vorgeschrieben werden, die alle Ausprägungen aufweisen müssen. Wir greifen dieses Thema noch einmal im Kapitel 14 auf.

4.13 Zusammenfassung

Klassendiagramme beschreiben die am System beteiligten Klassen und ihre Beziehungen. Klassen werden durch ein Rechteck dargestellt, in dem sich je ein Fach für den Klassennamen, die Attribute und die Operationen befindet. Weitere Fächer können hinzukommen, z.B. für die Verantwortlichkeiten. Kommunizieren zwei Klassen miteinander oder treten auf andere Art in Beziehung, so wird dies durch eine Assoziation ausgedrückt und durch eine meist rechtwinklig gezeichnete Linie zwischen den Klassen illustriert. Die Assoziation selbst oder die Rollen, die die teilnehmenden Klassen in ihr spielen, können benannt werden. Es wird empfohlen, die Multiplizität der Rollen anzugeben. Eine Assoziation kann als eigene, die Verbindung beschreibende Klasse modelliert werden. Spezielle Assoziationen, die eine Enthaltenseinsbeziehung ausdrücken sind Aggregation oder Komposition.

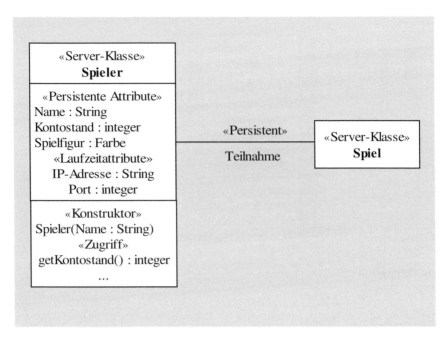

Abbildung 4.42. Präzisere Beschreibung einer Klasse mit Stereotypen

Die Generalisierung, die durch einen Pfeil mit dreieckiger Spitze von der speziellen zur allgemeineren Klasse dargestellt wird, erhöht durch geschickte Abstraktion die Wiederverwendbarkeit und ermöglicht Polymorphie. Eine Klasse, die keine Attribute und nur abstrakte Operationen aufweist, bezeichnet man als Interface. Die Beziehung, dass eine Klasse ein Interface realisiert, ist eine spezielle Generalisierung, die durch einen gestrichelten Pfeil angedeutet wird.

Werden Klassen zu Objekten ausgeprägt, so werden die Assoziationen zu Verknüpfungen oder Links.

Die Klassen und ihre Beziehungen können durch Angabe von Bedingungen oder Kommentaren oder Zuordnung zu gewissen Stereotypen näher beschrieben werden.

Kapitel 5

Das Sequenzdiagramm

Das dynamische Verhalten eines objektorientierten Systems wird durch den Nachrichtenaustausch zwischen den Objekten bestimmt. In UML werden zur Beschreibung dieses Nachrichtenverkehrs vier verschiedene Typen von Interaktionsdiagrammen eingesetzt. Der erste Typ sind die Sequenzdiagramme. Sie beschreiben den Ablauf der Kommunikation in einer Gruppe von Objekten.

- Objekte und Nachrichten
- Aktivitätszonen
- Geschachtelte Interaktionen
- Strukturierung des Ablaufes
- Zeitbedingungen

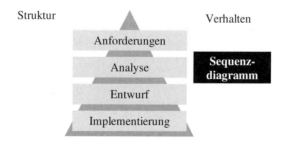

Sequenzdiagramme werden bereits seit langem in verschiedenen Formen in der Software-Entwicklung eingesetzt. Sie tauchen als Protokolle zur Beschreibung des Nachrichtenaustausches ebenso auf wie als Veranschaulichung des Ablaufes ereignisgesteuerter, interaktiver Programme.

Als Übergang von der Anforderungsermittlung zur Analyse werden die Anwendungsfälle mit Sequenzdiagrammen veranschaulicht. In der Entwurfsphase können komplexe Interaktionen detailliert beschrieben werden. Das Zusammenspiel der Komponenten einer Software-Architektur lässt sich ebenso beschreiben wie einzelne Testszenarien spezifiziert werden können.

5.1 Nachrichtenaustausch

Ein Sequenzdiagramm beschreibt den Ablauf der Kommunikation in einem Szenario. Dabei interessiert nicht der genaue Methodentext, sondern wir illustrieren durch den Austausch von Nachrichten, welches Objekt wann aktiv ist und verdeutlichen die Dauer der ausgeführten Aktivität. So wird auch die Synchronisation der Handlungsstränge der beteiligten Objekte übernommen.

Die handelnden Elemente im Sequenzdiagramm sind aktive Objekte oder Prozesse, die aber nur in den seltensten Fällen in allen Einzelheiten festgelegt sind, sondern die exemplarisch das Verhalten aller Objekte ihrer Klasse repräsentieren. Sie treten als Musterobjekt oder als Rolle auf. Deshalb ist der Klassenname wichtiger als der individuelle Objektname. Die Reihenfolge der Nachrichten und die Dauer der ausgelösten Aktionen wird entlang einer vertikal laufenden Zeitachse erläutert. Jede Interaktion wird durch eine Nachricht modelliert und durch einen Pfeil vom sendenden zum empfangenden Objekt gezeichnet.

Ein Sequenzdiagramm kann wie jedes Diagramm benannt und umrahmt werden. Der Name befindet sich links oben in einem Rechteck, dessen eine Ecke abgeschnitten ist. Als Kennzeichnung einer Interaktion steht **sd** davor. Weil diese Rahmen auch zum Einsetzen von Interaktionsdiagrammen ineinander dienen, zeichnen wir sie hier.

Jedem teilnehmenden Kommunikationspartner oder Objekt wird eine Spalte zugeteilt, die mit dem Objektsymbol überschrieben ist und die gestrichelte Lebenslinie zeigt. Als Objektsymbol dient auch hier das aus den Objektdiagrammen bekannte Klassenrechteck. Der Objektname wird hier nicht unterstrichen, oft wird auf einen spezifischen Objektnamen verzichtet, um den Rollencharakter zu verdeutlichen (siehe Abschnitt 4.4). Außerdem tritt gelegentlich das Strichmännchen als Akteursymbol auf. Einige Attribute können gesetzt sein, es ist auch möglich für die Interaktion neue, temporäre Attribute einzuführen.

Wir haben im Abschnitt 4.6 Assoziationen im Klassendiagramm kennengelernt und festgelegt, dass zwischen zwei Objekten, die miteinander kommunizieren eine Verknüpfung existieren muss. Im Sequenzdiagramm überlegen wir nun, wie diese Verknüpfungen, die als Assoziationen in dem Klassendiagramm zu finden sind, genutzt werden. Auf diese Art und Weise wird das Klassendiagramm durch eine Reihe von Sequenzdiagrammen abgeglichen und hinterfragt. Wie man feststellen wird, kann die gleiche Aufgabe mit völlig unterschiedlichen Objektinteraktionen gelöst werden. Die Unterschiede in der Interaktion bedingen dadurch auch teilweise unterschiedliche Klassendiagramme für die an sich gleichen Objekte, da die Assoziationen anders strukturiert sein können.

Nachrichten, deren Übermittlung in der Regel im Modell keine Zeit in Anspruch nimmt, lösen beim Empfänger eine Aktion aus. Wenn es sich dabei um den Aufruf einer Methode handelt, können Ein- und Ausgangsparameter übergeben werden. Die Handlungskontrolle geht auf den Empfänger über. Im prozeduralen Kontrollfluss gibt der Sender die Kontrolle ab und wartet auf die Beendigung der ausgelösten Aktion, welche durch einen expliziten, gestrichelten Rückkehrpfeil mit Angabe des Ergebnisses hinter der Parameterliste deutlich gemacht werden kann. Ergebnis und Ausgangsparameter können an Attribute zugewiesen werden.

Beispiel (Monopoly) 52
Als Beispiel wählen wir wieder unser Monopoly-Spiel. Wir wollen in verschiedenen Sequenzdiagrammen das Verhalten der Objekte zeigen, die wir in den Klassendiagrammen modelliert haben. In folgendem Szenario betritt ein Spieler ein konkretes Straßenobjekt, ermittelt die Höhe der Miete und zahlt an den Besitzer der Straße.

5.2 Aktivitätszonen

Beispiel (Monopoly) 53
Das folgende recht grobe Diagramm (Abbildung 5.2) zeigt die Errichtung von Häusern auf einer Straße aus der Sicht des Spielers.

Die Aktivitätszonen von beiden Objekten werden durch schmale Rechtecke markiert. Sind mehrere Aktivitätszonen zur gleichen Zeit vorhanden, so kann das mehrere nebenläufige Handlungsstränge bedeuten oder verdeutlichen, dass Objekte, die bei anderen eine Methode aufgerufen haben, nun auf die Rückkehr der Kontrolle, d.h. auf die Beendigung der Methodenausführung warten. Diese Art wird als sequentieller oder prozeduraler Kontrollfluss bezeichnet. Das aufrufende Objekt übergibt die Kontrolle an das aufgerufene und ist solange, wie dieses aktiv ist, selbst lahmgelegt. Wird das rufende Objekt während der Wartezeit direkt oder indirekt selbst wieder aufgerufen, so werden die Aktivitätszonen übereinander gestapelt.

Beispiel (Monopoly) 54
In diesem Szenario betritt das Spielerobjekt ein Gemeinschaftsfeld. Daraufhin wählt dieses Objekt eine Karte aus – in diesem eine Gemeinschaftskarte,

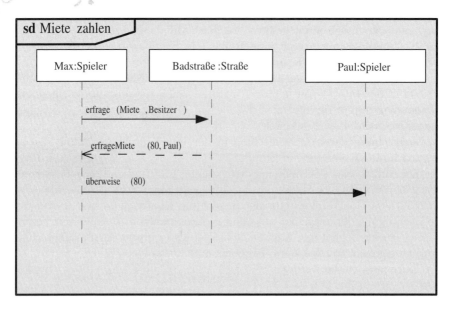

Abbildung 5.1. Objekte und Nachrichten

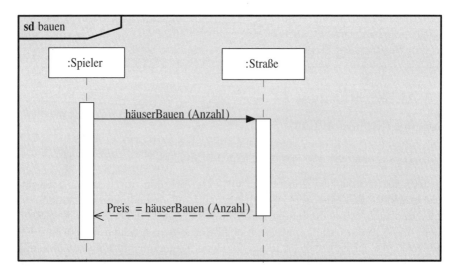

Abbildung 5.2. Aktivitätszonen

bei der der Spieler M 200 gewinnt. Die mit der Karte verbundene Aktion wird ausgeführt, die dem Spieler eine entsprechende Gutschrift bringt. Dazu sendet das Kartenobjekt eine Nachricht an das Spielerobjekt, was zu einem indirekten Selbstaufruf in diesem Szenario führt. Das wird durch eine überlagerte Aktivitätszone deutlich gemacht.

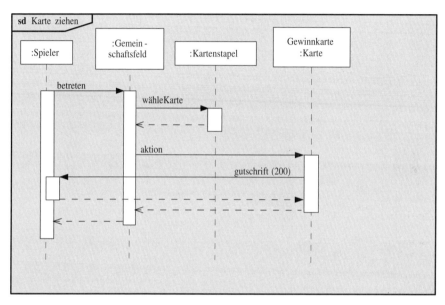

Abbildung 5.3. Prozeduraler Kontrollfluss mit überlagerter Aktivitätszone

5.3 Asynchrone Nachrichten

Im Gegensatz zu den synchronen Nachrichten im prozeduralen Kontrollfluss, kommen auch asynchrone Nachrichten vor, die die Handlungskontrolle nicht abgeben, sondern einen parallelen Thread starten. Asynchrone Nachrichten erzeugen also einen weiteren Kontrollfluss, das aufrufende Objekt kann deshalb nach Absenden einer Nachricht andere Aufgaben erfüllen und braucht nicht auf die Beendigung der angestoßenen Aktivität zu warten. Natürlich muss gewartet und synchronisiert werden, wenn das Ergebnis des Methodenaufrufs benötigt wird, das nun im Falle des nebenläufigen Kontrollflusses immer durch eine explizite Rückgabenachricht übermittelt wird.

Beispiel (Monopoly) 55
Wir wollen uns etwas näher mit der Software eines Spiele-Servers für ein Monopoly-Spiel beschäftigen und betrachten den Nachrichtenaustausch zwi-

schen Client-Objekten, hinter denen sich der Spieler verbirgt und dem Haupt-
objekt des Servers. Der Server nimmt die Anmeldungen von Clients entgegen
und bestätigt sie. Sobald sich zwei Spieler angemeldet haben, gibt der Server
einen Spielzug frei. Parallel dazu können sich weitere Spieler anmelden, die
ebenfalls in das Spiel eingebunden werden.

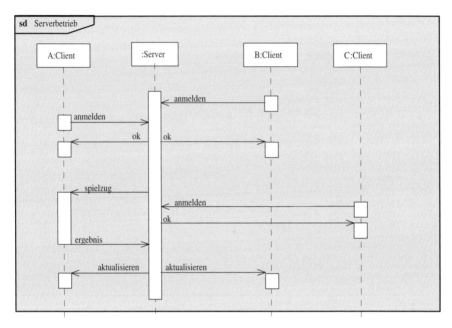

Abbildung 5.4. Nebenläufiger Kontrollfluss

Asynchrone Nachrichten werden durch offene Pfeilspitzen dargestellt.
Unglücklicherweise symbolisiert man die weiter bestehende Handlungsfähigkeit des sendenden Objektes dadurch, dass die Aktivitätszone unterbrochen
wird, falls für dieses Szenario ein Objekt eine Zeit lang nicht gebraucht wird.
So entsteht der Eindruck, dass gerade bei Verwendung von asynchronen Nachrichten, immer nur ein Objekt zur Zeit aktiv ist, während bei synchronen
Nachrichten viele gleichzeitig arbeiten. In solchen Szenarien ist es anschaulicher auf die Aktivitätszonen zu verzichten.

5.4 Erzeugung und Zerstörung von Objekten

In einem Szenario kann ein neues Objekt erzeugt werden. In diesem Fall
führt der gestrichelte Pfeil direkt zum Objektsymbol, welches nun an dieser
Position und nicht am Kopf der Spalte steht. Solche Nachrichten werden oft

Namen wie `new` oder `create` tragen. Auch die Vernichtung eines Objekts kann vorkommen und zwar sowohl des Empfängers (zerstören) als auch des Senders selbst (terminieren). Die Lebenslinie und Aktivitätszone enden und es wird ein Kreuz gemalt.

Beispiel (Monopoly) 56
Für jeden Client, der sich bei unserem Server anmeldet, erzeugt das Server-Objekt ein Spieler-Objekt, das solange lebt, wie dieser Client am Spiel teilnimmt. Sobald sich der Spieler abmeldet, wird dieses Spieler-Objekt zerstört (siehe Abb. 5.5).

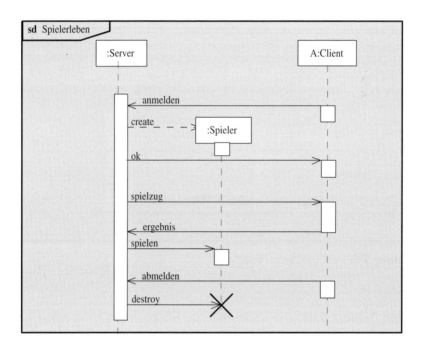

Abbildung 5.5. Erzeugung und Zerstörung von Objekten

5.5 Regelung des Interaktionsablaufs

Bisher haben wir nur Sequenzdiagramme betrachtet, die bedingungslos von Anfang bis zum Ende durchlaufen wurden, also Einzelszenarien, die eine feste Ausprägung eines Anwendungsfalles beschreiben. Normalerweise kommen jedoch Bedingungen und Alternativen vor, auch Wiederholungen der gleichen Interaktionen treten auf.

Wir zerlegen die Gesamtinteraktion in Teilinteraktionen, von denen jede als ein eigenes Sequenzdiagramm gezeichnet werden kann. Der Ablauf der einzelnen Interaktionen wird nun durch Einsetzen in verschiedene Regel- oder Kontrolloperatoren geregelt.

Die bedingte Ausführung einer Interaktion wird durch die Kontrolloperatoren **opt** und **alt** bewirkt.

Beispiel (Monopoly) 57
Der Kauf einer Straße wird nach Ermittlung des Preises, der hier als Attribut der Interaktion geführt wird, nur ausgeführt, falls die Straße frei ist und das nötige Geld vorhanden.

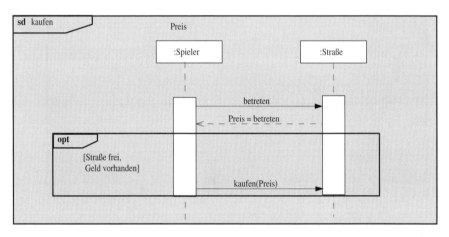

Abbildung 5.6. bedingte Interaktion

Allgemeiner gibt es beim Betreten einer Straße drei Möglichkeiten: Die Straße ist frei und kann gekauft werden, sie gehört dem Spieler selbst oder sie gehört einem Mitspieler und man muss Miete zahlen.

Die Bedingungen können auch als Marken in einem Oval über der Teilinteraktion notiert werden. Dann können längere Sequenzen unterbrochen und mit der gleichen Marke fortgesetzt werden.

Sollen Interaktionen wiederholt werden, so verwendet man einen **loop** Regeloperator, der die Mindest- und Maximalzahl der Wiederholungen angibt. Eine Bedingung prüft zusätzlich die durchzuführenden Interaktionen.

Beispiel (Monopoly) 58
Ein Spieler darf nochmal würfeln, falls er einen Pasch hat, höchstens aber dreimal.

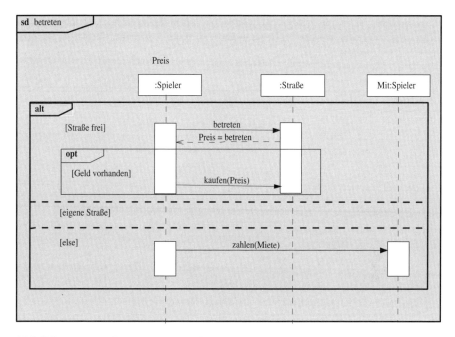

Abbildung 5.7. alternative Interaktionen

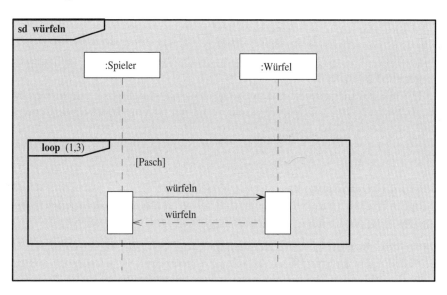

Abbildung 5.8. Wiederholungen

Mit Hilfe der Regler können Fragmente einer Interaktion beliebig ineinander geschachtelt werden. Die innerste Schachtel kann mit einem **break** Operator verlassen werden.

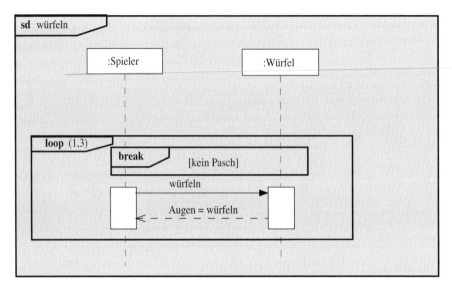

Abbildung 5.9. Verlassen eines Fragments

Wir erkennen die Analogie zu bedingten Anweisungen und Schleifen in Programmiersprachen.

Oft können mehrere Interaktionen gleichzeitig stattfinden, mindestens ist die Reihenfolge frei wählbar. In anderen Fällen ist eine konsistente Reihenfolge der Nachrichten für jedes Objekt wichtig, aber es wird keine lineare Anordnung aller Ereignisse benötigt. Diese kann in einem dritten Fall allerdings wichtig sein.

Beispiel (Monopoly) 59
In einem Spielzug wird zuerst gewürfelt, dann vorgerückt, dann kann in beliebiger Reihenfolge Miete gezahlt, gebaut oder gehandelt werden.

Verwenden wir statt des **par** Kontrolloperators **seq** oder **strict** so legen wir die Reihenfolge im Sinne der vertikalen Zeitachse fest. Den Unterschied zwischen diesen beiden Operatoren verdeutlicht folgendes Szenario.

Beispiel (Monopoly) 60
Ein Spieler betritt eine Straße. Der Besitzer ermittelt den Mietpreis. Der Spieler nimmt einen Kredit von der Bank auf und zahlt die Miete an den Besitzer.

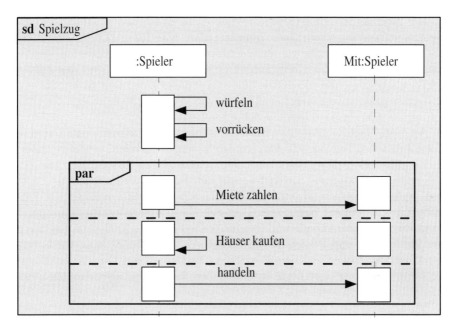

Abbildung 5.10. nebenläufige Interaktionen

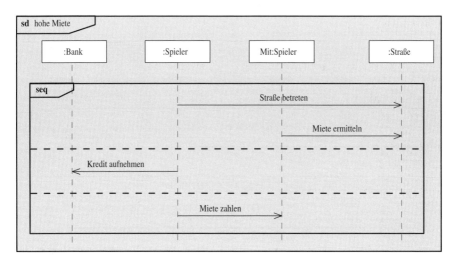

Abbildung 5.11. lose Reihenfolge

Die Aneinanderreihung von Nachrichten in einem **seq** Fragment sichert die Reihenfolge innerhalb einer Teilinteraktion oder für ein Objekt. So muss im Beispiel das Betreten vor dem Ermitteln der Miete stattfinden, beides zusammen darf mit der Kreditaufnahme getauscht werden, und das Zahlen erfolgt als Letztes, um die Lebenslinie von *:Spieler* konsistent zu halten.

Durch Angabe von **strict** erhält man wiederum die Reihenfolge, die ohne Aufteilung also direkt durch die Zeitachse bestimmt ist.

Atomare Nachrichtenfolgen, die nicht unterbrochen werden dürfen, sind in einem kritischen Bereich mit dem Kontrolloperators **critical** gekennzeichnet.

Es gibt neben den erwähnten noch weitere Kontrolloperatoren zur Zusammenfassung und zur Strukturierung von Interaktionsfragmenten. Es ist auch möglich ganze Interaktionen hierarchisch ineinander einzusetzen. Das geschieht mit dem **ref** Regler, der Bezug auf eine andere Interaktion nimmt. Diese wird referenziert indem ihr Name ähnlich wie eine Nachricht, also auch mit Parametern und Rückgabewert aufgerufen wird. Damit kann wiederholtes Aufschreiben der gleichen Interaktion vermieden werden, die Diagramme werden lesbarer. Komplexe Interaktionen werden aus eigenständigen Bestandteilen zusammengesetzt.

Beispiel (Monopoly) 61
In unserem letzten Beispiel können wir jede Nachricht als Interaktion modellieren und diese dann nacheinander aufrufen.

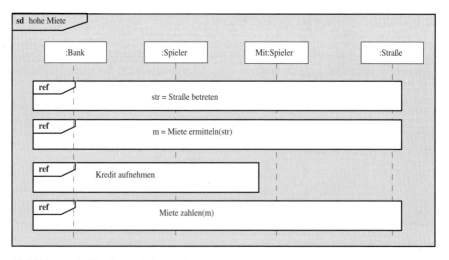

Abbildung 5.12. Interaktionsreferenzen

5.6 Zeitachse

Die Zeitachse läuft wie gesagt von oben nach unten. Es handelt sich allerdings nicht um eine strenge Proportionalitätsskala, sondern nur die Reihenfolge und die Synchronisation interessiert. Natürlich darf der Empfangszeitpunkt einer Nachricht nicht vor dem Absendezeitpunkt liegen. Nebenläufige Aktionen werden mit dem **par** Operator modelliert. Parallele Aktionen innerhalb eines Objektes führen zur Aufspaltung der Lebenslinie. Spielt die genaue Zeit eine Rolle, etwa bei Maschinensteuerungen oder anderen Echtzeitanwendungen, so kann das durch hinzugefügte Bedingungen klargestellt werden.

Beispiel 1
Der Aufbau einer Telefonverbindung wird in Abbildung 5.13 modelliert. Innerhalb von einer Sekunde nach dem Abheben muss der Wählton erklingen, zum Aufbau der Verbindung sind weniger als 5 Sekunden vorgesehen.

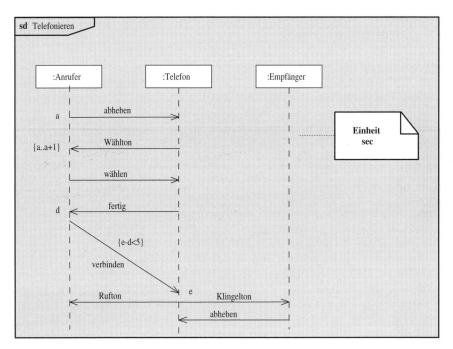

Abbildung 5.13. Zeitbedingungen im Sequenzdiagramm

Viele der Bedingungen, Einschränkungen und Kommentare, die in einem Sequenzdiagramm auftreten, betreffen die Zeit, weil diese Diagramme ja zum Modellieren von zeitlich relevanten Vorgängen benutzt werden. In UML existieren Datentypen zur Angabe von (absoluten) Zeitpunkten, Zeitintervallen oder Zeitdauern. Zeitpunkte werden durch Datum und Uhrzeit spezifiziert. Üblicherweise wird man den einzelnen Zeitpunkten im Diagramm Namen verleihen, auf die dann in Bedingungen zugegriffen werden kann. Damit kommt man zu relativen Zeitangaben, deren Einheit oft als Notiz für das gesamte Diagramm einheitlich gilt. Die Übertragungszeit kann auch durch einen schrägen Pfeil angedeutet werden.

Pro Nachricht sind bei genauer Betrachtung fünf verschiedene Zeitpunkte relevant: So kann zwischen Sende- und Empfangszeitpunkt einer Nachricht unterschieden und die Dauer der Aktion kann vorgeschrieben werden. Unabhängig davon sind der Start und das Ende einer Aktion angebbar. Die Einschränkungen müssen so formuliert sein, dass alle konsistent sind, insbesondere darf die Ausführungsdauer die Zeitspanne vom Start bis zum Ende nicht überschreiten.

Für noch genauere Spezifikation etwa von Echtzeitsystemen dienen die Timing-Diagramme in Kapitel 6.2.

5.7 Zusammenfassung

Sequenzdiagramme stellen den Nachrichtenfluss in der zeitlicher Reihenfolge dar. Neben der Lebenslinie können die Aktivitätszonen der beteiligten Objekte dargestellt werden. Es wird zwischen synchroner und asynchroner Kommunikation unterschieden. Nachrichten können

- eine Methode aufrufen
- ein Ergebnis zurückliefern
- ein Signal versenden
- ein Objekt kreieren
- den Sender oder Empfänger der Nachricht zerstören

Es gibt (Instanz-) Diagramme, die nur für ein Szenario zuständig sind, und generische, die mehrere Alternativen beschreiben.

Nachrichtenfolgen können mit Kontrolloperatoren strukturiert werden. Alternativen, Wiederholungen oder Spezifikation der Reihenfolge sind möglich.

Hier nicht erwähnt, aber ebenfalls vorgesehen ist die Beschreibung der Kommunikation zwischen Kommunikationspartnern, die über eine Lebenslinie verfügen. Sequenzdiagramme sind eine Form der grafische Darstellung von Interaktionen, die anderen sind Kommunikationsdiagramme und Timing-Diagramme (siehe Kap. 6.1).

Die Darstellung und Interpretation von Sequenzdiagrammen bietet also eine Vielzahl von Varianten. Wir unterscheiden mehrere zueinander orthogonale Konstrukte.

- Nebenläufiger oder sequentieller Kontrollfluss
- Optional: Aktivitätszonen
- Optional: Rückkehrnachrichten

- Optional: Überlagerung der Aktivitätszonen
- Verzweigungen und Wiederholungen, weitere Kontrollflussregler

Falls Aktivitätszonen gezeichnet werden, so können geschachtelte oder rekursive Aufrufe durch überlagerte Aktivitätszonen verdeutlicht werden.

Rückkehrnachrichten können bei synchronen Nachrichten weggelassen werden. Das legt die sequentielle Interpretation nahe und man kann auf Aktivitätszonen verzichten. Diese Art der Diagramme beschreibt Szenarien, in denen die zeitliche Reihenfolge der Aktionen klar geregelt ist und in denen auf das Ende jeder aufgerufenen Methode gewartet wird.

Sequentieller Kontrollfluss kann detailliert dargestellt werden, indem sowohl Aktivitätszonen mit Überlagerungen als auch Rückkehrnachrichten angegeben werden.

Nebenläufige oder ereignisgesteuerte Prozesse werden sinnvollerweise mit asynchronen Nachrichten modelliert. Diese entkoppeln den Aufruf einer Methode von der Ablieferung eines Ergebnisses, machen also Rückkehrnachrichten unabdingbar. Ist echte Nebenläufigkeit für das zu modellierende Szenario vorhanden, so sollte das durch die Modellierung als **par** Sektionen klar gestellt werden. Aktivitätszonen sollten gezeichnet werden, allerdings ohne die Überlagerung. Wird die überschüssige Handlungsfähigkeit vornehmlich in anderen Szenarien und damit Sequenzdiagrammen eingesetzt, so lässt man die Aktivitätszonen besser weg.

Alles in allem kann man vier grundsätzliche Typen von Sequenzdiagrammen definieren, die wir nach ihrem Anwendungszweck charakterisieren:

Ziel der Darstellung	Kontroll-fluss	Aktivitäts-zonen	Überlagerung	Rückkehr-nachrichten
Nachrichten-folge	sequentiell	nein	nein	nein
Methoden-aufruf	sequentiell	ja	ja	ja
Ereignis-steuerung	parallel	nein	nein	nein
Multi-tasking	parallel	ja	nein	ja

Durch die Verwendung von Kontrollflussreglern lassen sich Szenarien strukturiert und detailliert wie Algorithmen beschreiben.

Kapitel 6

Weitere Interaktionsdiagramme

In diesem Kapitel beschreiben wir das dynamische Verhalten ausgewählter Gruppen von Objekten mit Kommunikationsdiagrammen. Wir verfolgen mit Timing-Diagrammen den Wechsel von Objektzuständen im Zeitverlauf und stellen das Interaktionsübersichtsdiagramm vor.

- Objekte und Links
- Nachrichten
- Zustandswechsel
- Zeitverlauf
- komplexe Interaktionen

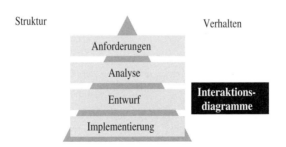

6.1 Das Kommunikationsdiagramm

Eine Kooperation (engl. collaboration) beschreibt die Zusammenarbeit, das Zusammenspiel einer Menge von Objekten zur Erfüllung einer Aufgabe (siehe auch 8.4). Das kann die Durchführung eines Anwendungsfalles, die Realisierung einer Verantwortlichkeit oder auch die Implementierung einer Methode sein.

Eine Kooperation stellt eine Interaktion in ihrem Kontext dar, indem nicht nur der Nachrichtenaustausch, sondern auch die statischen Verknüpfungen der beteiligten Objekte erfasst werden. Da hierbei sowohl Details und Reihenfolge der Ausführung als auch statische Beziehungen erfasst werden, beleuchtet ein Kommunikationsdiagramm[1] nicht nur dynamische Aspekte.

Kooperationen können zur Strukturierung des Systems herangezogen werden. Weil sie aber in aller Regel überlappend sind, können sie nicht zur frühzeitigen Zerlegung des Systems in Subsysteme benutzt werden.

6.1.1 Objekte und Nachrichten

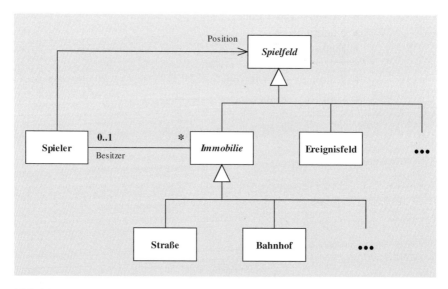

Abbildung 6.1. Klassendiagramm des Monopoly-Spiels

Ein Kommunikationsdiagramm zeigt den Nachrichtenaustausch in einer ausgewählten Menge von Objekten. Dabei handelt es sich eigentlich um ein Objektdiagramm, in dem die Verknüpfungslinien mit Nachrichten versehen sind.

---

[1] , das früher bei uns Kooperationsdiagramm hieß,

Die Objekte werden wie in Kapitel 4 dargestellt, aber nicht unterstrichen. Man unterscheidet zwischen anonymen und benannten Objekten.

Beispiel (Monopoly) 62
Wir betrachten in Abbildung 6.1 zur Erinnerung noch einmal die wesentlichen Teile unseres Monopoly-Spiels. Mit Hilfe von Kommunikationsdiagrammen werden wir nun die Zusammenarbeit von Objekten in einigen typischen Spielsituationen beschreiben.

Ein Link ist eine Verknüpfung zweier Objekte. Wie bereits in Kapitel 4 erwähnt, werden Links durch Assoziationen beschrieben, genauso wie Objekte durch Klassen beschrieben werden. Objekte kommunizieren miteinander über solche Verknüpfungen. Eine Nachricht wird wieder in der Form notiert, die wir bereits bei den Sequenzdiagrammen kennengelernt haben.

Beispiel (Monopoly) 63
Ein Spieler-Objekt sendet eine Nachricht an ein Straßen-Objekt.

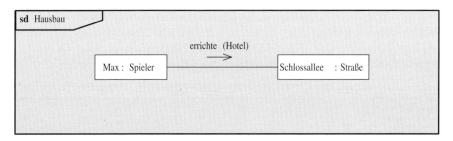

Abbildung 6.2. Objekte senden Nachrichten über Links

Auch ein Kommunikationsdiagramm wird oft in einen Rahmen gezeichnet, in dessen linker oberer Ecke in einem fünfeckigen Feld der Name der Interaktion hinter der Abkürzung **sd** steht.

6.1.2 Verknüpfungen

In den Klassendiagrammen haben wir mit Assoziationen Links modelliert, die dauerhaft Objekte verknüpfen. Links zwischen Objekten können aber auch durch andere Konstrukte erzeugt werden, die Objekte manchmal nur temporär miteinander verbinden.

- **Lokale Variable**
  Methoden können lokale Variable beinhalten, die z.B. Objekte referenzieren. Durch lokale Variable erzeugte Links werden mit der Einschränkung {local} gekennzeichnet.

- **Globale Variable**
  Analog zum ersten Fall können Verknüpfungen auch durch globale Variable entstehen. Diese Links werden durch {global} gekennzeichnet.
- **Parameter**
  Einer Methode können beim Aufruf Parameter übergeben werden, die ebenfalls wieder Objekte referenzieren können. Durch Parameter erzeugte Links werden mit {parameter} gekennzeichnet.
- **Eigenes Objekt**
  Ein Objekt kann natürlich Nachrichten an sich selbst senden. Dazu wird eine Verknüpfung des Objekts mit sich selbst eingezeichnet, die optional mit {self} gekennzeichnet wird.

Wenn man die Kennzeichnungen, die im Standard nicht mehr vorgesehen sind, einsetzt, kann man zusätzlich angeben, wie der Parameter oder die Variable heisst, über die die Verknüpfung der Objekte zustande kommt, wie in Abbildung 6.4.

Beispiel (Monopoly) 64
Ein Spielerobjekt sendet eine Nachricht betreteFeld an ein konkretes Spielfeldobjekt – in unserer Kooperation der Ostbahnhof. Aufgrund der eintreffenden Nachricht werden dann dort weitere Nachrichten verschickt, wie das Ermitteln und Einziehen der Miete. Miete tritt als Rückgabewert einer Operation auf und kann als Parameter für weitere Nachrichten benutzt werden.

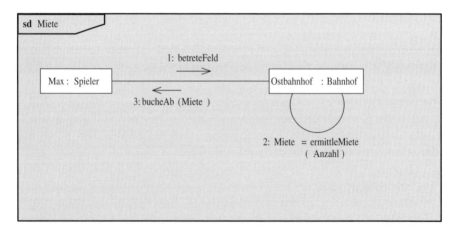

Abbildung 6.3. Nachrichten mit Parametern und Rückgabewert

Bei Kommunikationsdiagrammen ist die verfeinerte Darstellung mit Parametern und Rückgabewerten wichtiger als bei Sequenzdiagrammen.

Die Parameter werden durch Angabe ihres Namens bekannt gemacht. Die Rückgabewerte für Ausgangsparameter und die gesamte Nachricht werden durch einen (:) getrennt. Mit dem Zuweisungsoperator (=) können diese an Attribute zugewiesen werden.

Ein Objekt kann eine Nachricht an sich selbst senden, wie Abbildung 6.3 zeigt. In diesem Fall wird ein kleiner Link eingezeichnet und die Nachricht daran geschrieben.

6.1.3 Sequenznummern

Die Reihenfolge der Nachrichten wird durch Sequenznummern bestimmt, da sie sich nicht mehr aufgrund der Anordnung der Nachrichtenpfeile wie im Sequenzdiagramm ergibt.

Eine geschachtelte Nummerierung – ähnlich den Kapiteln eines Buches – verdeutlicht den Aufruf von Operationen. Dabei werden Operationen, die in der gleichen Operation aufgerufen werden, in der gleichen Schachtelungstiefe gezählt. In Abbildung 6.4 wird dieses Schema verdeutlicht. Es wird beispielsweise deutlich, dass die Operation *gutschrift()* in der Operation *zahleMiete()* der Klasse *Spieler* aufgerufen wird, was bei der einfachen Nummerierung nicht ersichtlich wäre.

Beispiel (Monopoly) 65
Monopoly-Spieler wissen, dass sich die Miete eines Bahnhofs danach berechnet, wie viele Bahnhöfe der Besitzer erworben hat. Wir verfeinern die Kooperation und das Bahnhofsobjekt ermittelt zur Berechnung seiner Miete die Anzahl der Bahnhöfe seines Besitzers. Unter der Bedingung, dass unser Spieler nicht der Besitzer ist, wird bei dem Spieler die Miete abgebucht und bei dem Besitzer die Miete gutgeschrieben.

Ähnlich wie bei Sequenzdiagrammen ist es möglich, Nachrichten einzuzeichnen, die – z.B. in einer Iteration – mehrfach an ein Objekt gesendet werden. Solche Nachrichten werden mit einem ∗ gekennzeichnet. Zusätzlich besteht die Möglichkeit, eine Iterationsbedingung wie in einer for-Schleife anzugeben.

Beispiel (Monopoly) 66
Ein Spieler nimmt für n Straßen eine Hypothek auf.

Außerdem können Wächterbedingungen in eckigen Klammern angegeben werden. Eine Nachricht wird nur dann gesendet, wenn die Bedingung erfüllt ist.

Weitere von den Sequenzdiagrammen bekannte Strukturierungsmöglichkeiten (siehe Abschnitt 5.5) liegen nicht vor.

Für die Modellierung von nebenläufigem Verhalten sind asynchrone Nachrichten vorgesehen, die allerdings keine eigenen Pfeile verwenden, sondern durch eine Sequenznummer angezeigt werden, die mit Kleinbuchstaben für jede der gleichzeitig versendeten Nachrichten ergänzt wird, wie in Abbildung 6.6 zu sehen ist.

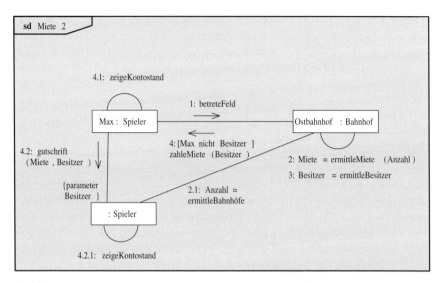

Abbildung 6.4. Eine Kooperation mit geschachtelten Sequenznummern

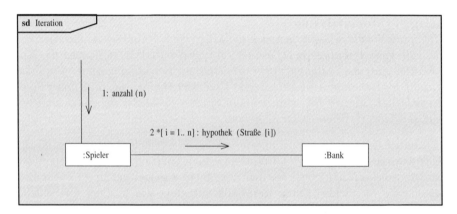

Abbildung 6.5. Ein Objekt sendet Nachrichten in einer Iteration

Die Erzeugung und Zerstörung von Objekten wird in einem Kommunikationsdiagramm nur durch entsprechende Nachrichtennamen dargestellt.

6.1.4 Erweiterung

Eine weitere interessante Darstellung, die Craig Larman in [13] zeigt, eignet sich hervorragend zur Modellierung von Software mit objektorientierten grafischen Benutzeroberflächen. Es handelt sich dabei um eine Mischung aus Use-Case- und Kommunikationsdiagrammen, in die Hardcopies von Bildschirmfenstern eingefügt werden, um die Kooperation von Objekten der An-

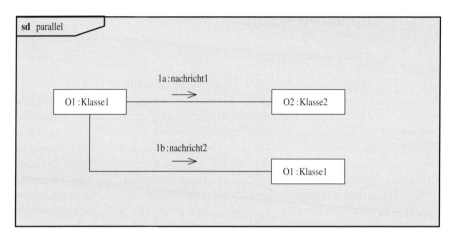

Abbildung 6.6. Asynchrone Nachrichten in einem Kommunikationsdiagramm

wendung aufgrund einer Nachricht von einem Objekt der Benutzeroberfläche zu modellieren.

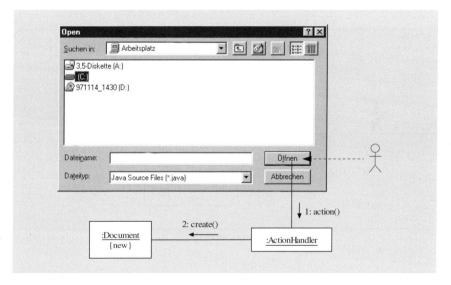

Abbildung 6.7. Eine Kooperation von Objekten der Benutzeroberfläche mit anderen Objekten der Applikation

Die Objekte der Benutzeroberfläche sind in einer Darstellung des Fensters wesentlich leichter zu identifizieren sind als in der UML-konformen Darstellung. Deshalb ist diese Darstellung für Kommunikationsdiagramme, an denen Objekte der Benutzeroberfläche beteiligt sind, sehr ausdrucksstark.

6.2 Das Timing-Diagramm

6.2.1 Zeitverlauf

Sequenzdiagramme bieten zwar eine Möglichkeit Zeitpunkte in einer Interaktion zu spezifizieren, für viele Anwendungen, vor allem bei der Modellierung von Regelungssoftware in Verbindung mit eingebetteten Systemen, reicht das aber nicht aus. Zeitpunkte müssen exakt angegeben werden können und der Zeitverlauf von Zustandsfolgen der an einer Interaktion beteiligten Partner ist genau zu protokollieren. Für diesen Zweck wurden die aus der Elektrotechnik bekannten Zeitverlaufs- oder Timing-Diagramme in UML 2.0 übernommen.

Mit Hilfe dieser Diagramme können Zeitverläufe durch hintereinander schreiben relativ und durch eine Zeitskala auch absolut verfolgt werden. Bedingungen über Zeitpunkte und Zeitspannen sind möglich. Eine Zeitverlaufslinie zeigt für jedes beteiligte Objekt den Zustandswechsel über die Zeit.

Beispiel 2
Beim ins Bett gehen wird der Wecker entsichert, innerhalb der nächsten 10 Minuten schläft man ein. Morgens um 6.14 Uhr wird man dann unsanft geweckt.

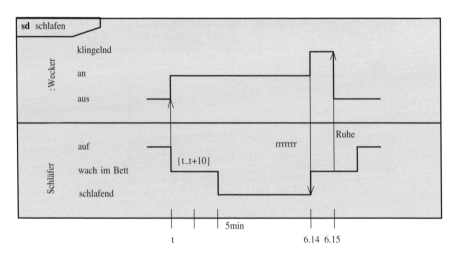

Abbildung 6.8. Timing-Diagramm mit Zeitpunkten und -spannen

Die Zeitverlaufslinien, die hier die Lebenslinien ersetzen, verlaufen von links nach rechts. Die relative Ordnung ist damit klar. Jeder Partner nimmt während der Interaktion verschiedene Zustände ein. Die Zustandswechsel werden von den Partnern durch Nachrichten oder Ereignisse ausgelöst, die oft von einer zeitlichen Bedingung abhängen. Zeitpunkte und -skalen werden am

unteren Rand notiert. Braucht eine Nachricht längere Zeit, so wird das durch
einen schrägen Pfeil beschrieben. Ansonsten gelten die Ordnungsbeziehungen
wie in Sequenzdiagrammen.

6.2.2 Wertverlauf

Wenn viele Partner an einer Interaktion teilnehmen oder viele Zustände eingenommen werden, so kann ein Timing-Diagramm übersichtlicher mit Wertverlaufslinien gezeichnet werden, in denen die Zustandswerte in flachen Sechs-
ecken, deren Breite die Zeit beschreibt, notiert werden.

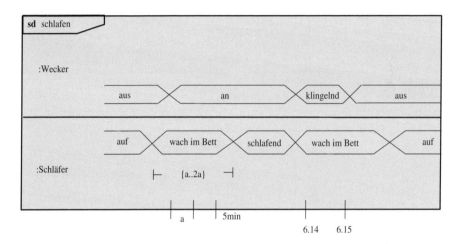

Abbildung 6.9. Timing-Diagramm mit Wertverlaufslinien

6.3 Das Interaktionsübersichtsdiagramm

Das Interaktionsübersichtsdiagramm verbindet mehrere Interaktionen mit
den Kontrollflusselementen eines Aktivitätsdiagramms (siehe Abschnitt 3.2).
Dabei sollten vordringlich Interaktionsreferenzen verwendet werden.

Beispiel (Monopoly) 67
Unser Bild zeigt die verschiedenen Interaktionen beim Betreten einer Straße.

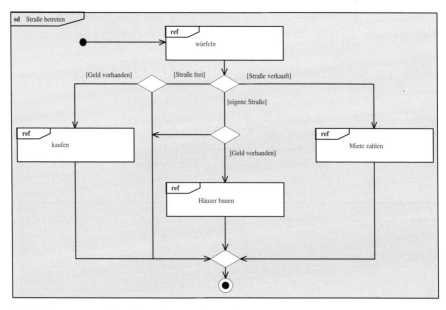

Abbildung 6.10. Ein Interaktionsübersichtsdiagramm

Kapitel 7

Das Zustandsdiagramm

Mit Zustandsdiagrammen lässt sich das Verhalten einzelner Objekte präzise spezifizieren. Sie beschreiben eine mächtige Form von Zustandsautomaten, die wir in diesem Kapitel vorstellen.

- Objektzustände
- Zustände und Transitionen
- Aktionen und Aktivitäten
- Hierarchische Zustände
- Protokolle

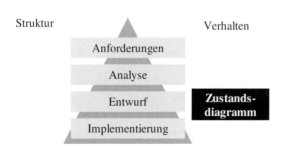

7.1 Zustandsautomaten

Objekte nehmen während der Ausführung der Software verschiedene Zustände an, d.h. ein Objekt hat ein Gedächtnis. Das hat zur Folge, dass ein Objekt auf die gleiche eingehende Nachricht unterschiedlich reagieren kann – je nachdem in welchem Zustand es sich befindet.

Programmiertechnisch wird der Zustand eines Objekts durch seine Attributwerte festgelegt. Die Objektzustände unterscheiden sich also schon dadurch, dass ein einziges Attribut verschiedene Werte hat. Für die Modellierung von Objekten ist diese Sichtweise nicht sehr hilfreich und wir nennen deshalb einen solchen Zustand Elementarzustand.

Ein Zustand soll für uns alle Elementarzustände eines Objekts zusammenfassen, in denen dieses Objekt gleiches Verhalten zeigt. Ein Objekt Tageszeit kann sehr viele Elementarzustände haben, z.B. für jede Sekunde einen, für unsere Verhaltensmodellierung sind aber, wenn wir nur zwischen Tag und Nacht unterscheiden, zwei Zustände ausreichend.

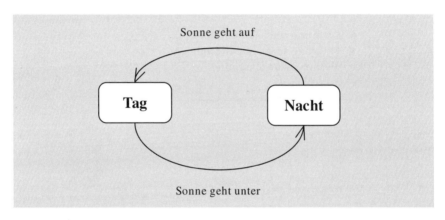

Abbildung 7.1. Ein einfacher Zustandsautomat

Das Verhalten von Objekten kann vollständig durch Zustandsautomaten modelliert werden. Dabei handelt es sich um eine Menge von Zuständen und eine Übergangsfunktion, die abhängig vom momentanen Zustand und dem eingehenden Ereignis den Nachfolgezustand bestimmt. Solch ein Automat wird üblicherweise als ein Graph dargestellt, dessen Knoten die Zustände und dessen Kanten die Übergänge oder Transitionen repräsentieren.

Automaten in der einfachsten Form treten etwa bei der Erkennung von Wörtern oder regulären Ausdrücken im Compilerbau auf. Die Eingabe des Textes erfolgt zeichenweise, das Senden eines Zeichens ist also ein Ereignis, welches einen Zustandswechsel auslöst. Abhängig vom Wert des Zeichens wird der Nachfolgezustand bestimmt.

Zustandsautomaten können nicht nur zur Spezifikation von Verhalten von dynamisch aktiven Objekten benutzt werden, sondern eignen sich auch zur Beschreibung von Protokollen einer Klasse, also für die Festlegung der Reihenfolge, in der die Operationen einer Klasse aufgerufen werden dürfen. Diese Art von Protokollzustandsautomaten behandeln wir in Abschnitt 7.6 am Schluss dieses Kapitels.

7.2 Zustände und Ereignisse

Zustände werden als abgerundete Rechtecke notiert, die in einem Diagramm unterschiedliche Namen haben müssen. Ein Zustandsübergang (Transition) wird als Pfeil vom Ausgangszustand zum neuen Zielzustand gezeichnet. Eine Transition wird mit dem Namen des Ereignisses (Triggers) beschriftet, das diese Transition auslöst.

Wir wollen einen einfachen Automaten anhand eines Beispiels näher betrachten, indem wir das Verhalten einer Verkehrsampel modellieren, weil die Modellierung unseres Monopoly-Spiels kein schönes Beispiel für dynamisches Verhalten ergibt.

Beispiel (Ampel) 1
Eine Verkehrsampel schaltet bei jedem Impuls in den durch die entsprechende Farbe charakterisierten Nachfolgezustand (siehe Abb. 7.2). Bei einem Ausfall geht sie in den Zustand blinkend über, der sowohl Start- als auch Endzustand ist.

Es gibt zwei besondere Zustände: den Startzustand (in Abbildung 7.2 links unten) und den Endzustand (in Abbildung 7.2 rechts unten). Jeder Zustandsautomat kann nur einen Startzustand besitzen.

Ein Ereignis ist eine normalerweise von außen kommende Stimulanz wie die Auswahl eines Menüpunktes oder ein Signal, welches anzeigt, dass ein Timer abgelaufen ist, wie in unserem Fall. Der Entwickler ist sehr frei darin, was er als Ereignis in seinem Modell interpretiert. Um Details von Ereignissen näher beschreiben zu können, kann ein Ereignis mit beliebigen Parametern versehen werden. Das Ereignis dient als Trigger (Auslöser) einer Transition.

Bei verteilten Systemen werden die Zustandsübergänge in der Regel durch explizite Signale ausgelöst. In Protokollzustandsautomaten zeichnet die Ausführung einer Operation dafür verantwortlich. Eine Transition kann ferner von der Zeit oder davon abhängen, ob und wie der Wert einer Variablen verändert wurde. Während das Signal oder die Operation mit ihren Parametern direkt als Beschriftung der Transition dienen, wird das Verändern eines Wertes in der Bedingung überprüft. Absolute Zeitpunkte werden direkt notiert, der Automat wartet bis zum Eintritt. Das Ereignis `after` wird nach einer bestimmten Zeitspanne ausgelöst – zum Beispiel `after(50 msec)`. Ist die Art des Triggers nicht festgelegt, wird das durch das Default-Ereignis `all` modelliert.

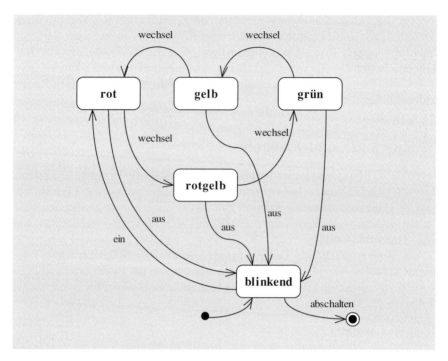

Abbildung 7.2. Ein Zustandsdiagramm

Beispiel (Ampel) 2
Unsere Ampel soll nachts blinken und tagsüber alle 30 Sekunden weiterschalten.

Eine Transition kann an eine Bedingung geknüpft sein, die als eine Art Wächter hinter dem Ereignis in eckigen Klammern angegeben wird. Die Transition wird nur dann ausgelöst, wenn diese Bedingung erfüllt ist. Die Angabe der Bedingung kann auf beliebige Art und Weise erfolgen – natürliche Sprache, Pseudocode, Prädikate oder auch die in Kapitel 14.5 beschriebene OCL. Von einem Zustand können mehrere Transitionen ausgehen, die jedoch von verschiedenen Ereignissen hervorgerufen werden. Wenn das gleiche Ereignis mehrere Transitionen in einem Zustand auslösen soll, so sollten jeweils disjunkte Wächterbedingungen angegeben werden, damit zweifelsfrei feststeht, welche Transition ausgelöst wird.

Ein Ereignis kann auch die Ausführung einer oder mehrerer atomarer, zeitloser Aktivitäten oder Aktionen auslösen.

Die vollständige Syntax einer Transitionsbeschriftung lautet:

Ereignis(Parameterliste) [Bedingung] /Aktivitäten

Die drei Blöcke sind einschließlich ihrer Begrenzer optional. Ein Ereignis kann parametrisiert werden. Treten mehrere Aktivitäten auf, so werden sie durch Strichpunkte getrennt.

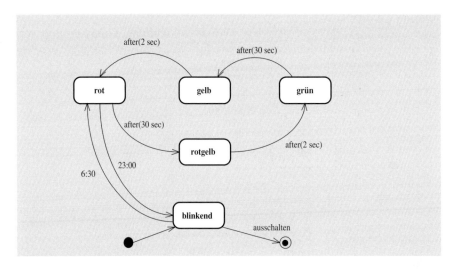

Abbildung 7.3. Zeitliche Bedingungen

Es ergeben sich folgende Transitionstypen:

- **Aufruf:** Das Ereignis bezeichnet eine Operation, deren Aufruf den Übergang bewirkt.
- **Signal:** Die Transition wird durch das Eintreffen eines Signales ausgelöst.
- **Termin:** Die Transition feuert zum durch das Ereignis beschriebenen Zeitpunkt.
- **Verzögerung:** Der Ereignisname ist *after*, als Parameter wird die Zeitspanne angegeben.
- **Wächter:** Der Ereignisname ist leer, die Transition wird geschaltet, sobald die Wächterbedingung wahr ist.

7.3 Verzweigungen

Normalerweise führt eine Transition von einem Zustand zu einem anderen, durch Auswertung von Bedingungen wird entschieden zu welchem. Hängen die Bedingungen von Größen ab, die erst während des Übergangs berechnet werden, so kann das durch dazwischengeschaltete Pseudozustände modelliert werden. Es ist aber auch möglich und in der Regel sehr viel übersichtlicher, die Transition direkt zu verzweigen. Auch wenn alle Bedingungen am Beginn des Zustandswechsels feststehen, können durch diese Schreibweise zusammengehörige Linien gebündelt werden.

UML unterscheidet also zwischen dynamischen und statischen Verzweigungspunkten einer Transition. An diesen Punkten können auch verschiedene Transitionen zusammengeführt werden, sie entsprechen damit den Entscheidungsaktivitäten der Aktivitätsdiagramme.

Beispiel (Ampel) 3
Unsere Verkehrsampel soll sich dem Verkehrsaufkommen anpassen und ver-
fügt über zwei verschiedene Grün-Zustände.

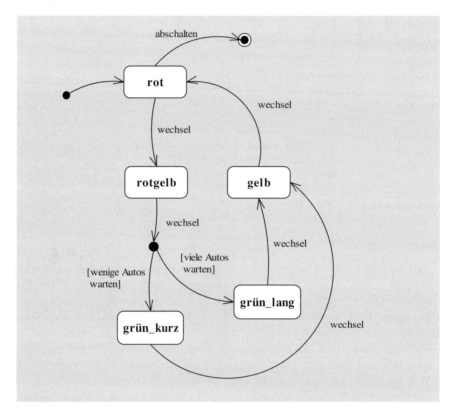

Abbildung 7.4. Statische Verzweigungen

Ein ausgefüllter Kreis beschreibt eine statische Verzweigung, eine Kreuzung, bei der die Bedingungen bereits vor dem Ausführen der Transition und
den möglicherweise damit verbundenen Aktivitäten ausgewertet werden.

Falls die Transitionen mit Aktivitäten verknüpft sind, deren Ergebnisse
in die Bedingungen eingehen, so wählt man die dynamische Verzweigung,
dargestellt durch einen Kreis oder die Raute.

Beispiel (Ampel) 4
Die Zahl der wartenden Autos wird jetzt erst in einer Aktivität bestimmt.
Das Ergebnis geht in die Auswertung der Bedingungen ein.

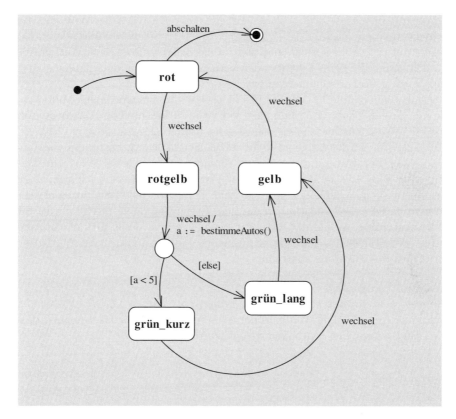

Abbildung 7.5. Dynamische Verzweigungen

Alle Bedingungen bei Verzweigungen müssen disjunkt und vollständig sein. Um sicherzustellen, dass keine Möglichkeiten vergessen wurden, kann die vordefinierte Bedingung [else] benutzt werden.

7.4 Atomare und andauernde Aktivitäten

Mit jeder Transition können atomare Aktivitäten (Aktionen) ausgeführt werden. Diese werden mit einem Schrägstrich (/) an das Ereignis angehängt. Im Modell wird angenommen, dass die Ausführung dieser Aktivitäten keine Zeit in Anspruch nimmt. Zudem sind sie nicht unterbrechbar. Das Modell ist also zu jedem Zeitpunkt in einem genau bestimmten Zustand. Aktivitäten die längere Zeit in Anspruch nehmen, sollten durch einen eigenen Zustand modelliert werden.

Wenn das Objekt in einem konkreten Zustand ist, können ebenfalls Aktivitäten ausgeführt werden. Dazu wird der Zustand mit einer Aktivitätsliste versehen. Diese Liste ordnet jedem Ereignis eine Aktivität zu. Während das Objekt in einem Zustand ist, wird diejenige Aktivität ausgeführt, deren Ereignis auftritt. Man spricht hier von internen Ereignissen. Um Aktivitäten zu definieren, die beim Eintritt oder Verlassen des Zustands ablaufen sollen, gibt es zwei Pseudoereignisse `entry` und `exit`.

Außerdem definiert UML das Pseudoereignis `do`, um eine länger andauernde mit diesem Zustand verbundene Aktivität zu beschreiben. Das bedeutet, dass in diesem Zustand ein eigener, geschachtelter Zustandsautomat abläuft. Die Aktivität wird solange ausgeführt, bis sie entweder vollständig abgelaufen ist oder der Zustand durch ein auftretendes Ereignis verlassen wurde. Das Ende der Aktivität kann ebenfalls zum Verlassen des Zustands führen, wenn der Zustand eine abgehende automatische Transition hat. Eine automatische Transition ist eine Transition an der kein Ereignisname vermerkt wurde. Sie wird ausgeführt, sobald die Aktivität beendet wurde. Falls für den Zustand keine Aktivität definiert wurde, wird die automatische Transition sofort nach Erreichen des Zustands ausgeführt.

Beispiel (Ampel) 5

Wir betrachten jetzt einen Bahnübergang. Das Öffnen und Schliessen der Schranke ist ein länger andauernder Vorgang, der durch das Ereignis, dass eine Endstellung der Schranke erreicht wurde, beendet wird.

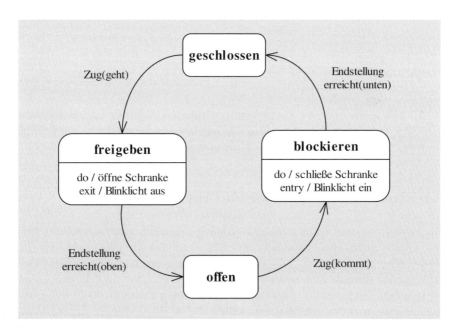

Abbildung 7.6. andauernde Aktivitäten

Interne Aktivitäten, Eintritts- und Ausgangsaktivitäten werden in einem eigenen Fach des Zustandsovals angegeben. Aktivitäten können mit Parametern versehen werden. Mehrere Aktivitäten können über die Ergebniswerte miteinander verknüpft werden.

7.5 Hierarchische Zustandsdiagramme

Jeder Zustand kann eine beliebige Zahl von Unterzuständen haben, die wiederum geschachtelt sein können. Ein geschachtelter Zustand kann als solcher mit seinen Unterzuständen gezeichnet werden oder als einfacher Zustand in anderen Diagrammen auftauchen. Dieses Konzept erlaubt die Modellierung von komplexem Verhalten mit relativ übersichtlichen Diagrammen.

Beispiel (Ampel) 6
Die Ampel verfügt über zwei wesentliche Zustände, InBetrieb und blinkend. Ersterer wird durch einen eigenen Automaten dargestellt. Dadurch vereinfacht sich die Abbildung 7.2 wie in Abbildung 7.7 dargestellt, weil eine Reihe von Transitionen nicht mehr nötig sind.

7.5.1 Unterzustände

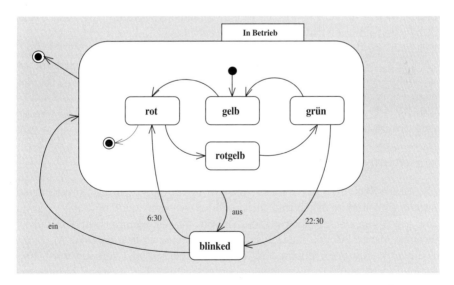

Abbildung 7.7. Ein Automat mit Unterzuständen

Transitionen können in einem hierarchischen Zustandsautomaten entweder direkt zu Unterzuständen führen oder zum Oberzustand. Im ersten Fall

– wie im Beispiel Abbildung 7.7 die Transition *6:30* – wird der entsprechende Unterzustand (*rot*) angenommen. Ein expliziter Eintrittspunkt (ein Kreis auf dem Rand des Oberzustands) fasst mehrere direkte Transitionen auf einen Unterzustand zusammen und erhöht so die Übersicht. Falls wie bei Transition *ein* der Oberzustand Ziel ist, geht der Unterautomat in den Startzustand und das Objekt ist im Zustand *gelb*.

Eine Transition, die vom Oberzustand abgeht, betrifft alle eingebetteten Unterzustände. In unserem Beispiel wird also die Transition *aus* ausgeführt, egal ob das Objekt im Zustand *grün* oder *rot* ist. Das vereinfacht die Darstellung komplexer Automaten erheblich.

Ein Unterautomat kann einen Endzustand haben. Geht der Unterautomat in diesen Endzustand, so wird die automatische Transition des Oberzustands ausgeführt, falls eine existiert.

Alternativ kann von einem Unterzustand eine Transition aus dem Unterautomaten herausführen. Mehrere solcher Übergänge lassen sich in einem Austrittspunkt (einem geviertelten Kreis) bündeln.

Alle geschachtelten Zustände können ebenfalls mit Aktivitätslisten versehen werden. Für die Reihenfolge der Ausführung von `entry`- und `exit`-Aktivitäten gilt dann: Bei den `entry`-Aktivitäten werden zuerst die äußeren, dann die inneren, bei den `exit`-Aktivitäten zuerst die inneren, dann die äußeren ausgeführt.

Geschachtelte Zustände können mit oder ohne ihre Unterzustände gezeichnet werden. Wenn man die Unterzustände nicht einzeichnet, kann man einen Indikator in den Zustand einzeichnen (siehe Abbildung 7.8). Falls Transitionen von oder zu Unterzuständen führen, können diese nicht vollständig gezeichnet werden, falls man keine Unterzustände darstellt. In diesem Fall enden bzw. beginnen diese Transitionen an einem Stumpf. Der Stumpf ist eine kleine senkrechte Linie in dem Oberzustand. Abbildung 7.8 zeigt das Beispiel vom Abbildung 7.7 ohne Darstellung der Unterzustände des Zustandes *InBetrieb*. Die ein- und ausgehenden Transitionen *6:30* und *22:30* werden an die Stümpfe gezeichnet.

7.5.2 History-Zustand

In Software-Systemen hat man oft das Problem, dass Abläufe unterbrochen werden, eine andere Aktivität durchgeführt werden muss und das System dann wieder an der Stelle weiterlaufen soll, an der es unterbrochen wurde. Für einen hierarchischen Zustandsautomaten bedeutet das, dass der Automat aus einem bestimmten Zustand in einen anderen Zustand versetzt wird, und zu einem späteren Zeitpunkt wieder den ursprünglichen Zustand einnehmen soll. Eine effiziente Lösung für dieses Problem bietet der History-Zustand, der den letzten Unterzustand speichert, in dem sich das Objekt vor dem Verlassen des Oberzustands befunden hat. Wird dann der Oberzustand wieder angenommen, so geht der Unterautomat direkt in den gespeicherten Unterzustand. Wenn das Objekt noch nicht in einem der Unterzustände dieses

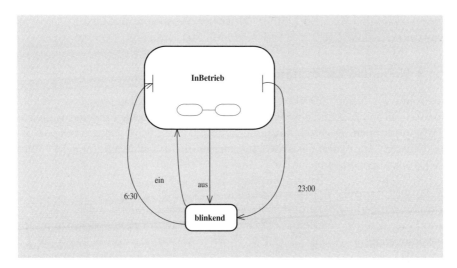

Abbildung 7.8. Hierarchischer Zustandsautomat mit Stümpfen

Zustands gewesen ist, bestimmt der History-Zustand den Startzustand des Unterautomaten.

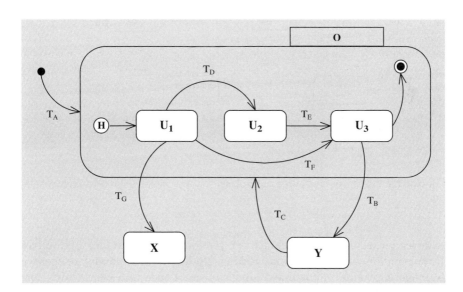

Abbildung 7.9. Ein hierarchischer Automat mit History-Zustand

In Abbildung 7.9 würde also nach T_A der Zustand U_1 angenommen. Verlässt man im Beispiel Zustand O im Unterzustand U_3 über T_B und nimmt anschließend den Zustand O über T_C wieder an, so geht das Objekt sofort in den Unterzustand U_3.

7.5.3 Nebenläufige Zustände

Während wir bisher nur einzelne Zustände hierarchisch geschachtelt haben, können wir den Zustand eines Objekts auch durch mehrere Automaten gleichzeitig bestimmen. Dadurch hat man die Möglichkeit echte Nebenläufigkeit zu modellieren, man kann sie aber auch nutzen um verschiedene Aspekte eines Objekts zu spezifizieren.

Beispiel (Ampel) 7
Eine Fußgängerampel kann durch zwei Aspekte beschrieben werden, den Zustand der Ampeln für den Straßenverkehr und den Zustand der Ampel für den Fußgängerübergang.

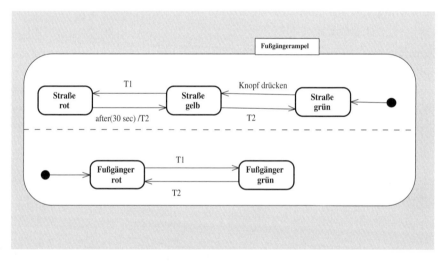

Abbildung 7.10. Das Verhalten einer Ampelanlage als konkurrenter Zustandsautomat

Jeder einzelne Automat modelliert genau einen Aspekt des Verhaltens. Die Automaten werden in durch gestrichelte Linien voneinander getrennten Regionen gezeichnet. Sie können jeweils einen Namen und einen Start- und Endzustand haben.

Im Modell laufen alle Automaten gleichzeitig ab, solange das Objekt in dem entsprechenden Oberzustand ist. So kann ein Ereignis in mehreren Unterautomaten gleichzeitig Aktivitäten auslösen. Im Beispiel schaltet das Ereignis T_1 die Straßenampel von gelb auf rot und die Fußgängerampel von rot auf grün.

Eine Transition von außen auf einen Zustand, der mehrere nebenläufige Automaten enthält, führt zu deren Startzuständen, startet sie also alle gleichzeitig. Den expliziten Start kann man mit den schon bei den Aktivitätsdiagrammen benutzten Synchronisationsbalken modellieren. Das folgende Beispiel in Abbildung 7.11 zeigt die Aufspaltung des Kontrollflusses in einem Objekt in zwei Threads und die anschließende Synchronisation der beiden Threads.

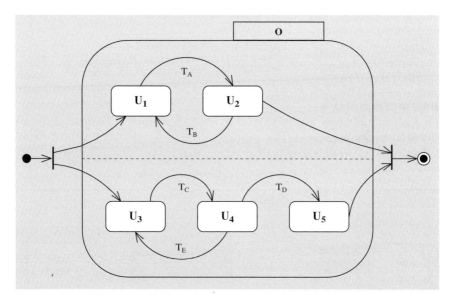

Abbildung 7.11. Aufteilung in konkurrente Zustandsautomaten

Beim Verlassen des zusammengesetzten Zustandes durch eine explizite Transition, entweder aus einem Unterzustand oder vom Zustand außen, werden alle laufenden Teilautomaten sofort beendet. Erreicht hingegen einer der parallel laufenden Automaten seinen Endzustand, so wartet er, bis die anderen ebenfalls beendet sind. Nun kann die automatische Transition des Oberzustands gefeuert werden.

7.6 Protokollzustandsautomaten

Ein Protokollzustandsautomat beschreibt den Lebenszyklus einzelner Objekte. Er spezifiziert welche Operationen in welcher Reihenfolge aufgerufen werden dürfen. Damit legt er ein Protokoll für mögliche Zustandsübergänge fest. Für diesen wichtigen Anwendungsfall wurden zu den bisher betrachteten Modellierungsmöglichkeien der Verhaltens- oder Ablauf-orientierten Zustandsautomaten noch ein paar Ergänzungen hinzugenommen. Ein Zustand eines Objekts wird beschrieben durch eine Invariante, die Bedingungen an die Attributwerte zusammenfasst. Diese kann im Diagramm unter dem Zustandsnamen angegeben werden.

Zustandswechsel von Objekten werden durch Methoden- oder Operationsaufrufe bewirkt. Entsprechend werden Transitionen in Protokollzustandsautomaten durch Operationsaufrufe getriggert. Diese können mit Vor- und Nachbedingung spezifiziert werden. Dabei ist zu beachten, dass die Vorbedingung sich auf den Startzustand, die Nachbedingung auf den Endzustand bezieht und deshalb nur Sinn machen, wenn sie schärfer als die entsprechenden Invarianten sind.

Die vollständige Syntax einer Protokolltransition lautet:

[Vorbedingung] Operation (Parameterliste) /[Nachbedingung]

Alle Teile dürfen fehlen.

Beispiel (Ampel) 8

Als einfaches Beispiel beschreiben wir das Leben einer Fußgängerampel als Protokollzustandsautomat. Der Zustandswechsel ist abhängig vom Zustand der dazugehörigen Straßenampel.

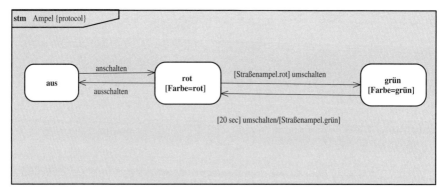

Abbildung 7.12. Protokollzustandsautomat

Wir haben hier die Darstellung mit Rahmen gewählt, die auch für die Verhaltensautomaten möglich gewesen wäre.

7.7 Zusammenfassung

Zustandsdiagramme beschreiben das Verhalten eines Systems als Zusammenspiel von dynamisch aktiven Objekten, die im Laufe ihres Lebens unterschiedliche Zustände einnehmen und auf eingehende Ereignisse oder Nachrichten je nach dem Zustand, in dem sie sich befinden, reagieren.

Zustände werden durch abgerundete Rechtecke dargestellt, die Transitionen durch mit dem auslösenden Ereignis beschrifteten Pfeile. Beim Zustandsübergang können momentane Aktivitäten ausgeführt werden. Der Eintritt (entry) und das Verlassen (exit) eines Zustandes gilt ebenfalls als Ereignis und kann mit Aktivitäten verbunden sein. Innerhalb eines Zustandes können auch längerfristige Aktivitäten durchführt werden (do).

Zustandsdiagramme können ineinander geschachtelt werden, wobei auch der gleichzeitige Ablauf mehrerer Automaten möglich ist.

Kapitel 8

Die Komponentendiagramme

Komponenten beschreiben Teile der Software sowohl mit logisch inhaltlichen Aspekten als auch mit physisch vorhandenen Artefakten. Zu Letzteren gehören die Implementierung betreffende Dokumente sowie Dateien während der Erstellung, Installation oder Wartung. Komponentendiagramme (Verdrahtungsdiagramme) verdeutlichen die Abhängigkeiten der Komponenten. Kompositionsdiagramme beschreiben die innere Struktur von Komponenten und strukturierten Klassen. Installationsdiagramme (Verteilungsdiagramme) veranschaulichen die Verteilung der Artefakte auf Rechnerknoten.

- Komponenten
- Strukturierte Klassen
- Kooperation
- Software-Architektur
- Verteilte Software

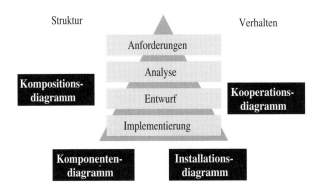

8.1 Das Komponentendiagramm

Der Traum, Software aus fertigen aber anpassbaren Komponenten zusamm-
menzustecken, ist so alt wie die Softwaretechnik selbst. Ein wichtiges Ziel bei
der Modellierung ebenso wie bei der Programmierung ist das Schaffen von
wiederverwendbaren Einheiten. Diese Einheiten sollten in sich abgeschlossen sein, um direkt eingesetzt werden zu können, andererseits aber auch an-
passbar oder konfigurierbar, um ein breiteres Einsatzspektrum abzudecken.
In einem Komponenten-basierten Modell kommunizieren die Komponenten
entlang der Verknüpfungen.

8.1.1 Logische Komponenten

Die einfachste Interpretation einer Komponente ist die eines Objekts, die
Kommunikation erfolgt durch Methodenaufrufe. Dies kann in einem Rech-
nernetzwerk durchaus über Rechnergrenzen hinaus geschehen.

Komponenten sollen aber eigentlich flexibler reagieren können als Objekte. Ein Mechanismus der Komponenten verbindet, zusammmensteckt oder
verdrahtet, soll anschaulicher als durch eine Assoziation charakterisiert werden. Eine Komponente erfüllt einen Zweck, diesen Zweck kann sie durch Bereitstellen einer Schnittstelle dokumentieren, andererseits agiert die Komponente nicht völlig autark, sie ist auf die Anwesenheit anderer Komponenten
angewiesen.

Da sie Schnittstellen bereitstellt und die Existenz weiterer Schnittstellen erfordert, besitzt eine Komponente wie eine Klasse Eigenschaften eines
Datentyps. Die Betonung liegt hier auf der ausführungsnahen Sicht der Zusammenarbeit über Schnittstellen, weniger auf den Interna der Methoden.

Ein sehr nahe liegendes Beispiel sind die Komponenten einer grafischen
Benutzeroberfläche. Aber man kann mit Komponenten auch ein verteiltes System von unter Umständen heterogenen Rechnerarchitekturen modellieren,
in dem die Kommunikation durch vorgefertigte Protokolle und Zwischenspra-
chen erfolgt.

Wir wollen unser Monopoly Spiel mit Hilfe von Komponenten modellieren.

Beispiel (Monopoly) 68
*Die einfachste Komponente, die auch sehr gut wiederverwendbar ist, ist ein
Würfel.*

Eine Komponente (als Typ) wird wie eine Klasse gezeichnet. Der Stereotyp ≪component≫ kann textuell oder als Komponentensymbol angegeben
werden. Die zur Verfügung gestellte Schnittstelle wird in der Lollipop Notation (siehe Kapitel 4.8) notiert.

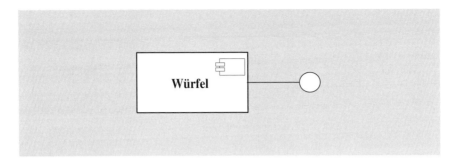

Abbildung 8.1. Ein Würfel als Komponente

Beispiel (Monopoly) 69
*Die Komponenten Würfel und Spieler werden von der Komponente Spielzug
gebraucht, die als erste Tätigkeit die Spielfigur vorrücken kann.*

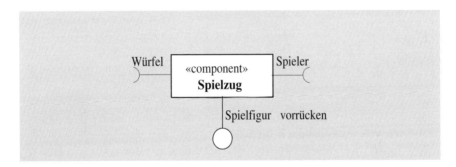

Abbildung 8.2. Ein Spielzug benötigt 2 Komponenten

Das Zusammensetzen dieser drei Komponenten wird mit diesen grafischen
Elementen sehr anschaulich. In einer offensichtlichen Analogie werden Komponentendiagramme auch Verdrahtungsdiagramme genannt.

Eine Komponente und ihre Schnittstellen können auch in ausführlicher,
textueller Schreibweise dargestellt werden. Die Schnittstellen belegen dabei
eigene Fächer im Klassenrechteck. In einem weiteren Fach können die Realisierungen der Interfaces beschrieben werden.

Die benutzten Schnittstellen werden mit der Abhängigkeit ≪use≫ dargestellt. Die von der Komponente bereit gestellten Interfaces werden durch
die vom Klassendiagramm bekannte Realisierungsbeziehung angeknüpft. In
der kürzeren, üblichen Darstellung werden Buchse und Stecker einer Steck-
verbindung benutzt.

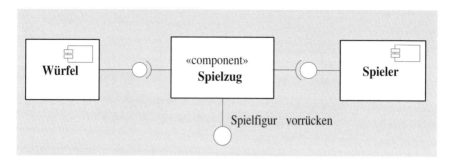

Abbildung 8.3. Ein zusammengesteckter Spielzug

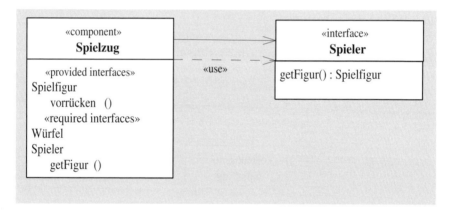

Abbildung 8.4. Ausführliche Schreibweise

8.1.2 Physische Komponenten

Neben unterschiedlichen inhaltlichen Aspekten kann eine Komponente auch als physische Einheit (im einfachsten Fall Datei) im Sinne von Teil des Quellcodes, Teil des Binärcodes aber auch ein Prozess oder ausführbarer Software-Teil aufgefasst werden. Genauer werden diese während des Lebenszyklus der Software auftretenden physischen Elemente Artefakte genannt. Sie prägen eine Komponente aus, manifestieren sie, so dass diese dann durch die Installation des Artefaktes zu Tage tritt. Artefakte, die wie Objekte als Rechtecke mit zusätzlichem Stereotyp «artifact» gezeichnet werden, dokumentieren die Struktur der Software – nicht im Sinne des Klassendiagramms, sondern zur Administration der Software-Entwicklung. Im Komponentendiagramm werden Abhängigkeiten zwischen Quellcode-Dateien, Dateien und Werkzeugen, oder Abhängigkeiten zwischen neu entwickelten Programmen und bereits existierenden Programmen dargestellt. Dabei führt von einem Artefakt eine besondere, mit «manifest» gekennzeichnete Abhängigkeit zu den durch das Artefakt manifestierten Komponenten.

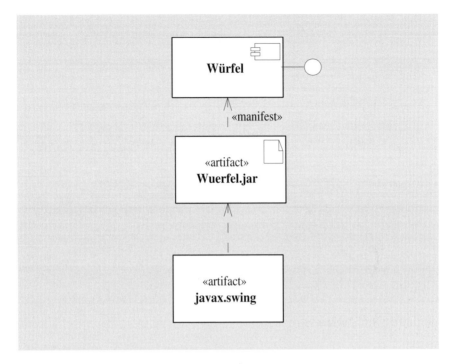

Abbildung 8.5. Implementierung der Komponente Würfel

Es ist möglich, dass einzelne Komponenten nur in bestimmten Phasen des Software-Entwicklungsprozesses existieren. Die Organisation von mehreren Quelltextdateien zu Übersetzungseinheiten und die Verwaltung der Abhängigkeiten sind ein Beispiel für Komponenten, die nur während der Übersetzungszeit bestehen. Ebenso kann die Abhängigkeit von gewissen Bibliotheken oder anderen Programmen zur Laufzeit eines Systems mit Komponentendiagrammen veranschaulicht werden.

Beispiel 3
Als weiteres Beispiel deuten wir an, wie Webservices veranschaulicht werden können. Nachdem der Server seinen Dienst mit einem automatisch generiertem Dokument beim Vermittler angemeldet hat, kann er vom Client mittels einer SOAP Nachricht aufgerufen werden. Client und Server besitzen im Beispiel die gleiche „SOAP Engine". (SOAP und WSDL sind die zur Kommunikation verwendeten Protokolle bzw. Sprachen.)

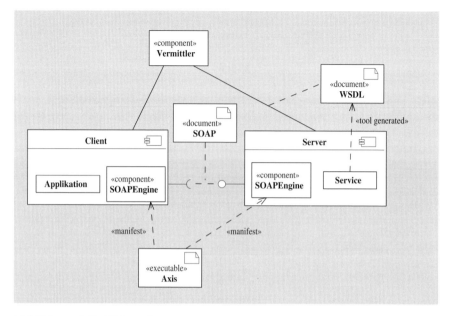

Abbildung 8.6. Webservice

8.2 Das Installationsdiagramm

Ein Installations- oder Verteilungsdiagramm (engl. deployment diagram) beschreibt die Architektur des laufenden Systems. Man kann mit diesen Diagrammen vor allem die Struktur verteilter Systeme gut dokumentieren. Jeder Rechnerknoten, sei es ein spezieller PC, ein Server oder ein Steuerungsrechner, wird als ein dreidimensionaler Kasten gezeichnet, die Verbindung durch Kommunikationsassoziationen betont. Die lauffähigen Komponenten, also die Artefakte, werden in die Rechnerknoten eingezeichnet, auf denen sie installiert sind. Alternativ kann zwischen Artefakt und Rechnerknoten eine ≪deploy≫ Abhängigkeit eingetragen werden. Die anderen Abhängigkeitsbeziehungen des Komponentendiagramms können vorhanden bleiben.

Beispiel (Monopoly) 70
Wir schließen einen Monopoly Server an einen allgemeinen Spiele-Server an, der zentral die Daten der Mitspieler verwaltet.

Die genaue Art und Weise, in der eine Komponente auf einem Rechnerknoten installiert werden soll, kann mit einer Einsatzspezifikation beschrieben werden. Dabei handelt es sich um ein spezielles Objekt, welches dem installierten Artefakt zugeordnet wird.

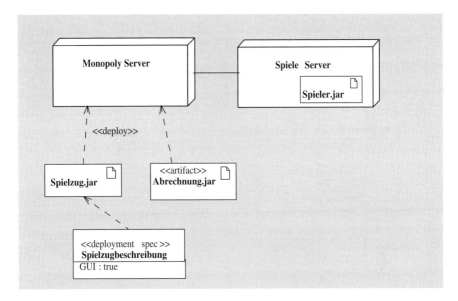

Abbildung 8.7. Zentraler Spiele-Server

8.2.1 Software-Architekturen

Komponentendiagramme und Installationsdiagramme eignen sich sehr gut zur Beschreibung von Software-Architekturen, die ja zunehmend eine Verteilung oder Kommunikation der Teile auf oder über ein Netzwerk beinhalten.

Beispiel 4
Wir greifen das Beispiel von den Webservices noch einmal auf. Es kommen drei echte Rechnerknoten ins Spiel. Vom Kunden PC wird über das Service Register als Vermittler ein Server ausgewählt. Mit einer Ausführungsumgebung, die mit einem SOAP Protokoll mit dem Server kommuniziert, wird nun die Applikation implementiert.

Man sieht, dass Rechnerknoten geschachtelt werden können. Neben einer Ausführungsumgebung (≪execution env≫) kann als spezieller Knoten auch ein Gerät (≪device≫) vorkommen.

8.3 Das Kompositionsdiagramm

8.3.1 Strukturierte Klassen und Komponenten

Komponenten fassen in der Regel mehrere kooperierende Klassen oder andere Komponenten zusammen, sie besitzen also eine interne Struktur. Diese kann durch Aufzählen aller enthaltener Elemente wie in Abbildung 8.4 dargestellt werden.

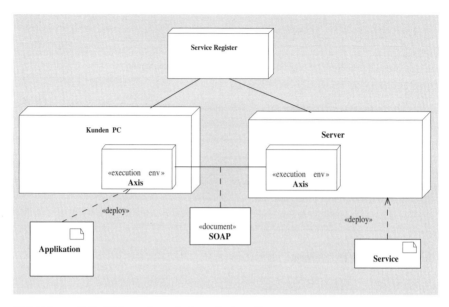

Abbildung 8.8. Webservices als Installationsdiagramm

Beispiel (Monopoly) 71

Wir wollen die Komponente Spielzug etwas genauer betrachten. Ein Spielzug beginnt mit dem Vorrücken der Spielfigur um die vom aktiven Spieler gewürfelte Augenzahl.

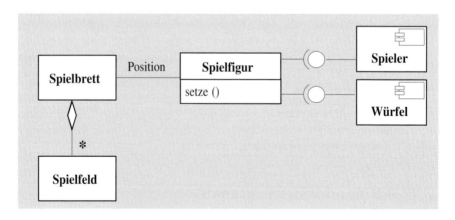

Abbildung 8.9. Interne Struktur

Wir lösen in diesem Diagramm die Komponente in ihre Einzelteile auf und geben die Struktur mit einem Klassendiagramm wieder.

Auch Klassen können eine interne Struktur besitzen, die über die Aufzählung von Attributen hinausgeht. Eine Klasse kann aus mehreren Teilen aggregiert werden, im Falle einer Komposition sind diese Teile nicht ohne die Klasse lebensfähig. Die einfache Darstellung im Klassendiagramm (siehe 4.6.2) genügt oft nicht, um die Struktur ausreichend zu beschreiben.

Ein Kompositionsdiagramm beschreibt die interne Struktur eines Kompositums, also einer zusammengesetzten Klasse oder Komponente. Die Teile des Kompositums werden dabei als Objekte dargestellt, die durch Verknüpfungen (siehe 4.5) verbunden sind. Die Vielfachheit der Einzelteile kann oben rechts angegeben werden oder in eckigen Klammern an den Klassennamen angehängt werden. Die Vielfachheiten an den Links beschränken die möglichen Verknüpfungen.

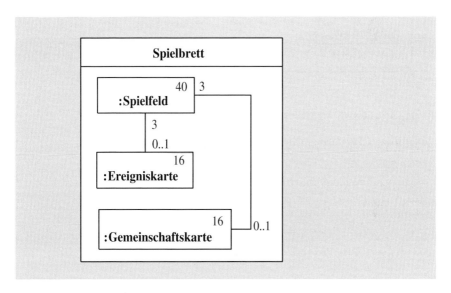

Abbildung 8.10. Ein Kompositionsdiagramm

Beispiel (Monopoly) 72
Jede Ereigniskarte kann von 3 Spielfeldern angesprochen werden, jedes Spielfeld spricht eine Ereigniskarte an, oder nicht.

Ein gestrichelter Rand um ein Teilelement bedeutet, dass sich dieses nicht im Besitz des beschriebenen Kompositums befindet.

Ein Kompositionsdiagramm beschreibt das Verhalten zusammengesetzter Komponenten als Zusammenspiel der Einzelelemente in Form eines Objektdiagramms. Hierbei werden die aktuellen Werte für die Eigenschaften (oder die aktuellen Attributwerte) eingesetzt. Die Verbindungen der Elemente werden wie die Verknüpfungen in Klassendiagrammen als durchgezogene Linien gezeichnet.

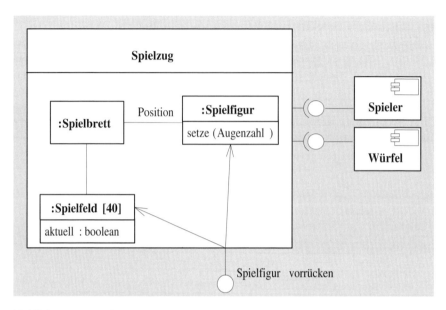

Abbildung 8.11. Zusammenspiel

Man beachte die Ähnlichkeit mit Kommunikationsdiagrammen in Kap.6.1, die das Verhalten noch detaillierter spezifizieren, oder mit den Kooperationsdiagrammen in Abschnitt 8.4.

8.3.2 Anschlüsse oder Ports

Um die Interaktion einer Komponente mit ihrer Umgebung zu charakterisieren oder ihr Verhalten von der Funktionalität ihrer Einzelteile abzugrenzen, können explizite Anschlüsse (engl. ports) als Interaktionspunkte angegeben werden. Diese kanalisieren die Handlungsströme und kapseln das Innenleben einer Komponente noch stärker von der Außenwelt. Die angebotenen und nachgefragten Schnittstellen werden vorzugsweise mit solchen Anschlüssen gekoppelt. Die Verbindung besteht nun nicht mehr zu einzelnen Komponenten, sondern ein Dienst wird über einen allgemein zugänglichen Kanal ansprechbar. So kann zutreffend ein Client-Server System modelliert werden.

Im Kompositionsdiagramm werden Ports als kleine Quadrate im Rand des Komponentenrechtecks gezeichnet. An einem Anschluss können mehrere Schnittstellen angeschlossen werden.

Anschlüsse dienen dazu die bereit gestellten Dienste einer Komponente zu kanalisieren und auch zu charakterisieren. Sie beschreiben, wie Komponenten

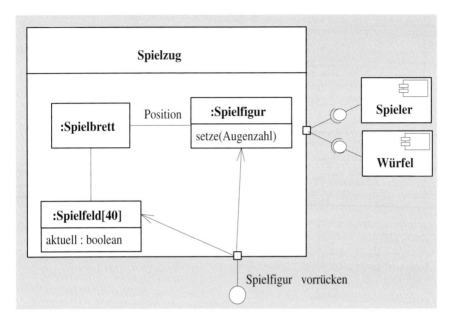

Abbildung 8.12. Ports oder Anschlüsse

zusammengesteckt werden können und unterstützen damit das so genannte Plug & Play.

Beispiel (Monopoly) 73
Das Diagramm 8.12 beschreibt einen Spielzug nur unvollständig. Die Komponente sollte deshalb besser Vorrücken heißen, der dann noch das Ausführen der Aktion (Miete zahlen, Ereigniskarte ziehen usw.) nachfolgt.

Mit der Möglichkeit auch Kompositionen zu schachteln und dabei nicht benötigte Details zu unterdrücken, lässt sich rasch ein Überblick über ein komplexes Software-System gewinnen. Dabei können die internen Komponenten miteinander und mit den externen Anschlüssen verbunden werden.

8.4 Das Kooperationsdiagramm

Eine Kooperation beschreibt das Zusammenspiel einer Menge von Objekten zur Erfüllung einer Aufgabe. Dabei spielen die Objekte unterschiedliche Rollen, deren Zusammenwirken oft wiederkehrenden Gebrauchsmustern entspricht.

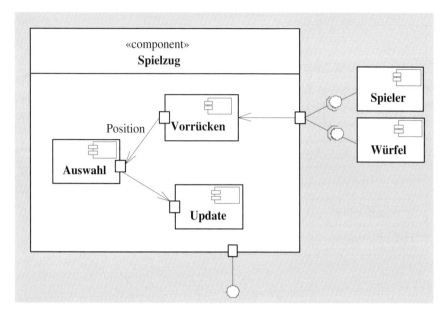

Abbildung 8.13. Komposition von Komponenten

Sie kann in einem Kooperationsdiagramm[1] dadurch verdeutlicht werden, dass die Art der Zusammenarbeit, die Aktion bei der sie auftritt oder allgemeiner der Name eines Kooperationsmusters in einer gestrichelten Ellipse erscheint, deren Rumpf die durch die Kooperation bedingte Verknüpfung zwischen den Teilnehmern enthält. Die Rollen der auftretenden Teilobjekte können die Links beschriften.

Beispiel (Monopoly) 74
Ein Spieler, die Bank und eine Straße nehmen am Kauf teil.

8.4.1 Erweiterung von Klassendiagrammen

Eine alternative, etwas gröbere Veranschaulichung zeigt in der Ellipse, die durch gestrichelte Linien mit den beteiligten Klassen verbunden ist, nur den Namen der Kooperation. Die Rollen, die die Klassen, genauer gesagt ihre Objekte, in einer Kooperation spielen, stehen an diesen Linien.

Eine derartige Kennzeichnung der Zusammenarbeit von Klassen, die eher das Verhalten als die statische Struktur betrifft, kann sogar als direkte Erweiterung in einem Klassendiagramm auftreten. Sie wird zur Dokumentation der Verwendung von Entwurfsmustern (siehe Kapitel 12) eingesetzt. Der genaue

---

[1] Dieser von uns eingeführte Name für diese Art des Kompositionsdiagrammes ist nicht zu verwechseln mit den Kommunikationsdiagrammen, die früher bei uns ebenfalls Kooperationsdiagramme hießen.

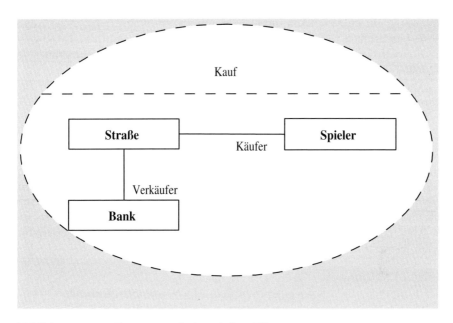

Abbildung 8.14. Zusammenarbeit zwischen Klassen

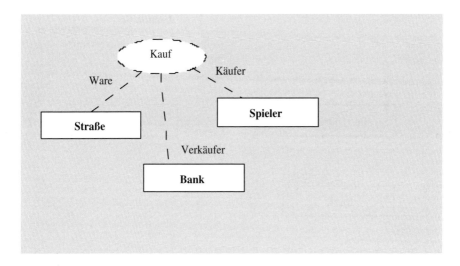

Abbildung 8.15. Zusammenarbeitsmuster

Ablauf der Interaktion kann durch Kommunikationsdiagramme (siehe Kapitel 6) beschrieben werden. Im Klassendiagramm reicht es in der Regel aus, die Kooperationsfähigkeit zweier Klassen als eine Relation zwischen ihnen zu modellieren.

Auch die weiteren in den letzten beiden Abschnitten vorgestellten Beschreibungstechniken können in Klassen- oder anderen Strukturdiagrammen vorkommen.

8.4.2 Kooperationsmuster

Kooperationen oder Kooperationsmuster haben einen Typcharakter. Sie können mit den beteiligten Klassen explizit parametrisiert werden. Beim Aufruf wird die ersetzende aktuelle Klasse hinter einem Backslash angeführt. Eine Abhängigkeitslinie führt von der Kooperationsellipse zu den beteiligten Teilobjekten, dabei wird deren Rolle angegeben.

Beispiel (Monopoly) 75
Der Kauf eines Bahnhofes entspricht dem Muster des Straßenkaufs.

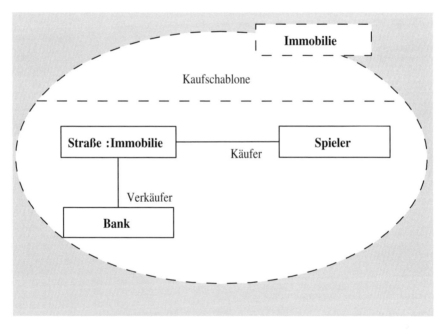

Abbildung 8.16. Zusammenarbeitsschablone

Innerhalb einer Kooperation kann eine andere mehrfach eingesetzt werden wie in dem Diagramm Straßenhandel.

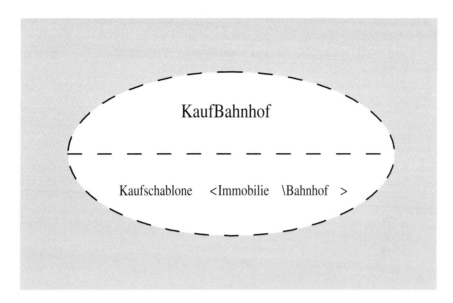

Abbildung 8.17. Ausprägung einer Zusammenarbeitsschablone

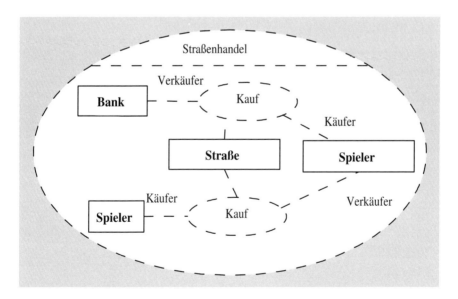

Abbildung 8.18. Straßenhandel

Die Rollen, die die einzelnen Teilobjekte in der Kooperation spielen und die im Muster an den Assoziationen standen, werden bei der Ausprägung eines Kooperationsmusters an den betreffenden Abhängigkeitslinien angegeben.

Kapitel 9

Das Paketdiagramm

Als letzten Diagrammtyp beschreiben wir die Paketdiagramme. Diese dienen dazu, die Modularisierung der Software darzustellen.

- Pakete und ihre Beziehungen
- Verschmelzen von Paketen
- Kapselung
- Modularisierung
- Modelle

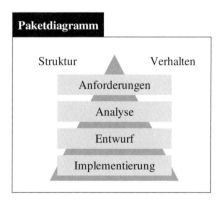

Große Systeme zu entwerfen ist eine Herausforderung. Der objektorientierte Ansatz trägt durch die Aufteilung der Verantwortlichkeiten und die klar umrissene Lokalisierung des Zustandes zu ihrer Beherrschung bei. Es werden aber weitere Elemente zur Strukturierung und Vergröberung gebraucht. In UML ist es deshalb nicht nur möglich Klassen, Anwendungsfälle und Aktivitäten zu schachteln, sondern es stehen mit Komponenten und insbesondere Paketen zwei reine Gruppierungselemente zur Verfügung. Bei der Analyse wird man oft schon früh eine Zerlegung in unabhängige Pakete erkennen können. Diese sind manchmal nur Vorstufen von Klassen, oft verbirgt sich aber mehr dahinter.

9.1 Pakete und Abhängigkeiten

Ein Paket kann beliebige Modellelemente enthalten. Meistens beschränkt man sich hier auf den statischen Teil, ein Paket kann also Klassen, Assoziationen und Generalisierungen zusammenfassen. Aber auch das Verhalten bestimmende Elemente wie Akteure, Use-Cases, Kooperationen und Zustandsautomaten können einem Paket angehören. Allgemeine Abhängigkeiten, Bedingungen oder Stereotypen treten ebenfalls auf. Zu guter Letzt dürfen Pakete auch ineinander geschachtelt werden, können also selbst wieder Pakete enthalten. Das Enthaltensein ist eine starke Relation in dem Sinne, dass bei Zerstörung eines Paketes alle in ihm enthaltenen Elemente mit zerstört werden. Daraus folgt, dass jedes Element eines Modells in nur einem Paket enthalten sein darf. Es sollte kein Modellelement geben, das in zwei Paketen gleichzeitig enthalten ist.

Ein Paketdiagramm dient der Darstellung der statischen Struktur und kann damit als Teil des Klassendiagramms aufgefasst werden. Obwohl deshalb oft Pakete und Klassen in einem Diagramm gemeinsam auftreten, betrachten wir Paketdiagramme als eigenständig.

Ein Paket fasst in der Regel mehrere Klassen zusammen, die untereinander eine starke Bindung aufweisen, d.h. durch viele Assoziationen verknüpft sind oder in einer Hierarchie liegen. Es bildet eine Kapsel um ein Klassendiagramm. Wenn diese Kapsel von möglichst wenig Verbindungen durchbrochen wird, spricht man von einer schwachen Kopplung mit dem Restsystem. Starke Bindung und schwache Kopplung sind die bestimmenden Entwurfsziele bei der Modularisierung (siehe Abschnitt 10.7).

Die Abhängigkeiten zwischen einzelnen Paketen werden durch detaillierte Beziehungen – etwa Assoziationen oder Generalisierungen – ihrer Bestandteile induziert. Wenn beispielsweise eine Assoziation zwischen zwei Klassen in unterschiedlichen Paketen besteht, so sind diese Pakete voneinander abhängig. Auf Paketebene wird dabei nicht mehr so genau zwischen den verschiedenen Arten der Abhängigkeit differenziert. Es reicht aus festzustellen, dass ein Paket zu seiner Ausführung das Vorhandensein eines anderen benötigt. Abhängigkeitszyklen sind denkbar, verkomplizieren aber den Entwurf.

Pakete werden wie Karteikarten gezeichnet. Wird der innere Aufbau gezeichnet, so steht der Paketname im Reiter. Bei hinreichender Vergröberung wird das Innenleben eines Paketes nicht mehr gezeichnet. Der Name steht nun im Kasten. Alternativ zu dieser Darstellung kann eine baumartige Auflistung der enthaltenen Elemente vorgenommen werden (siehe Abb. 9.7). An der Wurzel, die das Paket darstellt, steht ein eingekreistes Pluszeichen. Die Abhängigkeiten zwischen den Elementen oder zwischen den Paketen werden wie sonst auch durch gestrichelte Pfeile dargestellt.

Beispiel (Monopoly) 76
Wir stellen unser Monopoly-Spiel in einen größeren Zusammenhang und modellieren einen allgemeinen Spiele-Server, der mehrere einzelne auch in anderem Kontext verwendbare Pakete zur Verwaltung der Spieler und der Spiele enthält. Diese greifen auf allgemeinere Pakete wie eine Datenbank, in der die Spieler registriert sind, zurück. (siehe Abb. 9.1)

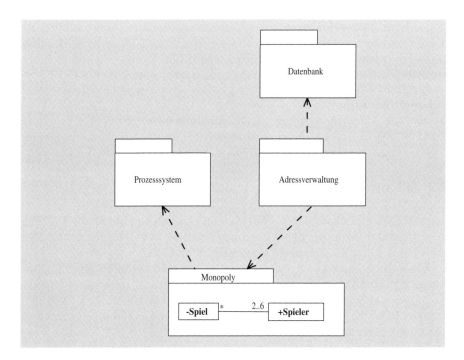

Abbildung 9.1. Paketdiagramm

Pakete bilden Namensräume, d.h. der gleiche Name kann in verschiedenen Paketen vorkommen.

Die Kapselung erlaubt Elementen aus einem Paket normalerweise keinen Zugriff auf solche, die außerhalb des Paketes stehen. Braucht ein Paket Zugriff auf die Elemente eines anderen, so ist eine spezielle Abhängigkeit mit dem Stereotyp ≪import≫ anzugeben. Dadurch werden alle öffentlichen Elemente im abhängigen Paket zugreifbar. Der Namensraum des importierenden Paketes wird entsprechend erweitert. Ein Paket importiert automatisch seine in ihm geschachtelten Pakete. Diese haben auch in der Kapsel des umgebenden Paketes keinen Zugriff auf Elemente ihrer Schwestern.

Die einzelnen Paketelemente können mittels Zugriffsreglern + oder − als öffentlich oder privat markiert werden. Private Elemente sind nicht von anderen Paketen importierbar.

Beispiel (Monopoly) 77
Die Klasse Spieler im Diagramm 9.1 ist z.B. mit + als öffentlich sichtbar gekennzeichnet worden und kann deshalb im importierenden Paket Adressverwaltung angesprochen werden.

Es ist oft günstiger, die allgemeine Abhängigkeitsrelation als nicht transitiv zu betrachten, da so scheinbare Abhängigkeiten vermieden werden. Das lässt sich mit Hilfe des Stereotyps ≪access≫ ausdrücken. Derart importierte Größen sind zwar zugreifbar, aber nicht direkt sichtbar, importierte Elemente werden mit dem Paketnamen vor dem eigentlichen Namen − getrennt durch den Bereichsoperator : : − bezeichnet.

Beispiel (Monopoly) 78
Werden die Abhängigkeitslinien im Beispiel mit diesem Stereotyp markiert, so kann die Adressverwaltung mit Monopoly::Spieler auf die Klasse zugreifen.

9.2 Zusammenwirken von Paketen

Beim Aufbau eines komplexen Systems sind von Fall zu Fall unterschiedliche Gesichtspunkte zu betrachten. Generell gelten die starke Bindung der Klassen eines Paketes und die schwache Kopplung zu anderen.

Ein Paket sollte eine abgeschlossene Einheit sein, deshalb sollten für jede Klasse alle Vorfahren vertreten sein, um aus sich heraus Objekte vollständig spezifizieren zu können. Das führt allerdings dazu, dass Hierarchien vollständig in einem Paket finden sind, das nun sehr groß werden kann, wodurch die lokale Verständlichkeit leidet.

Eine andere Vorgehensweise arbeitet mit kleineren Paketen und nutzt die Abhängigkeitsbeziehungen aus. Man definiert ein Basispaket, welches grundlegende Klassen enthält. Dieses wird von mehreren Kernpaketen importiert, um damit arbeiten zu können. Die Kernpakete wiederum werden von Anwendungspaketen importiert. So erhält man eine der Schichtenarchitektur ähnliche Paketstruktur.

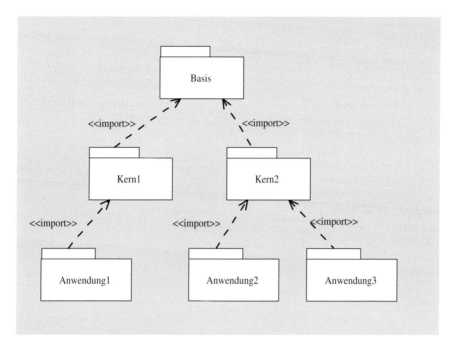

Abbildung 9.2. Schichtenarchitektur von Paketen

Wir bauen also eine der Vererbung ähnliche Struktur auf, indem wir zu unseren Basisklassen immer weitere Elemente hinzu fügen. Die Elemente der importierten Pakete sind zwar sichtbar, haben aber nichts mit den Elementen des importierenden Paketes zu tun. Oft möchte man aber gerade diese Abhängigkeit modellieren.

Beispiel (Monopoly) 79
Eine Person ist eine allgemeine Datenstruktur, als Spieler kommen gewisse Attribute und Methoden hinzu und in der Anwendung des Monopoly Spiels legen wir weitere Details fest.

Das lässt sich mit Hilfe der «merge» Abhängigkeit darstellen.

Geht von dem Paket A eine «merge» Abhängigkeit zum Paket B, so importiert A die Elemente von B. Sind in A und B Klassen gleichen Namens X so wird eine Generalisierung von A::X (oder X) zu B::X vorgenommen, d.h. X erbt von B::X. Auf diese Weise spezialisiert die neue Klasse X im Paket A die bekannte Klasse X aus dem Paket B. Das Verschmelzen der zwei Pakete bildet also wesentliche Aspekte der Vererbung nach, eine existierende Klasse wird durch Hinzufügen von Attributen oder Methoden spezialisiert.

Wie schon beim Import erwähnt gelten diese Regeln nur für öffentlich sichtbare Elemente.

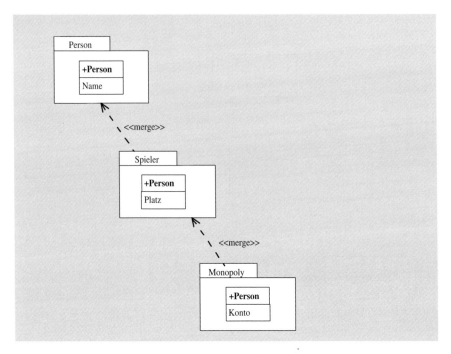

Abbildung 9.3. ≪merge≫ Abhängigkeit

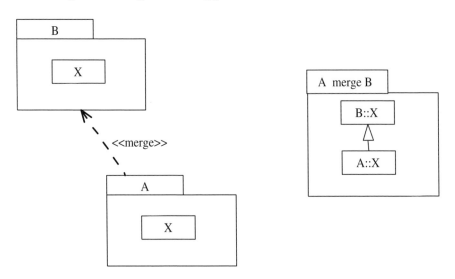

Abbildung 9.4. Semantik der ≪merge≫ Abhängigkeit

Werden mehrere unabhängige Basispakete zu einem anderen Paket hinzu gemischt, so entsteht bei gleichen Namen mehrfache Vererbung.

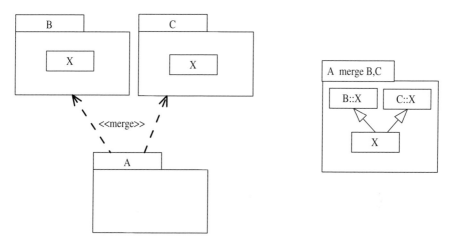

Abbildung 9.5. mehrfaches Mischen

Assoziationen zwischen den Klassen eines Pakets bleiben beim Verschmelzen bestehen. Generalisierungen ebenfalls, nur werden sie auf die durch das Mischen entstandene, importierte Klasse übertragen.

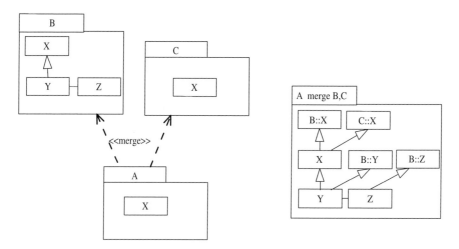

Abbildung 9.6. Beziehungen bei der ≪merge≫ Abhängigkeit

9.3 Modelle

Wie schon in Kapitel 1 erläutert, beschreiben Modelle eine Sicht auf das
System. In einem Paketdiagramm werden Modelle durch ein Dreieck in der
rechten oberen Ecke dargestellt. Diese Diagramme dienen lediglich organisatorischen Zwecken.

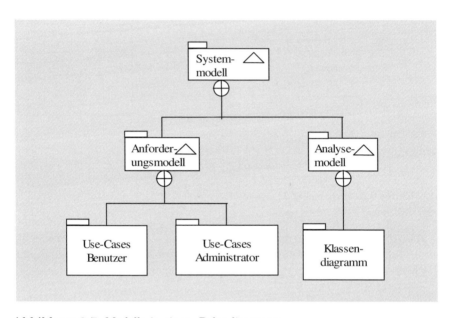

Abbildung 9.7. Modelle in einem Paketdiagramm

In Abbildung 9.7 ist auch eine alternative Darstellung für die Inhalte der
Pakete dargestellt. Statt alle Elemente in das entsprechende Paket einzuzeichnen, kann man Bäume darstellen, in denen die Elemente enthalten sind,
die ein Paket umfasst. Diese Bäume werden mit einem Plussymbol gekennzeichnet.

Teil II

Anwendung der UML

Kapitel 10

Ein Vorgehensmodell für den Software-Entwurf

Wir wollen in diesem Kapitel ein Vorgehensmodell für den Software-Entwurf mit UML skizzieren. Dabei wird ein Überblick über die Tätigkeiten in den Phasen einer Software-Entwicklung bis hin zur Implementierung gegeben und die Einsatzgebiete der verschiedenen Diagramme aufgezeigt. Wir machen uns ferner Gedanken über eine Zerlegung in unabhängige Teile.

- Anforderungen erfassen
- Analyse-Objekte finden
- Aufgaben verteilen
- Klassen strukturieren
- Schnittstellen spezifizieren
- Verhalten festlegen
- Komponenten zusammenstecken
- System implementieren
- Modularisierung

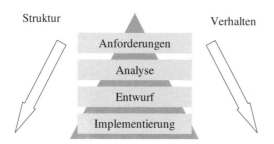

Wie im ersten Kapitel des Buches erwähnt, definiert UML keinen verbindlichen Software-Entwicklungsprozess. Dennoch ist durch die verschiedenen Modelle und durch die Einsatzgebiete der Diagramme das Vorgehen bei der Entwicklung der Software umrissen. Es gibt viele Darstellungen von objektorientierten Software-Entwicklungsprozessen in der Literatur [24, 10, 17].

Wir wollen in diesem Kapitel ein Vorgehensmodell skizzieren, das den Entwurf objektorientierter Software mit den Diagrammen der UML erlaubt. Dabei wird ein Überblick über die Phasen einer Software-Entwicklung bis hin zur Implementierung gegeben. Man sollte sich aber nicht verleiten lassen, zu glauben, der Ablauf der Entwicklung wäre damit präzise festgelegt. Unser Prozess lässt dem Entwickler noch sehr viele Freiheiten und dient lediglich dazu, zu zeigen in welcher Phase man bestimmte UML-Diagramme einsetzt und wie diese aufeinander aufbauend entwickelt werden. Er ähnelt in den Punkten, die UML betreffen, dem von IBM [10] vorgestellten Entwicklungsvorgehen.

Die Fallstudie in Kapitel 13 wurde in einem Prozess dieser Form entwickelt und stellt damit ein ausführliches Beispiel für dieses Vorgehen dar. Andere Beispiele erfordern möglicherweise eine andere Gewichtung der einzelnen Phasen oder eine andere Reihenfolge im Vorgehen. Ähnliche Schritte werden aber immer auftreten und auch der Einsatz der Diagramme wird sich kaum ändern.

Wir illustrieren unseren Entwicklungsprozess durch Aktivitätsdiagramme, in die wir die entstehenden UML-Diagramme als Objekte eingetragen haben. Der Kontrollfluss läuft in Pfeilrichtung von oben nach unten, die Möglichkeit einzelne Schritte mehrfach zu durchlaufen haben wir hier nicht explizit eingezeichnet (siehe z.B. Abb. 10.2). Die erstellten Diagramme bzw. Dokumente beschreiben wir mit Klassendiagrammen. Dabei beschreiben diese Diagramme die Beziehungen zwischen den UML-Modellelementen in unserem Software-Entwurf. Wir kommen so zu einer Art Meta-Beschreibung unserer Modellierung, in der wir genau zeigen können, welche Modellelemente oder Diagramme sich ergänzen oder näher erläutern (siehe z.B. Abb. 10.4). Diese Diagramme sind im Gegensatz zu den Beispielen nicht grau hinterlegt.

10.1 Anforderungsermittlung

Bei einer objektorientierten Software-Entwicklung mit UML gehen wir davon aus, dass die Anforderungen mit Hilfe von Use-Cases erfasst werden.

Beispiel (Tagung) 1
Betrachten wir als Beispiel die Organisation einer wissenschaftlichen Tagung. Wir wollen eine verteilte Organisationsform vorsehen, unser System soll etwa über das WWW bedient werden können, sowohl die Organisatoren der Tagung wie auch die Teilnehmer interagieren direkt mit dem System.

Dabei treten folgende Anwendungsfälle auf.

- *Ein Teilnehmer meldet sich an.*
- *Ein Redner reicht einen Beitrag ein, um einen Vortrag zu halten.*
- *Der Organisator erstellt das Vortragsprogramm.*

Natürlich sind das nur einige wenige Aktionen, aber wir wollen uns bewusst darauf beschränken. Wie in Kapitel 2 erörtert, kommt man zu folgendem Use-Case-Diagramm.

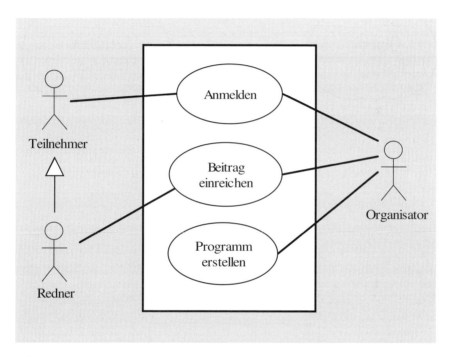

Abbildung 10.1. Anwendungsfälle

Jeder Anwendungsfall stellt einen typischen Ablauf im System dar und kann im Prinzip für mehrere, unter Umständen unendlich viele, verwandte Ausführungen stehen, die diesen Anwendungsfall präzisieren. Deshalb gehören zu den Anwendungsfällen typische Szenarien, für die üblicherweise textuelle Beschreibungen angefertigt werden. Oft strukturiert man diese Texte als Aufzählungslisten oder Tabellen. Man kann Szenarien aber auch durch Aktivitätsdiagramme erläutern, die oft leichter zu lesen und einfacher zu erfassen sind. Das Aktivitätsdiagramm zeigt die Ausführung des Anwendungsfalles und legt die Verantwortlichkeiten der beteiligten Objekte fest. Ist man sich über die agierenden Objekte bereits im Klaren, kann man zur Beschreibung von Szenarien auch schon einfache Sequenzdiagramme einsetzen.

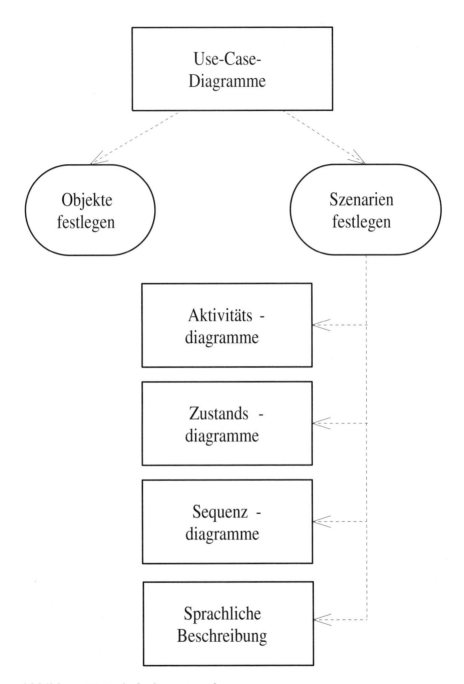

Abbildung 10.2. Anforderungen erfassen

Sind die Objekte schwer zu bestimmen, sollte man wohl doch mit textuellen Beschreibungen anfangen und Verfeinerungsschritte zu Aktivitätsdiagrammen und Sequenzdiagrammen vornehmen. Zusammenfassend stellen wir fest, dass es zur Darstellung der einzelnen Szenarien eine Fülle von Möglichkeiten gibt, von denen man je nach Umständen eine bevorzugen wird:

- Natürlichsprachlicher Text
- Aufzählungen oder Listen
- Tabellarische Darstellung
- Aktivitätsdiagramme
- Sequenzdiagramme
- Kommunikationsdiagramme
- Zustandsdiagramme

Die einfachste, aber zugleich auch unübersichtlichste Darstellung von Szenarien ist der Einsatz von natürlichsprachlichem Text, am gebräuchlichsten sind Aufzählungen.

Beispiel (Tagung) 2
Anmelden zur Tagung

Szenario 1:

- *Teilnehmer schickt per email seine Anmeldung.*
- *Organisator notiert Name, Adresse.*
- *Organisator schickt Bestätigung.*

Der Teilnehmer stößt diesen Fall an, ein weiterer Akteur ist der Verwalter des Systems, der Organisator der Tagung. Nun noch ein Szenario mit zwei Abweichungen:

Szenario 2:

- *Teilnehmer schickt email.*
- *Die Adresse fehlt, deshalb erfolgt eine Rückfrage.*
- *Organisator notiert Name, Adresse.*
- *Der Teilnehmer bittet um eine Reduzierung des Tagungsbeitrages.*
- *Der Organisator entscheidet darüber und schickt Bestätigung.*

Wir empfehlen die Darstellung der Szenarien in Form von Aktivitätsdiagrammen. Aktivitätsdiagramme erlauben eine kompakte und präzise Darstellung von Abläufen und sind damit für diesen Zweck prädestiniert. Außerdem erlauben Aktivitätsdiagramme das Auffinden der Objekte (siehe Abschnitt 10.2.1) indem man zunächst mit einem einfachen Aktivitätsdiagramm beginnt und dann mit Hilfe von Verantwortlichkeitsbereichen die Verantwortung für einzelne Tätigkeiten Objekten zuordnet.

Beispiel (Tagung) 3
Wir illustrieren das Einreichen eines Beitrages.
In Abbildung 10.3 werden leicht die Verantwortungsbereiche für Teilneh-
mer, Organisator und Gutachter ausgemacht.

Zustandsdiagramme eignen sich für diese Phase, um sehr komplexe Abläufe darzustellen, die von Zuständen abhängen und von auftretenden Ereignissen ausgelöst werden. Module in technischen Systemen, die mit Protokollen arbeiten, sind Beispiele für solche Szenarien.

Um ein Szenario mit einem Sequenz- oder Kommunikationsdiagramm darstellen zu können, muss man bereits Objekte gefunden haben (siehe Abschnitt 10.2.1). Ist man sich über die Objekte bereits klar, so kann man mit Interaktionsdiagrammen den Nachrichtenaustausch grob skizzieren. Dabei wird man einfache Sequenzdiagramme bevorzugen.

Abbildung 10.4 fasst die Struktur der Ergebnisse dieser Entwicklungsphase noch einmal in Form eines Klassendiagramms zusammen. Den Abschluss der Anforderungsanalyse sollte eine tabellarische Übersicht über alle Anwendungsfälle und deren Beziehungen untereinander bilden.

10.2 Analyse

10.2.1 Objekte finden

Die wichtigste Tätigkeit im objektorientierten Software-Entwurf ist das Auffinden von Objekten. In der Literatur werden verschiedene Möglichkeiten dargestellt, aufgrund von Problembeschreibungen zu Objekten zu kommen. Meist findet man die Objekte des Problembereichs jedoch intuitiv. Man beginnt mit den Objekten, die man schon in den Use-Cases identifizieren kann. Wichtig ist in diesem Schritt nicht auf Vollständigkeit zu achten, sondern mit einer Menge von gefundenen Objekten einfach weiter zu arbeiten. Fehlende Objekte wird man im Verlauf der weiteren Entwicklung identifizieren und einbauen. Hier zeigt die objektorientierte Software-Entwicklung mit dem offenen iterativen Entwicklungsvorgehen ihre große Stärke. Wie in Abbildung 10.5 angedeutet, ist jedes Objekt an beliebig vielen Use-Cases beteiligt. Umgekehrt können an einem Use-Case beliebig viele Objekte teilnehmen.

Eine Möglichkeit das Auffinden der Objekte methodisch zu unterstützen bietet der Einsatz von CRC-Karten. Das Wesentliche an einer Klasse ist, dass sie für einen kleinen Teil der Applikation *eigenständig* verantwortlich ist. Klassen werden eigentlich aufgrund ihrer Veranwortlichkeit definiert. Im objektorientierten Software-Entwurf kann man diesen Überlegungen Rechnung getragen, indem man in der Analysephase mit CRC-Karten (engl. class-reponsibility-collaboration cards) arbeitet. Die CRC-Karten wurden von Kent Beck und Ward Cunningham [2] eingeführt und sind in vielen Werken über objektorientierte Analyse, z.B.[28], beschrieben.

Auf eine CRC-Karte schreibt man

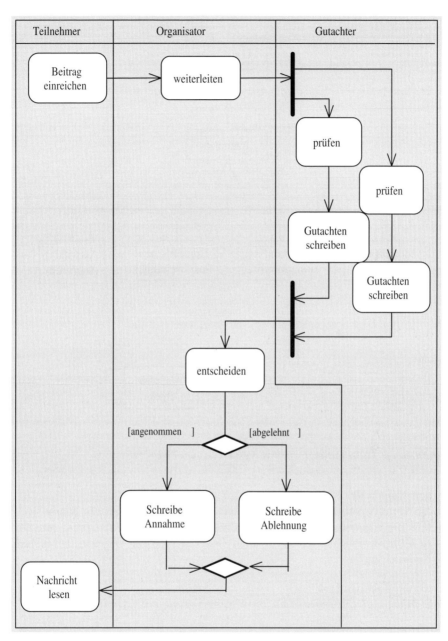

Abbildung 10.3. Verantwortungsbereiche der Analyseobjekte

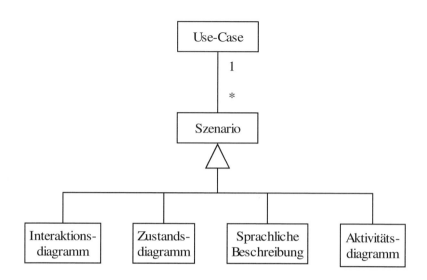

Abbildung 10.4. Ergebnisse dieser Entwurfsphase

Abbildung 10.5. Objekte sind an Use-Cases beteiligt

- den Namen der Klasse,
- die Verantwortlichkeiten der Klasse (welche Aufgaben hat die Klasse?),
- und die Klassen, mit denen die Klasse zusammenarbeiten muss, um ihre Verantwortlichkeiten zu erfüllen (wem senden die Objekte der Klasse Nachrichten?).

Beispiel (Tagung) 4
Wir füllen eine CRC-Karte für die Klasse Tagung aus (Abbildung 10.6).

10.2.2 Objekte strukturieren

Objekte werden natürlich in Form von Klassen beschrieben. So kommt man zu den ersten Klassendiagrammen des Systems.

Das Analyse-Klassendiagramm enthält nur die Namen der Klassen und einige Beziehungen, die für uns sofort offensichtlich waren. Wenn wir von den

Tagung	
Verantwortlichkeiten:	*Beziehungen:*
- Nimmt Anmeldungen entgegen - Nimmt Beiträge entgegen - Lässt Beiträge begutachten - Erstellt Tagungsprogramm	- Teilnehmer - Gutachter - Veranstaltung

Abbildung 10.6. CRC-Karte

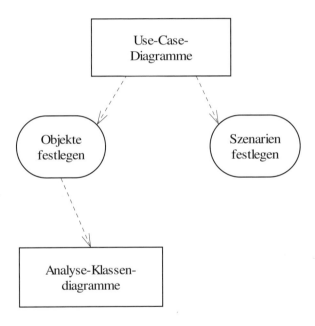

Abbildung 10.7. Objekte finden

vorher erwähnten CRC-Karten ausgehen, können wir ein einfaches Verfahren benutzen, um zu unseren ersten Analyse-Klassendiagrammen zu kommen.

- Wir übertragen alle CRC-Karten als Klassen in das Klassendiagramm.
- Wir tragen in unsere Klassendiagramme die Verantwortlichkeiten bei den einzelnen Klassen ein.
- Wir verbinden eine Klasse mit anderen Klassen mittels Assoziationen, falls die Klasse mit der Anderen zusammenarbeiten muss, um ihre Verantwortung zu erfüllen. Dabei können meist bereits die Multiplizitäten der Assoziationen und Rollennamen vergeben werden.

So kommt man in einem fließenden Übergang von der Phase der Objektfindung zum ersten Klassendiagramm. Man sollte aber nicht unterschlagen, dass die Klassen auch schon in dieser Phase Attribute haben können, da Klassen auch die Daten der Applikation verwalten. Diese Attribute können durchaus schon jetzt eingetragen werden. Weitere Attribute, die die Klasse für das Zusammenspiel der Operationen benötigt, wird man erst zu einem späteren Zeitpunkt erkennen können.

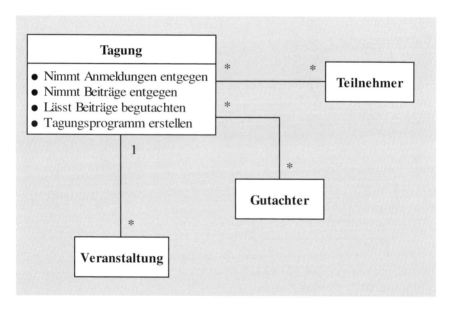

Abbildung 10.8. Erstes Analyse-Klassendiagramm mit Verantwortlichkeiten

Andere Vorgehensmodelle sehen vor, in der Analysephase ein Paketdiagramm zu zeichnen. Da aber zu diesem Zeitpunkt nicht deutlich entscheidbar ist, welche Objekte nun Subsysteme werden und als Paket auftauchen, raten wir dazu einfach sofort mit Klassendiagrammen zu beginnen und die Objekte kontinuierlich zu verfeinern.

Bei den Klassendiagrammen unterscheiden wir je nach Entwicklungsphase und Detaillierungsgrad folgende Varianten:

- *Analyse-Klassendiagramme*, in denen Klassen mit ihrem Namen, Verwortlichkeiten und optional einem Teil der Attribute beschrieben sind.
- *Entwurfs-Klassendiagramme*, in denen Klassen mit ihrem Namen, Attributen und Operationen beschrieben sind.
- *Implementierungs-Klassendiagramme*, in denen Klassen mit ihrem Namen, allen Attributen und Operationen beschrieben sind. Ausserdem sind alle Klassenelemente bis ins Detail (Sichtbarkeiten, Datentypen, Schnittstellenparameter) festgelegt.

10.2.3 Verantwortlichkeiten verteilen

Die Verteilung der Verantwortlichkeiten über die verschiedenen Klassen des Systems hinweg ist wieder eine Tätigkeit, die meist mehrere Iterationen erfordert.

Man verteilt die Funktionalität der Use-Cases auf die einzelnen Klassen. In jeder der beteiligten Klassen konkretisiert sich dies als Verantwortlichkeit. Im Einzelfall fertigt man Interaktionsdiagramme an, die den Nachrichtenaustausch über die Klassen hinweg zeigen, um sich darüber klar zu werden, ob die Verantwortlichkeiten der Klassen wirklich zusammenspielen. Im Idealfall kann man jedem Use-Case mindestens ein Interaktionsdiagramm zuordnen, das zeigt, welche Klassen an seiner Durchführung beteiligt sind und wie diese Klassen in diesem speziellen Use-Case miteinander interagieren. Abbildung 10.10 illustriert diesen Zusammenhang.

Beispiel (Tagung) 5
Wir illustrieren das Einreichen eines Beitrages.

Man überlegt sich, ob alle Aufgaben erfüllt werden können, welche Klassen bzw. Objekte noch fehlen und fügt diese Klassen hinzu. Dann betrachtet man die Verantwortlichkeiten näher. Aus vielen werden bei entsprechender Verfeinerung weitere Klassen und Beziehungen. Teilweise werden Verantwortlichkeiten umverteilt, d.h. man ordnet sie einer anderen Klasse zu. Außerdem wird man sich Gedanken über Generalisierungen machen und Oberklassen als Abstraktionen einführen. Für diesen Schritt ist es wichtig, spätere Erweiterungen des Systems vorzusehen und damit die Weiterentwicklung des Systems zu erleichtern.

Bei der Verteilung von Verantwortlichkeiten auf die Klassen können bereits Muster – Analyse- oder Entwurfsmuster – eingesetzt werden. So werden beispielsweise in [8] eine Reihe von Analysemuster zu diesem Zweck vorgestellt (siehe hierzu auch Kapitel 12).

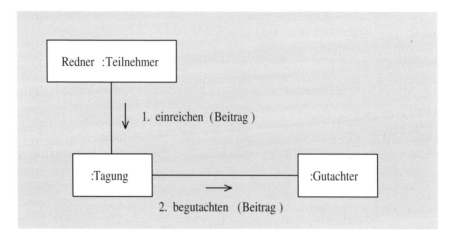

Abbildung 10.9. Interaktion der Objekte für einen Use-Case

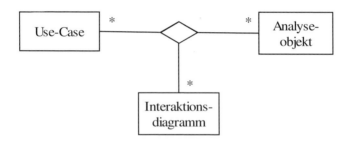

Abbildung 10.10. Die Beteiligung eines Analyseobjekts an einem Use-Case lässt sich mit Interaktionsdiagrammen beschreiben

10.3 Entwurf

10.3.1 Systemarchitektur festlegen

Das Ende der Analyse ist dadurch gekennzeichnet, dass Aspekte der konkreten Realisation in Betracht gezogen werden müssen. Grundlegend ist dabei der Entwurf der Software-Architektur, die die Grundzüge der Implementierung bestimmt. Sie beschreibt die wichtigsten Subsysteme und deren Beziehungen zueinander und wird üblicherweise in Form eines Paketdiagramms aufgeschrieben. Im Prinzip teilt die Software-Architektur die einzelnen Klassen in die verschiedenen Subsysteme oder Komponenten auf und definiert die Schnittstellen zwischen diesen Systemteilen. Deshalb ist der Entwurf der Systemarchitektur auch noch kaum von der Analysephase zu trennen, da die

Analyse-Klassendiagramme den Systemteilen zugeordnet werden sollen. Die Beziehungen der einzelnen Komponenten können einfacher Natur sein – etwa Assoziationen – oder – was meist der Fall ist – durch Klassen realisiert werden. Man kann die Software-Architektur selbst als Kompositionsdiagramm oder auch in Form eines Klassendiagramms aufschreiben, wobei man jede Klasse mit einer Komponente identifiziert, die mit einer entsprechenden Schnittstelle versehen ist.

Oft entstehen Subsysteme ganz natürlich, indem man mit den Analyseklassen weiterarbeitet. Man stellt fest, dass die anfänglich gefundenen Analyseklassen aus anderen Klassen zusammengesetzt sind. So wird aus einer einzelnen Analyseklasse ein Subsystem. Im Beispiel in Kapitel 13 werden alle Subsysteme so gefunden. Bei größeren Software-Systemen führt dieses Vorgehen zu mehreren Hierarchien von Subsystemen. Konkret bedeutet dies, dass wir beim weiteren Vorgehen bemerken, dass unsere Klassen des gefundenen Subsystems wiederum andere Klassen umfassen und so selbst wieder zu Subsystemen werden.

Auch beim Entwurf der Systemarchitektur kann man bewährten Mustern folgen. In [4] werden einige bekannte Architekturmuster vorgestellt. Die Bedeutung, die man der grundlegenden Architektur der Software beimisst, ist in jüngster Zeit deutlich gestiegen, da eine gute Architektur den Aufwand für die gesamte Software-Entwicklung entscheidend beeinflusst. Die Architektur kann sogar dafür ausschlaggebend sein, ob die Software überhaupt vernünftig realisierbar ist.

Eine bekannte Software-Architektur ist beispielsweise das Schichtenmodell, bei dem die Klassen bestimmten Schichten zugeordnet werden. Am bekanntesten ist wohl die Drei-Schichten-Architektur, die eine Applikation in eine Präsentationschicht (die Objekte der Benutzeroberfläche), eine Anwendungsschicht (die Objekte der Anwendung und die Anwendungslogik) und die Datenverwaltungs- oder Persistenzschicht (die persistenten Objekte der Datenbank) einteilt. An dieser Architektur orientieren sich die meisten Applikationen aus den administrativen Anwendungsbereichen. Eine Software-Architektur kann aber auch durch technische Gegebenheiten bestimmt sein, wie zum Beispiel eine Client/Server-Architektur, die aufgrund der Verteilung der Applikation auf verschiedene Rechner entsteht. In solch einem Fall ist ein Installationsdiagramm sehr gut einsetzbar. Hier können dann auch leicht außenstehende, nicht zum Umfang des Systems gehörende Informationssysteme, wie Datenbanken oder vorhandene globale Server mit einbezogen werden. Vorgaben über spezielle Anforderungen der Software-Entwicklung wie z.B. die Verwendung einer existierenden Bibliothek oder Entwicklungsumgebung oder die Vorschrift, die Software für eine festgelegte Zielplattform zu entwickeln, setzen ebenfalls bestimmte Randbedinungen für die Architektur.

Nach Abschluss der Architekturdefinition sollten wir im Idealfall ein Paketdiagramm mit der Beschreibung der Subsysteme und für jedes Subsystem mindestens ein Analyse-Klassendiagramm erstellen. Alternativ oder ergänzend dazu dienen ein Installationsdiagramm in Verbindung mit Komponenten- und Kompositionsdiagrammen.

10.3.2 Klassenentwurf

In dieser Phase werden zu den Analyseklassen die Entwurfsklassen entwickelt. Im Normalfall wird aus einer Analyseklasse eine oder mehrere Entwurfsklassen. Ausserdem kann man in der Analysephase Klassen gefunden haben, die in der Implementierung keine Bedeutung mehr haben werden und deshalb einfach weggelassen werden. Neue Klassen, die es in unserem Problembereich nicht gibt, wie Listen zur Verwaltung von Objektmengen, Thread-Klassen, Klassen die Objekte der Benutzeroberfläche oder des Betriebssystems beschreiben, kommen garantiert dazu, weil sie zur Realisierung der Software benötigt werden.

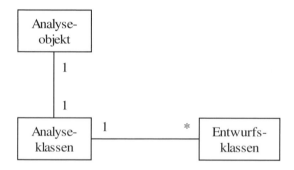

Abbildung 10.11. Analyseobjekte werden durch Analyseklassen beschrieben, aus jeder Analyseklasse kann eine oder mehrere Entwurfsklassen werden

Wir wollen jedoch in diesem Schritt keine weiteren problembeschreibenden Klassen hinzufügen. Falls welche fehlen, ist die Analyse wieder aufzunehmen. Das Analysemodell beschreibt allgemein unser Problem, das Entwurfsmodell beschreibt die Lösung. Wichtig ist dabei, dass es einen klaren und nachvollziehbaren Weg vom Analysemodell zum Entwurfsmodell gibt. Auch wenn eine Analyseklasse in mehrere Klassen zerfallen kann, die Klassengrenzen bleiben immer erhalten. D.h. die Verantwortlichkeiten werden vielleicht auf mehrere Klassen verteilt, aber niemals vermischt. Die Verantwortlichkeiten einer Analyseklasse bleiben stets zusammen.

Ein Entwurfs-Klassendiagramm enthält die Klassen und Beziehungen mit Namen, Attributen und Operationen.

10.3.3 Schnittstellen spezifizieren

Der nächste Schritt ist nun, die Schnittstellen und damit die Operationen der Klassen konkret zu spezifizieren. Dazu wird man versuchen, die Verantwortlichkeit einfach mit einer Schnittstelle zu versehen. Man wird jedoch feststellen, dass im Normalfall das Zusammenspiel der Klassen mit Hilfe von Interaktionsdiagrammen näher untersucht werden muss. Teilweise kann man auf die bereits erstellten Interaktionsdiagramme zurückgreifen, die aber stark verfeinert werden müssen. Dabei setzt man Sequenz- oder Kommunikationsdiagramme ein, je nachdem, welchen Aspekt man betonen möchte.

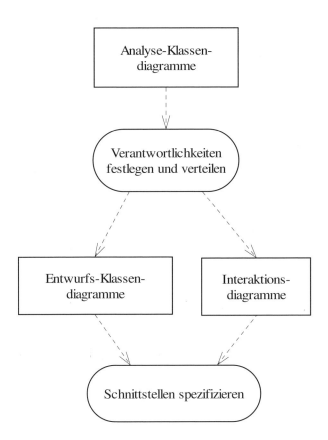

Abbildung 10.12. Schnittstellen werden durch das Zusammenspiel aus Entwurfs-Klassendiagrammen und Interaktionsdiagrammen spezifiziert.

Interessant ist in dieser Phase auch, dass die Entwurfsklassendiagramme mit Hilfe der Interaktionsdiagramme abgeglichen werden. Man wird in einer

Interaktion feststellen, dass Schnittstellen geändert werden müssen und deshalb die Operation in den Klassendiagrammen ändern. Möglicherweise wird man feststellen, dass zusätzliche Assoziationen eingetragen werden müssen, da sonst vielleicht keine Kommunikation zwischen den betreffenden Klassen möglich ist, vielleicht muss auch nur die Richtung einer Assoziation geändert werden. Zu diesem Zweck sind vor allem die Kommunikationsdiagramme besonders geeignet.

Jede Klasse kann in verschiedenen Interaktionsdiagrammen auftauchen. In der Schnittstelle der Klasse spiegelt sich deshalb die Verwendung der Klasse in jedem Teil der Software wider. Um die Verwendung im Detail zu spezifizieren muss man oft das Verhalten von Operationen einer Klasse im Einzelnen untersuchen. Dazu bieten sich die Diagramme des dynamischen Modells an. Man kann hier auch soweit gehen, dass das Verhalten einer Operation – und damit ihre Implementierung – bereits festgeschrieben wird.

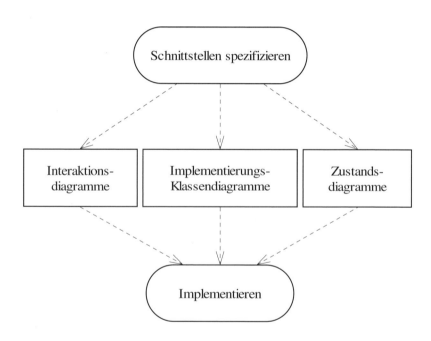

Abbildung 10.13. Spezifikation der Implementierung mit Diagrammen des dynamischen Modells.

10.3.4 Detailentwurf

Dieser Schritt ist der letzte Entwurfsschritt vor der Implementierung. Erst in diesem Schritt spielt die eingesetzte Programmiersprache eine Rolle. Das hat den Vorteil, dass das erarbeitete Software-Modell bis zu diesem Zeitpunkt von der konkreten Programmiersprache unabhängig ist.

An dieser Stelle beeinflusst die Programmiersprache den Software-Entwurf. Deren Eigenheiten können teilweise gravierende Änderungen erfordern, die aber alle anhand der Modelle nachvollziehbar sind. So erlaubt Java im Unterschied zu C++ beispielsweise keine Mehrfachvererbung. Hat man im UML-Modell Mehrfachklassifikation eingesetzt, so muss das Modell für eine Java Implementierung in ein Modell verwandelt werden, das nur Java Sprachelemente wie Einfachvererbung und Interfaces benutzt. In C++ können Schablonen-Klassen eingesetzt werden (Templates), in Java erst ab Version 5. Dagegen können Objekte mit eigenen Threads in Java durch entsprechende Ableitung von einer vordefinierten Klasse sehr einfach realisiert werden, während in anderen Systemen hier andere Lösungen entworfen werden müssen. Auch die Realisierung der Benutzeroberfläche ist extrem systemabhängig und kann nicht durch allgemeine Klassenmodelle beschrieben werden.

Zum Abschluss dieser Phase werden alle Klassenelemente detailliert mit allen Datentypen und Sichtbarkeiten beschrieben. Das Ergebnis ist ein Implementierungs-Klassendiagramm, in dem viele Einzelheiten wie Sichtbarkeiten oder Parameter festgelegt sind.

10.4 Implementierung

10.4.1 Klassendefinitionen

Auf Grund dieser Diagramme wird man jetzt mit dem Codieren der Software beginnen. Erst muss man alle Elemente des statischen UML-Modells wie Klassen, Assoziationen, Generalisierungen usw. implementieren. Eine genaue Beschreibung dieses Schrittes findet sich im Kapitel 11. Setzt man zur Software-Entwicklung ein CASE-Werkzeug ein, wird man jetzt zum ersten Mal die Codeerzeugung benutzen. Die Entwurfsklassen werden um Attribute und Methoden zur Verwaltung von Assoziationen und anderen UML-Elementen ergänzt.

10.4.2 Methoden

Ein Teil des Verhaltens der Software ist in Form von detaillierten Interaktionsdiagrammen festgehalten, die auch Parameter und Rückgabewerte enthalten. Weiteres zustandsabhängiges Verhalten wird in Form von Zustandsdiagrammen modelliert. Alle diese Diagramme bilden nun die Grundlage für

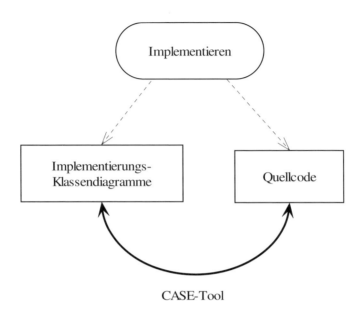

CASE-Tool

Abbildung 10.14. Die Implementierung wird durch Klassendiagramme dokumentiert.

die Realisierung der Operationen (d.h. Schnittstellen). Man legt die einzelnen Methoden fest und implementiert deren Rümpfe. Dabei wird man immer wieder auf fehlende Details stoßen, zusätzliche Operationen, die eingeführt werden um andere Operationen zu realisieren, Attribute, die zur Ausführung der Methoden notwendig sind und vieles mehr. Sollte sich eine Methode als sehr komplex erweisen, empfehlen wir ihre Wirkungsweise durch ein gesondertes Aktivitätsdiagramm zu modellieren.

In diesem Schritt wird man die Klassendiagramme zur Dokumentation des Quellcodes weiterentwickeln, indem man alle zusätzlichen Details, die sich während der Software-Codierung ergeben, einträgt. Hier schlägt die Stunde der CASE-Werkzeuge, die in der Lage sind, diesen Schritt automatisiert durchzuführen und damit die Konsistenz zwischen Quellcode und Diagrammen zu sichern (siehe Kapitel 11). Als Resultat dieser Phase erhält man den Quellcode und detaillierte Implementierungs-Klassendiagramme, die als Landkarte zum Quellcode dienen können. Außerdem sollte man das dynamische Modell um eine Reihe von Interaktions- und Zustandsdiagrammen ergänzen, die Implementierungsdetails beschreiben.

10.5 Bemerkungen

Wenn man ein derartiges Vorgehensmodell benutzt, hat man den Vorteil jede Anforderung durch den gesamten Entwicklungsprozess hindurch verfolgen zu können. Jeder Use-Case liefert einen Beitrag zum Klassendiagramm, sein Ablauf (oder Teile davon) kann in einem Interaktionsdiagramm anhand der beteiligten Objekte dargestellt werden und schlägt sich dann im Quellcode nieder. Deshalb bezeichnet man den Entwicklungsprozess der UML auch als „Use-Case-zentriert". Diese Vorgehensweise kann in der Dokumentation verdeutlicht werden, indem zu jeder Klasse alle Anwendungsfälle, zu denen sie beiträgt, notiert werden. So ist eine Verfolgung der Anforderungen bis hin zum Programmcode möglich. Die folgende Abbildung illustiert diesen Sachverhalt.

Das hat den Vorteil, das man jedem Diagramm und jedem Dokument, das bei der Software-Entwicklung entsteht, die Use-Cases zuordnen kann, die es betrifft. So kann man die gesamte Dokumentation eines Projekts organisieren.

Unser Vorgehensmodell bietet sich durch die Diagramme der UML an. Es stellt aber nur ein grobes Schema eines Entwicklungsprozesses dar. Man wird im Einzelfall vor allem entscheiden müssen, wie intensiv man jede einzelne Phase durchführt bzw. wie ausführlich man diese Phase dokumentiert. Außerdem sind je nach Art und Charakter der Software, die man entwickeln möchte, auch Varianten des oben angegebenen Prozesses notwendig. So findet man beispielsweise bei Embedded Systemen oft vor allem zustandsabhängiges Verhalten, wird also schon viel früher, etwa auf Stufe der Analyse-Klassendiagramme mit der Modellierung von Zustandsdiagrammen beginnen und diesen Schritt auch intensiver durchführen. Bei Systemen, die vor allem zur Abwicklung von Geschäftsprozessen eingesetzt werden, wird man möglicherweise den Schwerpunkt der frühen Analyse auf die Aktivitätsdiagramme setzen, um zusammen mit den Anwendern erst einmal den Ablauf der einzelnen Geschäftsprozesse zu analysieren.

Man sollte sich aber auch bei der UML davor hüten, eine Software zu „überspezifizieren". Der große Nutzen der UML ist, dass sie sehr offen ist und eine vom Aufwand effiziente Modellierung der Software ermöglicht, ohne die Entwicklung einzuschränken. Das macht die UML zur universellen Software-Modellierungssprache, die bewusst Lücken in der Spezifikation erlaubt. So wird man eine Reihe von Details und Entwurfsentscheidungen auch bei einem Vorgehen wie oben angeführt erst beim Implementieren treffen.

Der Software-Entwicklungszyklus ist damit natürlich nicht zu Ende. Nach dem Implementieren schließt sich eine Testphase an, in der wieder z.B. Interaktionsdiagramme bei der Testfallspezifikation helfen. Die sogenannte Wartungsphase lässt sich leicht einordnen – entweder entstehen neue Use-Cases oder bereits existierende Use-Cases werden abgewandelt bzw. erweitert. In beiden Fällen durchläuft man den Entwicklungsprozess wie gehabt und erstellt nur die jeweils veränderten Diagramme. Das ist aber nur dann möglich, wenn die Diagramme noch vorhanden sind. Um Testen, Wartung

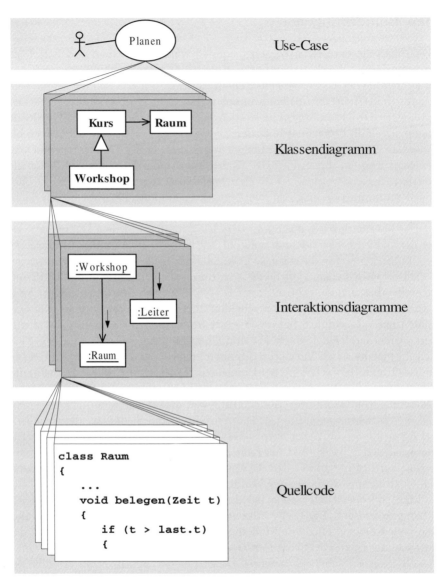

Abbildung 10.15. Anwendungsfälle können durch den ganzen Entwurf bis zum Code nachvollzogen werden

und Neuentwicklung zu unterstützen, sollten alle Versionen der im Verlauf des Entwurfsprozesses erstellten Diagramme aufgehoben werden. Das wird auch schon zu Dokumentationszwecken empfohlen.

10.6 Komponentenbasierte Implementierung

In jüngster Zeit bürgert sich an Stelle der direkten Implementierung immer mehr die Verwendung und Anpassung von vorhandenen Komponenten ein. Schnittstellen von Komponenten (APIs) spielen bei der Wiederverwendung von Software eine zentrale Rolle. Dadurch verändert sich die Vorgehensweise bei der Implementierung, indem die Auswahl der entsprechenden Klassen und Methoden der verfügbaren Komponenten neben die Verwendung der Entwurfsklassen tritt, ja diese oft dominiert. Diese Auswahl wird von modernen UML Werkzeugen durch Reverse-Engineering unterstützt.

Ein einfaches Beispiel ist etwa die Gestaltung einer grafischen Benutzeroberfläche, deren Komponenten für verschiedene Programmiersprachen und Betriebssysteme zur Verfügung stehen. Eine Komponente ist ein vorgefertigtes Halbfabrikat, eine Art Schablone, die durch Angabe von Eigenschaftswerten einer neuen Situation angepasst werden kann. Komponenten kommunizieren miteinander, indem sie Ereignisse auslösen oder darauf reagieren.

Anstatt das Implementierungs-Klassendiagramm detailliert in Quellcode umzusetzen, wählt der Entwickler beim komponentenbasierten Vorgehen die geeigneten Komponenten aus und passt sie der beschriebenen Aufgabe an.

Es existieren ferner Komponentensammlungen zur Bearbeitung von komplexen Geschäftsprozessen. Hier beeinflusst die Software-Architektur stark die Auswahl der Komponenten, denn in der Regel wird es sich um Mehrschichtenmodelle oder Client/Server Systeme handeln. Installationsdiagramme beschreiben hier die Verteilung der Komponenten, Kompositionsdiagramme helfen bei der Zerlegung in kleinere Einheiten.

Im Einzelnen beginnt, wie bisher, nach Auswahl der Architektur und einer genauen Beschreibung der Verantwortlichkeiten die Implementierung der Komponenten. Dabei werden nun aber nicht neue Quellcode-Einheiten geschaffen, sondern existierende Halbfabrikate durch Setzen von Eigenschaftswerten angepasst und eine Verbindung installiert, über die sie miteinander kommunizieren können.

Vorgegebene Komponentenarchitekturen unterstützen diese Auswahl und Anpassung. So gibt es z.B. die Enterprise Java Beans von Sun Microsystems, bei denen zwischen Komponenten für Daten und solchen, die Ausführungsprozesse verwalten, unterschieden wird. Einem weiten Kreis von Anwendern wird auch die .NET Architektur oder das schon ältere Komponentenmodell COM von Microsoft bekannt sein, auf dem die Verbunddokumente OLE und die Steuerelemente Active-X beruhen.

Die Konfiguration und das Zusammenstecken von Komponenten wird in den jeweiligen Architekturen durch einen Komponenten Container unterstützt. Da sie oft durch XML Dokumente gesteuert wird oder interaktiv vorgenommen wird, werden hier andere Qualitäten vom Entwickler erwartet als bei der reinen Codeerstellung. In der Regel wird jedoch eine Mischung aus Konfiguration und Programmierung vorkommen.

Ist man gewohnt mit einem Komponentenmodell umzugehen, so besteht die Versuchung, die geforderte Software bottom-up zu entwickeln und die Schritte Analyse und Entwurf zu überspringen. Für kleinere bis mittlere Vorhaben kann diese Strategie durchaus zum Erfolg führen. Auch in diesem Fall werden UML Diagramme eingesetzt. Use-Case- und Aktivitätsdiagramme zur Anforderungsermittlung, Komponenten- und Kompositionsdiagramme zur Beschreibung der Interaktion und Struktur der Komponenten und auch Klassen- oder Zustandsdiagramme zur genauen Spezifikation der Schnittstellen.

10.7 Modularisierung

Die Modularisierung, d.h. die Zerlegung des Systems in möglichst unabhängige Subsysteme oder Module ist ein wichtiges Anliegen. Die einzelnen Module sollten in sich geschlossen, aus sich heraus, lokal, ohne Information von außen verständlich sein. Innerhalb eines Moduls sollte eine hohe Bindung zwischen den einzelnen Bestandteilen herrschen, sie arbeiten alle an der gleichen Teilaufgabe und können so auch auf gemeinsame Datenstrukturen zugreifen oder Methoden aufrufen.

Die Kopplung zwischen den Subsystemen sollte hingegen möglichst gering sein, d.h. es bestehen wenige Beziehungen oder Abhängigkeiten zwischen den einzelnen Modulen. Insbesondere dürfen sich die Teilsysteme nicht überschneiden.

Im Entwicklungsprozess sollen Module eigenständig entworfen, implementiert und ausgetestet werden können. Sie dienen als Maßstab oder Einheit bei der Arbeitsteilung der verschiedenen Software-Entwickler.

Die Aufteilung in Module und die Darstellung ihrer Beziehungen sollte ein Gesamtverständnis des Systems ermöglichen, ohne auch nur ein Modul im Einzelnen zu kennen. Das kann durch geeignete, aussagekräftige Namen und durch klare Abgrenzung der Verantwortlichkeiten unterstützt werden.

Einige dieser Gesichtspunkte haben wir bereits in unserem Vorgehensmodell berücksichtigt, insbesondere trägt die Festlegung der Software-Architektur zu einer sinnvollen Aufteilung bei. Modularisierung ist jedoch nicht einer Phase vorbehalten, sondern zieht sich orthogonal durch den gesamten Entwicklungsprozess. Wir wollen jetzt drei mögliche Vorgehensweisen zur Modularisierung skizzieren. Wie immer ist keiner dieser Wege eindeutig besser als die anderen und es erfordert einiges Geschick und Erfahrung bei der konkreten Aufgabe zu einer guten Zerlegung zu kommen.

10.7.1 Verfeinerung von Modellelementen

Zuerst die vielleicht natürlichste Vorgehensweise, die keine eigenen Modularisierungselemente verwendet, sondern die einzelnen Modellelemente in verschiedenen Abstraktionsstufen verfeinert oder ineinander schachtelt. Wir starten an der Pyramidenspitze mit der Aufstellung der die Anforderungen des Gesamtsystems erfüllenden Anwendungsfälle. Hierbei gehen wir recht global vor und beschränken uns vielleicht auf höchstens 20 Stück. Entsprechend werden die daraus hervorgehenden Klassen noch sehr mächtig sein und umfangreiche Aktivitäten ausführen. Beim näheren Hinsehen werden nun die einzelnen Anwendungsfälle verfeinert, vorhandene Klassen werden aufgeteilt. Wir gehen also zu einem detaillierteren Modell über, dessen Anwendungsfälle nun nicht unbedingt von außenstehenden Akteuren angestoßen werden, sondern von Objekten aus dem allgemeineren Anwendungsfall. Bei unserer Tagungsorganisation können wir etwa den Fall Anmelden in drei Einzelfälle zerlegen, Abschicken der e-mail, Registrieren und Bestätigen.

Diese Verfeinerung bedeutet nicht unbedingt Konkretisierung (im Sinne von Herabsetzen der Abstraktionsstufe), auch aus dem groben Modell können schon Objekte gebildet werden. Die Einzelfälle, die von dem Gesamtfall aufgerufen werden, könnten nun als Pakete aufgefasst werden. Diese drei Pakete verwenden alle die Teilnehmeradresse, sind also über diese miteinander zu koppeln. Es ist abzuwägen, ob diese Kopplung im Vergleich zur Komplexität der einzelnen Pakete nicht zu hoch ist. Deshalb kann es sinnvoll sein, alle drei Fälle zu einem Paket zusammenzufassen.

Ein besseres Beispiel für die Zerlegung in Teilsysteme wäre gegeben, wenn wir als Aufgabe die Erstellung eines Informationssystems für ein Institut gestellt hätten, deren einer Modul dann die Tagungsorganisation sein würde. Mehrere zusammenhängende Anwendungsfälle bilden hier ein echtes Paket (siehe Kap. 9).

Verfeinert werden nicht nur die Anwendungsfälle, sondern auch die ihnen zugeordneten Szenarien in Form von Aktivitätsdiagrammen. Jede einzelne Aktivität kann als eine eigene Maschine aufgefasst und durch ein neues, detaillierteres Diagramm dargestellt werden.

Letztlich führen beide Zerlegungen zu einer Aufteilung der Klassen. Selbstverständlich wird auch das anfänglich noch recht grobe Klassendiagramm verfeinert. Hier lässt sich die Aufteilung mit einem Kompositionsdiagramm darstellen. Auch die indirekte Schachtelung durch Attribute, die Exemplare einer anderen Klasse sind, beschreibt eigentlich eine Verfeinerung.

In Interaktionsdiagrammen kann eine Nachricht für eine komplexe Kommunikation stehen und im nächsten Schritt entsprechend ausgebaut werden. Hierarchische Zustandsdiagramme haben wir in Abschnitt 7.5 ausführlich behandelt.

Alle wesentlichen Modellelemente erlauben also die Verfeinerung. Der organisatorische Aspekt der Aufteilung auf verschiedene Entwickler und die eigenständige Testbarkeit kommen bei dieser Art der Modularisierung allerdings zu kurz.

10.7.2 Vergröberung

Eine Zerlegung des Systems kann auch in einer Art bottom-up Vorgehensweise durchgeführt werden: Ein Klassendiagramm wird solange verfeinert, bis es zu groß und dadurch unübersichtlich wird. Nun werden gewisse Teile, die sich durch starke Bindung und schwache Kopplung auszeichnen zu einem Paket zusammengefasst. Diese mechanische Aufteilung sollte durch inhaltliche Überlegungen gestützt werden. Die Frage, ob die herausgeschnittenen Elemente ein Subsystem bilden oder ob sie eher zufällig ausgewählt wurden, ist zu untersuchen. In ähnlicher Weise gehen viele Programmierer beim Entwurf von Java Paketen vor.

10.7.3 Frühe Zerlegung des Modells

Wir kennen bisher die schrittweise Verfeinerung und die Vergröberung als Strukturierungsmechanismen. Der wichtigste Weg zur Modularisierung geht anders vor, indem direkt mit Paketen oder Subsystemen gearbeitet wird. Statt Pakete aus einem detaillierteren Klassendiagramm heraus zu schneiden, kann auch top-down jede Klasse der Grobanalyse als ein Paket modelliert werden und so direkt ein Paketdiagramm erstellt werden.

Wir wollen nun einige Anhaltspunkte diskutieren, wie wir zu einer guten Zerlegung in möglichst disjunkte Module gelangen können.

Hinweise für die Zerlegung können aus der vorgegebenen oder angestrebten Software-Architektur abgelesen werden. Dazu gehört auch die Verteilung der Komponenten auf einzelne Rechner in einem verteilten System. Aber auch von der Programmlogik her gesehen, kann eine Modularisierung nahe liegen. So wird man gerne die grafische Benutzeroberfläche von der eigentlichen Verarbeitung trennen. Die Kopplung erfolgt durch das als Beobachter bekannte Entwurfsmuster (siehe Kapitel 12).

Die Verteilung der Objekte im Anwendungsmodell ist ein weiterer Anhaltspunkt für eine Zerlegung. Konzeptionell zusammenhängende, kooperierende Objekte erhält man durch die Betrachtung der Anwendungsfälle. Objekte, die an einer Gruppe von Anwendungsfällen beteiligt sind und beispielsweise bei der Notation der Szenarien als Aktivitätsdiagramm dort für eine Schwimmbahn verantwortlich sind, sind gute Kandidaten für ein Modul. Ein gewisses Problem ergibt sich noch daraus, dass oft Objekte der gleichen Klasse in völlig unterschiedlichen Anwendungsfällen zusammenarbeiten, und so die Klassenstruktur der eigentlich gewünschten Zerlegung in Objektgruppen entgegensteht.

10.8 Das Vorgehensmodell – kurz gefasst

In diesem Abschnitt stellen wir den von uns empfohlenen Entwicklungsprozess noch einmal kurz zusammen. Dabei unterscheiden wir nun 11 Einzel-Schritte. Orthogonal zu diesem Vorgehen sollten die Gesichtspunkte zur Modularisierung beachtet werden.

1. **Anforderungsermittlung**
   - Ermittle Anforderungen durch Aufstellen von Use-Cases.
   - Beschreibe Szenarien.

   Ergebnis dieser ersten Phase ist ein Katalog von Anwendungsfällen, die die Funktionalität des Systems beschreiben. Jeder dieser Anwendungsfälle wird durch mehrere Szenarien oder ein Aktivitätsdiagramm näher erläutert. Die Gesamtfunktionalität wird durch Use-Case-Diagramme dargestellt.

2. **Analyse**
   - Lege Objekte fest
   - Strukturiere Objekte
   - Verteile Verantwortlichkeiten

   In dieser Phase wird unser Problem in Form eines Analysemodells beschrieben. Erste Interaktionsdiagramme werden erstellt, um eine gute Verteilung der Aufgaben auf die verschiedenen Klassen zu untersuchen. Für die Aufteilung der Verantwortlichkeiten können Muster benutzt werden, nach deren Schema man bestimmte Teilprobleme auf verschiedene Klassen verteilen kann (siehe Kapitel 12).

3. **Entwurf**
   - Lege die Systemarchitektur fest
   - Klassenentwurf
   - Spezifiziere Schnittstellen
   - Detailentwurf

   In der Entwurfsphase tritt das konkrete System in Erscheinung. Deshalb ist zunächst die Entwicklung einer geeigneten Systemarchitektur notwendig. Auf diese Systemarchitektur wird dann unser Analyse-Modell abgebildet. Die Analyse-Klassen erhalten Operationen und Attribute. Es ist durchaus möglich, dass Analyse-Klassen in mehrere Entwurfs-Klassen zerfallen, deren Zusammenspiel neue Interaktionsdiagramme entstehen lässt. Ausserdem werden Klassen ergänzt, die zur Umsetzung unserer Problemlösung benötigt werden, aber nicht Teil der Analyse waren. In der späteren Entwurfsphase ist die Festlegung der Schnittstellen die wichtigste Aktivität.

4. **Implementieren**
   - Klassendefinitionen

- Methoden

In diesem Schritt sollten die Implementierungs-Klassendiagramme immer aktualisiert werden, um stets eine konsistente Dokumentation der Software-Struktur sicherzustellen. Dabei leisten CASE-Werkzeuge gute Dienste. Aus den Interaktionsdiagrammen und Zustandsdiagrammen wird Code für die Methoden entwickelt.

10.9 Einsatzgebiete der Diagramme

In diesem Abschnitt stellen wir kurz die Verwendung der verschiedenen Diagramme innerhalb des Software-Entwicklungsprozesses zusammen und erwähnen auch noch weitere, verbreitete Einsatzmöglichkeiten.

- Klassendiagramme beschreiben die statische Struktur. Im Einzelnen können verschiedene Aspekte betont werden.
  - Attribute legen die Datenstruktur fest.
  - Operationen eröffnen eine Schnittstelle für das Verhalten.
  - Durch Assoziationen werden ferner Zugriffspfade festgelegt und dadurch mögliche Kooperationspartner aufgezeigt.
  - Generalisierungen bieten Ansatz zur Erweiterung und Weiterverwendung.

  Wir unterscheiden drei verschiedene Arten:
  - Analyse-Klassendiagramme beschreiben die Objekte unseres Problems. Sie enthalten nur wenige allgemein gehaltene Attribute. Wir empfehlen die Verantwortlichkeiten noch frei zu formulieren und nicht schon durch Operationen mit genauen Schnittstellen festzulegen.
  - Entwurfs-Klassendiagramme beschreiben Klassen, die die Analyse-Objekte in eine Software-Lösung umsetzen. Sie legen Schnittstellen fest und beschreiben die Software-Struktur recht detailliert.
  - Implementierungs-Klassendiagramme dagegen sind ein direktes Abbild des zu erstellenden Codes. Das kann so weit gehen, dass Assoziationen immer durch Objektreferenzen realisiert und Rollen mit Multiplizität größer 1 durch entsprechende, explizit aufgeführte Container-Klassen verwirklicht werden.

  Der Gebrauch von Klassendiagrammen braucht nicht auf die Software-Erstellung beschränkt werden. In der UML-Dokumentation und auch in diesem Kapitel werden sie eingesetzt, um Beziehungen zwischen den Modellelementen in einer Art Metastruktur deutlich zu machen.
- Objektdiagramme stellen einen Schnappschuss auf die statische Struktur dar, indem sie einzelne Objekte miteinander verknüpfen.
- Aktivitätsdiagramme erläutern den Ablauf von Vorgängen, Prozessen oder Anwendungsfällen. Dabei gibt es drei wesentliche Varianten.

– Ablaufdiagramme stellen ähnlich wie Zustandsdiagramme den Lebenszyklus von Subsystemen oder Teilbereichen dar. Die Transition zwischen
den Einzelaktivitäten erfolgt automatisch nach Beendigung der Tätigkeit. Das Gesamtverhalten steht im Vordergrund.

– Workflowdiagramme sind Ablaufdiagramme mit Verantwortungsberei-
chen, die die einzelnen Abteilungen oder Subsysteme repräsentieren.
Beim Übergang kann ein Objekt weitergereicht werden.

– Datenflussdiagramme können zur Illustration der Wirkungsweise eines
Algorithmus' verwendet werden. Die Aktivitäten bezeichnen nun Methodenaufrufe oder Operationen. Bedingte Abläufe und Schleifen sind
möglich.

• Use-Case-Diagramme beschreiben die Gesamtfunktionalität des Systems
mit Hilfe von Anwendungsfällen aus der Sicht externer Akteure.

• Paketdiagramme dokumentieren die Aufteilung des Systems in Subsysteme. Sie beschreiben sowohl die Software-Architektur als auch die Modularisierung.

• Zur Beschreibung der Architektur sind Komponentendiagramme ebenfalls
sehr gut geeignet.

• Spielt dabei die Rechnerumgebung eine Rolle, so können zusätzlich Installationsdiagramme verwendet werden, um die Verteilung der Software zu
dokumentieren.

• Einzelne Aspekte der Architektur werden durch Kompositions- oder Kooperationsdiagramme beleuchtet.

• Interaktionsdiagramme stellen wie Aktivitätsdiagramme den dynamischen
Ablauf eines Vorgangs, eine Kommunikation von Objekten dar.

– Sequenzdiagramme betonen dabei den zeitlichen Ablauf. Sie können auch
Kommunikationsprotokolle beschreiben. Die beteiligten Objekte haben
in der Regel Rollencharakter, illustrieren also exemplarisch das Verhalten für alle Instanzen einer Klasse. Für die genaue Spezifikation des
Zusammenwirkens der einzelnen Methoden in einer Interaktion sind Sequenzdiagramme ebenfalls geeignet.

– Kommunikationsdiagramme berücksichtigen die Beziehungen der beteiligten Objekte und erlauben deshalb eine detailliertere Sicht. Die Links
zwischen Einzelobjekten werden durch Angabe von Nachrichten, die gesendet, oder Methoden, die aufgerufen werden, spezifiziert. Im Gegensatz
zu Objektdiagrammen wird hier nicht nur ein Teil der Datenstrukturen,
sondern auch deren Verhalten schnappschussartig präsentiert.

– Timing-Diagramme beschreiben den Zustandswechsel während einer Interaktion und erlauben die genaue Modellierung der Zeit.

– Eine Interaktionsübersicht beschreibt, wann welche Interaktion stattfindet.

• Zustandsdiagramme stellen das Verhalten von Analyse-Objekten im Verlauf ihres Lebenszyklus in Form eines Automaten dar. Hinter einem Analyse-

Objekt können sich zwar ganze Subsysteme verbergen, trotzdem bevorzugen diese Diagramme eine interne Sichtweise.
Die detaillierte Aufbereitung von Zustandsdiagrammen wie in Abschnitt 7.5 beschrieben spezifiziert die Methoden einer Klasse vollständig.

- Komponentendiagramme erläutern sowohl die Zusammenarbeit von Komponenten aus logischer Sicht als auch die administrative Seite des Zusammenwirkens der einzelnen physischen Software-Bestandteile während der Entstehung und im Einsatz des Systems.
- Kompositionsdiagramme beschreiben den internen Aufbau von Klassen oder Komponenten und
- Kooperationsdiagramme dokumentieren Entwurfsmuster als parametrisierbare Architekturschablonen.

Einige der Diagramme beschreiben sehr ähnliche Modelle mit teilweise identischen, teilweise verschiedenen Elementen. Unterschiedliches Gewicht wird aber nicht nur auf die Darstellung, sondern mehr noch auf die Sichtweise, den Standpunkt gelegt.

Besonders vieldeutig ist der Begriff der Kooperation. Eine Kooperation (engl. collaboration), eine Zusammenarbeit ist möglich zwischen

- Paketen, dargestellt durch Paketdiagramme.
- Komponenten, dargestellt durch ein Komponentendiagramm.
- Use-Cases, dargestellt durch ein Use-Case-Diagramm oder auch ein Sequenzdiagramm, in dem nun statt Objekte Anwendungsfälle auftreten.
- aktiven Objekten. Hier hat man je nach Granularität drei verschiedene Diagramme zur Verfügung: Aktivitätsdiagramme, Sequenzdiagramme oder Kommunikationsdiagramme.
- Klassen oder Interfaces, dargestellt durch ein Kooperationsdiagramm, in dem die Rollen und Aufgaben der einzelnen Klassen spezifiziert werden, wie wir das bei den Entwurfsmustern in Kapitel 12 demonstrieren werden. Diese Sicht kann auch direkt in ein Klassendiagramm eingetragen werden.
- Teilen einer Klasse oder Komponente. Diese interne Kooperation wird in ihrer Struktur durch ein Kompositionsdiagramm verdeutlicht.

Kapitel 11

UML und Java

In diesem Kapitel wird die Umsetzung eines UML-Modells in Java Software re beschrieben. Es werden einfache Faustregeln angegeben, die auch helfen, die Funktionsweise von CASE-Werkzeugen für UML zu verstehen. Außerdem erläutern wir kurz, wie umgekehrt UML zur Dokumentation von Java Programmen herangezogen werden kann.

- UML und CASE-Werkzeuge
- Klassendefinitionen in Java
- Implementierung von Assoziationen in Java
- Java Methoden aus Interaktionsdiagrammen
- Java Methoden aus Zustandsdiagrammen
- Java Klassenbibliotheken

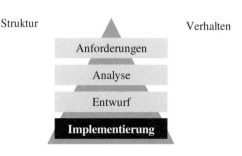

Wie wir bereits in den vorangehenden Kapiteln betont haben, werden UML-Modelle schrittweise verfeinert bis ein Grad der Detaillierung erreicht ist, der es erlaubt, das Modell in einer Programmiersprache zu implementieren, d.h. alle notwendigen Informationen sind in Form von Diagrammen festgehalten worden. Als wesentliche Informationsquellen für die Programmierung dienen:

- Implementierungs-Klassendiagramme
- Sequenz- oder Kommunikationsdiagramme
- Zustandsdiagramme

Zur Implementierung eines Systems sind im Wesentlichen zwei Aufgaben zu bewältigen:

- Implementieren der Klassendefinition – die Klassen mit ihren Attributen und Methodenschnittstellen
- Implementieren der Methodenrümpfe – der auszuführende Code

Für die erste Aufgabe sind die Informationen in den codebeschreibenden Implementierungs-Klassendiagrammen ausreichend. Deshalb kann diese Aufgabe auch von CASE-Tools übernommen werden. Die zweite Aufgabe kann mit Hilfe der dynamischen UML-Modelle erleichtert werden, erfordert aber darüber hinaus weitere Eingriffe des Entwicklers.

Wenn man für den ersten Schritt ein CASE-Tool einsetzt, werden die Klassendiagramme mit Hilfe von grafischen Editoren gezeichnet. Man geht iterativ vor, wie im ersten Teil dieses Buches beschrieben. Schließlich zeichnet man die Klassendiagramme so detailliert, dass die Klassendefinitionen direkt aus ihnen abgeleitet werden können. Dabei werden nicht nur die direkt im Klassensymbol angegeben Attribute und Methoden berücksichtigt, sondern die CASE-Werkzeuge verfügen über die Funktionalität auch für Assoziationen und andere Beziehungen zwischen Klassen entsprechenden Code zu generieren. Wir werden auch diesen Schritt näher betrachten.

Wenn man den Quellcode erzeugt hat, muss man natürlich die Methoden immer noch selbst implementieren – das CASE-Werkzeug wird in der Regel nur die Deklarationen der Klassen erzeugen. Während der Software-Entwicklung wird sich der Quellcode immer weiter von dem Diagramm, aus dem er erzeugt wurde, entfernen. D.h. das Diagramm veraltet und zeigt nicht mehr die Struktur der implementierten Software an. Der große Vorteil des CASE-Werkzeugs ist es nun, dass mit Hilfe eines Quellcode-Parsers der veränderte Code wieder eingelesen und das Diagramm entsprechend angepasst werden kann. Da Quellcode und UML-Diagramm aber immer noch auf unterschiedlichen Abstraktionsniveaus liegen, funktioniert dieses Vorgehen meist nur, wenn das CASE-Werkzeug Zusatzinformationen in Form von Kommentaren im Quellcode hinterlegt hat. Solche Zusatzinformationen kennzeichnen beispielsweise Attribute, die auf Grund von Assoziationen eingeführt wurden. Wie die folgende Abbildung zeigt, bezeichnet man den Aktualisierungsschritt als Reverse-Engineering. Einige CASE-Werkzeuge sind in der

Lage nach dem Reverse-Engineering-Schritt und der anschließenden Nach-
bearbeitung des Diagramms wieder selektiv neuen Quellcode in den – nun
bereits vorhandenen – Quellen zu ergänzen. Dieses iterative Vorgehen nennt
man Round-Trip-Engineering.

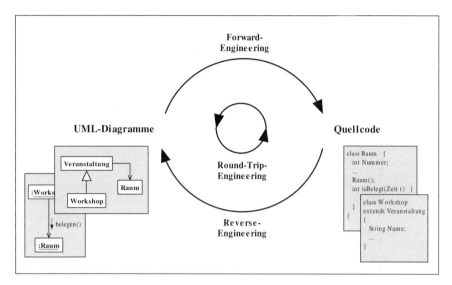

Abbildung 11.1. Entwicklungszyklus bei Einsatz eines CASE-Werkzeugs

Eine ähnlich automatisierte Umsetzung der zweiten Aufgabe ist weitaus
schwieriger. Der Programmierer kann hier allerdings mit Hilfe der dynamischen UML-Modelle wertvolle Informationen erhalten, die seine Arbeit erheblich erleichtern können und auch ein systematisches Vorgehen nahe legen.
CASE-Werkzeuge unterstützen ihn bei der Verwaltung und Konsistenzbe-
wahrung der erzeugten Quellcodeteile. Unter dem Schlagwort MDA (Model
Driven Architecture, [18]) werden ferner Anstrengungen unternommen den
gesamten Entwicklungsprozess durch automatische Modelltransformationen
zu steuern.

Wir erläutern in den folgenden Abschnitten die Umsetzung von Diagrammen in Java Quelltext an bekannten Beispielen.

11.1 Klassendefinitionen

11.1.1 Attribute

Als letzte Verfeinerung der Klassendiagramme können Initialisierungswerte
und die Sichtbarkeit an die Attribute gesetzt werden. Diese detaillierte Defi-

nition der Attribute wird direkt in Java Code umgesetzt. Wir schreiben hier Attribute konsequent klein.

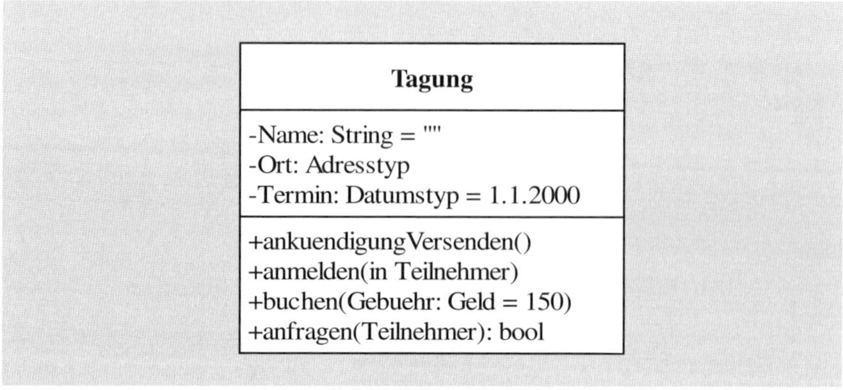

Tagung
-Name: String = ""   -Ort: Adresstyp   -Termin: Datumstyp = 1.1.2000
+ankuendigungVersenden()   +anmelden(in Teilnehmer)   +buchen(Gebuehr: Geld = 150)   +anfragen(Teilnehmer): bool

Abbildung 11.2. detaillierte Klassendefinition

```
public class Tagung  {
    private String name = new String("");
    private Adresstyp ort;
    private GregorianCalender termin
            = new GregorianCalender(2000,1,1);
}
```

Einige wenige Veränderungen können vorgenommen werden. So können Modelltypen durch primitive Datentypen ersetzt werden, z.B. Geld durch int. Dabei tritt allerdings ein Informationsverlust auf, so dass diese Maßnahme mit Vorsicht zu genießen ist. Unkritischer sind Namensänderungen, z.B. von Datum zur Java Klasse GregorianCalender.

11.1.2 Methoden

Für die Methodenschnittstellen gilt wie bei den Attributen, dass letzte Details wie die Sichtbarkeit noch ergänzt werden.

Meist ändern sich Einzelheiten der Schnittstelle wie die Parameterlisten noch während der Implementierung, so dass man sich darüber im Klaren sein sollte, dass im folgenden Schritt nur eine erste Version des Java Codes entsteht.

```
public class Tagung  {
   ...
   public void ankuendigungVersenden();
   public void anmelden(Wissenschaftler t);
   public void buchen(int gebuehr);
   public boolean anfrage(Wissenschaftler t);
}
```

Alle im UML-Modell spezifizierten Operationen werden als Methodenschnittstellen in die Klassendefinition genommen. Dabei werden wie bei den Attributen Datentypen, die nur dem Verständnis des Modells dienen – wie im Beispiel der Datentyp `Geld`, durch Datentypen der Implementierung ersetzt. In unserem Beispiel wird vielleicht zunächst nur eine Implementierung mit `int` als Datentyp benötigt, in einer späteren Version der Software müsste man vielleicht einen internationalen Währungstyp einsetzen. In diesem Fall würde man wieder beim UML-Klassenmodell aufsetzen, die entsprechende Klasse anbringen und noch einmal diese Iteration durchlaufen.

Zugriffsoperationen auf Attribute werden im UML- Klassendiagramm wegen der Übersichtlichkeit nicht eingetragen. Bei der Umsetzung in Java Code werden sie einfach ergänzt. Dabei setzen wir das Präfix `get` bzw. `set` vor den Attributnamen. Man kann aber auch von der Möglichkeit der Überladung in Programmiersprachen wie Java Gebrauch machen und den gleichen Namen verwenden, da in der konkreten Situation der Java Compiler immer erkennen kann, welche Methode zu wählen ist, d.h. ob wir das Attribut setzen oder lesen wollen. In unserem Beispiel kommen für das Attribut `name` folgende Methoden hinzu:

```
public class Tagung  {
   ...
   public void setName(String n)  { name = n; }
   public String getName()        { return name; }
   ...
}
```

Konstruktoren werden im UML-Diagramm ebenfalls nicht angegeben. Wir fügen auch diese Methoden hinzu.

```
public class Tagung  {
   ...
   public Tagung();
   ...
}
```

11.2 Beziehungen zwischen Klassen

11.2.1 Generalisierung

Die Generalisierung in UML-Modellen wird durch die Java Vererbung umgesetzt. Dabei gilt grundsätzlich, dass eine Java Klasse nur von einer Oberklasse
erben kann, während bei der UML jede Klasse mehrere Oberklassen haben
kann. Eine Java Klasse kann aber – wie eine UML-Klasse auch – beliebig
viele Interfaces realisieren.

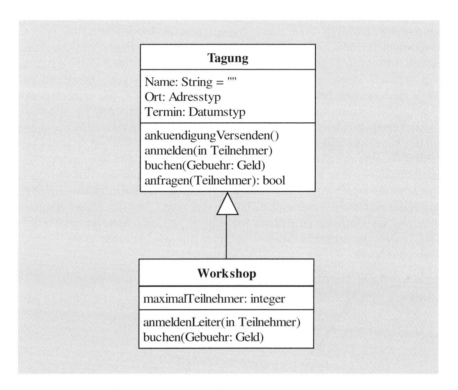

Abbildung 11.3. Generalisierung in UML

Das Diagramm 11.3 wird in folgenden Code umgesetzt:

```
public class Tagung  {
   ...
}

public class Workshop extends class Tagung  {
   int maximalTeilnehmer;
   ...
}
```

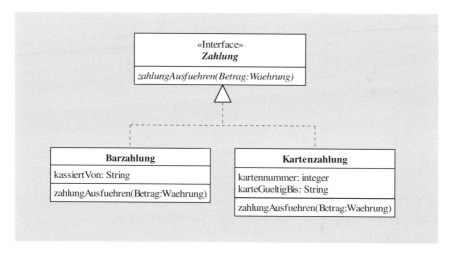

Abbildung 11.4. Beispiel für Interfaces in Java

Für Interfaces und deren Realisierung durch Klassen werden ebenfalls direkt die entsprechenden Sprachmittel von Java benutzt. Wir verwenden in unseren Klassendiagrammen den gestrichelten Generalisierungspfeil zur Darstellung der `implements` Beziehung zwischen einer Klasse und einem Interface.

```
public interface Zahlung  {
  void zahlungAusfuehren(Waehrung Betrag);
}


public class Barzahlung implements Zahlung  {
  private String kassiertVon;
  public void zahlungAusfuehren(Waehrung Betrag) {
    ...  // hier die Implementierung einer Barzahlung
  }
}


public class Kartenzahlung implements Zahlung  {
  private String karteGueltigBis;
  private int kartennummer;
  public void zahlungAusfuehren(Waehrung Betrag) {
    ...  // hier die Implementierung einer Kartenzahlung
  }
}
```

Enthält ein UML-Modell Mehrfachvererbung von Klassen, so muss es für die Implementierung in Java umgeformt werden. Dazu sollte man sich zuerst fragen, ob eine der Klassen als Interface dargestellt werden kann. Ist das nicht der Fall, so lässt sich das oft durch Erben von einem Ast und Delegation der Aufgaben des anderen an eine assoziierte Klasse erledigen.

11.2.2 Assoziationen

Für Assoziationen existieren im Unterschied zur Vererbung in der Programmiersprache Java keine Sprachelemente. Während UML vielfältige Möglichkeiten bietet, Klassen miteinander in Beziehung zu setzen, kennt Java nur ein einziges Element um allgemeine Beziehungen zwischen Klassen zu implementieren: die Objektreferenz. Eine Objektreferenz in Java entspricht einem Zeiger auf ein Objekt in der Programmiersprache C++.

In diesem Schritt der Umsetzung des UML-Modells werden also alle Assoziationen in entsprechenden Java Code umgesetzt, der die Semantik der Assoziationen auf der Basis von Objektreferenzen nachbildet. Das geschieht durch Vereinbarung eines neuen Attributes in der Klasse von der die Assoziation ausgeht. Das hinzugekommene Attribut nennt man Referenzattribut. Sein Typ ist die Zielklasse, sein Name sollte zweckmäßigerweise entweder der Name der Assoziation oder der Rollenname sein.

Wir betrachten an dieser Stelle nur noch gerichtete Assoziationen, da diese durch die vorgenommene Verfeinerung die Zugriffspfade sicherlich festgelegt sind. Im einfachsten Fall einer *1:1* unidirektionalen Assoziation bedeutet das, dass im Code einer Methode der Quellklasse zwar eine Methode der Zielklasse aufgerufen werden kann, diese aber nicht feststellen kann, woher der Aufruf kommt. Programmiertechnisch wird dieser Sachverhalt durch das Referenzattribut ausgedrückt.

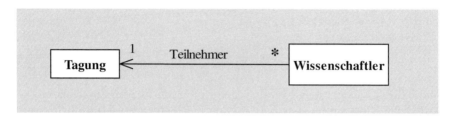

Abbildung 11.5. Unidirektionale Assoziation

Im Beispiel kann der Wissenschaftler auf die Tagung zugreifen, diese hat jedoch keine Möglichkeit ihre Teilnehmer festzustellen. Der entsprechende Java Code beinhaltet also nur eine einfache Objektreferenz zur Umsetzung dieser Assoziation:

```
public class Wissenschaftler  {
    Tagung veranstaltung;
    ...
}

public class Tagung  {
    ...
}
```

Eine bidirektionale Assoziation muss durch zwei Objektreferenzen umgesetzt werden. Im einfachsten Fall liegt eine *1:1* Assoziation vor.

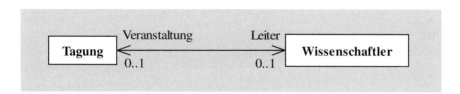

Abbildung 11.6. Bidirektionale *1:1* Assoziation

Im Beispiel ist diese Beziehung auf beiden Seiten optional. Dem entspricht in Java die Tatsache, dass Objektreferenzen undefiniert sein können, d.h. den Wert **null** annehmen können.

```
public class Wissenschaftler  {
   Tagung veranstaltung;
   ...
}


public class Tagung  {
   Wissenschaftler leiter;
   ...
}
```

Eine bidirektionale *1:n* Assoziation kann nur noch in Ausnahmefällen ohne zusätzliche Klassen implementiert werden. Falls eine feste Multiplizität vorliegt, kann wie bei der *1:1* Assoziation vorgegangen werden, nur dass statt des einzelnen Referenzattributes ein entsprechendes Feld der angegebenen Multiplizität angelegt wird.

Üblicherweise wird eine *1:n* Assoziation mit Hilfe einer Container-Klasse implementiert. Eine Container-Klasse dient ausschließlich zum Sammeln der an einer Assoziation beteiligten Einzelobjekte und hat nur eine geringe Bedeutung für die Modellierung des Problems. Deshalb taucht sie meist nicht im Klassendiagramm auf.

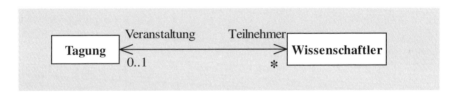

Abbildung 11.7. *1:n* Assoziation

In den Java Klassenbibliotheken gibt es mehrere Containerklassen. Der einfachste Container ist die generische Klasse `Vector`, mit der ein offenes Feld von Objektreferenzen realisiert ist. Der Typ dieser Objekte wird durch Ausprägen der Schablone festgelegt.

```
public class Wissenschaftler  {
   Tagung veranstaltung;
   ...
}


public class Tagung  {
   private Vector<Wissenschaftler> teilnehmer
                  = new Vector<Wissenschaftler>();
   public void anmelden(Wissenschaftler w) {
         Teilnehmer.addElement(w); }
   ...
}
```

Wie man im Beispielcode sieht, wird das rechte Ende der Assoziation durch ein Vector-Objekt implementiert. In der Methode anmelden() werden Methoden der Containerklasse aufgerufen, um die Objekte miteinander zu verknüpfen. Auch hier gilt, dass man die Rollennamen als Namen für die Referenz auf das Containerobjekt wählen sollte. Manche CASE-Werkzeuge verlangen aus diesem Grund die Angabe von Rollenamen für die Codeerzeugung.

Die Auswahl der Containerklasse hängt von mehreren Randbedingungen ab. Eine Vector-Klasse zum Beispiel erlaubt keine effizienten Zugriffe, wenn eine spezielle Verknüpfung auf Grund ihres Namens gesucht werden soll. Andere Containerklassen wie z.B. Hashtable oder Suchbäume erlauben schnelle Suchvorgänge, haben jedoch mehr Speicherbedarf oder sind schwieriger einzusetzen.

Etwas aufwändiger wird es noch bei der Implementierung von *n:m* Assoziationen.

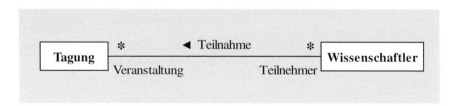

Abbildung 11.8. *n:m* Assoziation

In einer solchen Assoziation können Tagungsobjekte und Wissenschaftlerobjekte beliebig miteinander verknüpft sein. Das Objektdiagramm dient als Verdeutlichung des Klassenmodells. Die Assoziation *Teilnahme* wird durch mehrere Links repräsentiert.

Eine solche Assoziation kann man grundsätzlich auf zwei verschiedene Arten implementieren:

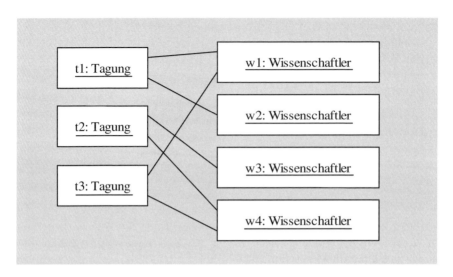

Abbildung 11.9. Ein Objektdiagramm zu Abb. 11.8

- Umwandlung der *n:m* Assoziation in zwei gerichtete *1:n* Assoziationen und Umsetzung wie im letzten Abschnitt bereits demonstriert.
- Einsatz einer Containerklasse und einer zusätzlichen Assoziationsklasse. Da ein Objekt dieser Klasse eine Verknüpfung repräsentiert, verwenden wir hier Attributnamen wie `einTeilnehmer` usw.

Die zweite Alternative führt zu folgendem Java Code:

```
public class AssocObjekt  {
    private Wissenschaftler einTeilnehmer;
    private Tagung eineVeranstaltung;
    public AssocObjekt(Wissenschaftler w, Tagung t)
    {
        einTeilnehmer = w;
        eineVeranstaltung = t;
    }
    ...
}


public class Teilnahme  {
    private Vector<AssocObjekt> assocContainer
                = new Vector<AssocObjekt>();
    public void ordneZu(Wissenschaftler w, Tagung t)
    {
        AssocObjekt a = new AssocObjekt(w,t);
        w.setVeranstaltung(this);
        t.setTeilnehmer(this);
        AssocContainer.addElement(a);
    }
    ...
}


public class Wissenschaftler  {
    private Teilnahme veranstaltung;
    public void setVeranstaltung(Teilnahme t) {
        veranstaltung = t };
    ...
}


public class Tagung  {
    private Teilnahme teilnehmer;
    public void setTeilnehmer(Teilnahme t)
        { teilnehmer = t  };
    ...
}


{
    ...
    Wissenschaftler w1 = new Wissenschaftler();
    Tagung t1 = new Tagung();
    Teilnahme tn = new Teilname();
    tn.ordneZu(w1,t1);
    ...
}
```

In einem realen System werden in den Methoden der Klasse `Teilnahme`
Funktionalitäten wie die Prüfung, ob eine Zuordnung bereits existiert, Löschen
von Verknüpfungen und ähnliches implementiert werden.

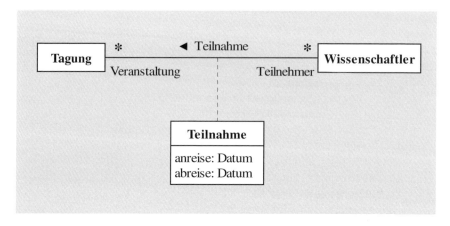

Abbildung 11.10. Assoziation mit Assoziationsklasse in UML

Liegt eine Assoziation mit Assoziationsklasse vor, so werden die Attribute
der Assoziationsklasse einfach zum Assoziationsobjekt hinzugefügt.

```
public class AssocObjekt  {
    private Wissenschaftler einTeilnehmer;
    private Tagung eineVeranstaltung;
    private GregorianCalender anreise;
    private GregorianCalender abreise;
    ...
}
...
```

Bei einer ternären oder n-stelligen Assoziation geht man analog vor. Lediglich die Klasse `AssocObjekt` enthält eine entsprechend höhere Anzahl von
Objektreferenzen. Für das Klassenmodell von Abb. 11.11 würde demnach
folgender Code entstehen.

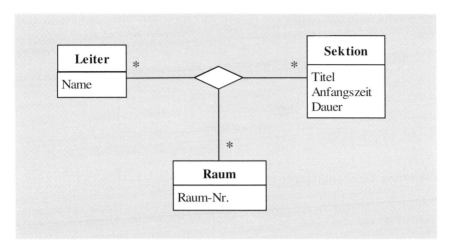

Abbildung 11.11. ternäre Assoziation in UML

```
public class AssocObjekt  {
    private Leiter einLeiter;
    private Sektion eineSektion;
    private Raum einRaum;
    public AssocObjekt(Leiter l, Sektion s, Raum r)
    {
        einLeiter = l;
        eineSektion = s;
        einRaum = r;
    }
    ...
}
...
```

Alle anderen Klassen würden entsprechend implementiert werden. Allerdings muss man sich bei der Wahl der Containerklasse Gedanken darüber machen, wie die Suche nach den Verknüpfungen am besten zu realisieren ist.

11.2.3 Aggregation und Komposition

Da die Aggregation und die Komposition eine gerichtete Assoziation ist, werden diese Beziehungen auch wie gerichtete Assoziationen implementiert. Man setzt auch hier eine Containerklasse wie Vector ein.

Bei einer Komposition hat man die zusätzliche Information, dass die Lebensdauer der Objekte identisch sein muss und sich die Zuordnung nicht ändert. Es empfiehlt sich, die Zuordnung und Initialisierung der Objektreferenz bereits im Konstruktor der Klasse vorzunehmen, wie folgendes Beispiel zeigt.

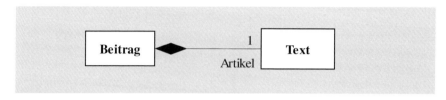

Abbildung 11.12. Komposition in UML

```
public class Beitrag
{
    Text artikel;
    ...

    Beitrag()
    {  ...
        artikel = new Text( ... );
        ...
    }
}
```

11.2.4 Vorgehen

Alle Klassen sollten isoliert voneinander codiert und getestet werden. Aufgrund der vielfältigen Beziehung zwischen den Klassen, müssen zum Test einzelner Klassen andere Klassen einbezogen werden, weil zwischen diesen Klassen z.B. Assoziationen bestehen. Deshalb empfiehlt es sich, mit Klassen zu beginnen, die ihrerseits keine Beziehungen zu anderen Klassen aufbauen. Von diesen Klassen aus fährt man fort, bis sukzessive alle Klassen codiert sind.

11.3 Methodenrümpfe

Die Umsetzung der statischen Strukturdiagramme in den Quellcode einer Applikation lässt sich recht schematisch durchführen. Deshalb ist es auch möglich, diese Transformation durch Werkzeuge vornehmen zu lassen. Die Programmierung der Methodenrümpfe, also der Code, der beim Aufruf einer Methode ausgeführt wird, erfolgt im Allgemeinen von Hand. Dabei werden die Diagramme des dynamischen Modells als Spezifikation für den Code herangezogen.

11.3.1 Implementierung aus Kommunikationsdiagrammen

Wenn man die Entwurfs-Klassendiagramme erstellt hat, wird man meist parallel dazu eine Anzahl von Interaktionsdiagrammen gezeichnet haben, um die Schnittstellen der Klassen festzulegen. Diese Interaktionsdiagramme zeigen den Nachrichtenaustausch zwischen den Objekten. Aus diesen Nachrichten kann man den Code der Methoden ableiten. Das Problem dabei ist, dass Interaktionsdiagramme normalerweise nicht vollständig sind. Man hat also nicht für jeden Fall, der in der Software auftreten kann, ein Diagramm zur Verfügung. Umgekehrt beschreibt ein Interaktionsdiagramm den Nachrichtenaustausch der beteiligten Objekte oft nur exemplarisch. Man muss also aus den verschiedenen Interaktionsdiagrammen den Code für die einzelnen Anweisungen einer Methode herausfiltern und diesen Code ergänzen, so dass er alle in der Software auftretenden Fälle berücksichtigt. Deshalb ist diese Aufgabenstellung nicht von Werkzeugen lösbar, sondern kann nur von den Entwicklern der Software selbst durchgeführt werden.

Als Beispiel wollen wir die Methode *verkaufen()* aus unserem Monopoly-Beispiel implementieren. Als Ausgangspunkt wählen wir ein Kommunikationsdiagramm.

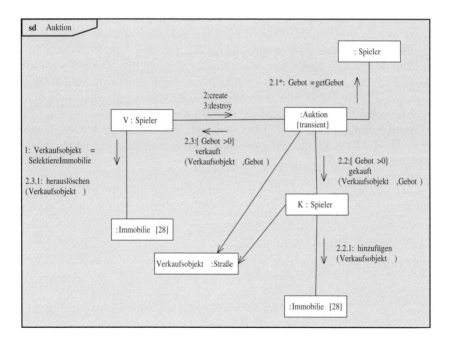

Abbildung 11.13. Die Kooperation für die Versteigerung einer Straße in einem Monopoly-Spiel

Beispiel (Monopoly) 80

Das Kommunikationsdiagramm in Abbildung 11.13 spezifiziert die Reaktion eines Spieler-Objekts auf eine Nachricht verkaufen(). Wie wir im Diagramm sehen, legt dieses Objekt zunächst ein Auktionsobjekt an, das die Verstei-gerung der Immobilie durchführt. Der Einfachheit halber, fragen wir in der Implementierung jeden Spieler nur einmal, zu welchem Gebot er die Straße kaufen möchte Die Wächterbedingung an Nachricht 2.2. und 2.3. bestimmt, dass dieses Kommunikationsdiagramm jetzt nur noch den Fall beschreibt, dass ein Gebot tatsächlich abgegeben wurde. Der andere Fall, dass kein Gebot zustande kam, ist möglicherweise in einem anderen Diagramm spezifiziert.

Für unser Diagramm können wir Teile des Codes folgender Methoden festlegen:

- verkaufen() der Klasse Spieler
- gekauft() der Klasse Spieler
- verkauft() der Klasse Spieler
- Konstruktor der Klasse Auktion

Typisch für dieses Vorgehen ist, dass man mosaikartig den Code zusam-mensetzt. Es passt sehr gut zur objektorientierten Software-Entwicklung, da es eine sehr iterative Arbeitsweise erlaubt.

Beim Ausfüllen einer Methode wird man immer wieder feststellen, dass einzelne Methoden fehlen. Man wird dann entweder weitere Interaktions-diagramme aufstellen oder diese Methoden direkt in die Klassen schrei-ben. Die Folge ist, dass dann die Operationen in den Implementations-Klassendiagrammen immer wieder angepasst werden müssen, weil Schnitt-stellen verändert werden oder neue Methoden hinzukommen. Man sieht leicht ein, dass es nur mit viel Aufwand möglich ist, diese Diagramme und den Code konsistent zu halten. Für diese Aufgabe sind CASE-Tools mit der Möglichkeit mittels Round-Trip-Engineering die Diagramme zu aktualisieren am besten geeignet.

```
public class Spieler  {
   public verkaufen()  {
      immobilie verkaufsobjekt =
                immobilienliste.selektiereimmobilie();
      Auktion myAuktion = new Auktion(verkaufsobjekt, this);
   }

   public gekauft(Immobilie verkaufsobjekt, int gebot)  {
      immobilienliste.hinzufuegen(verkaufsobjekt);
      kontostand = kontostand + gebot;
   }

   public verkauft(Immobilie verkaufsobjekt, int gebot)  {
      immobilienliste.herausloeschen(verkaufsobjekt);
      kontostand = kontostand - gebot;
   }
}
```

```
public class Auktion  {

   Immobilie zuverkaufen;

   public Auktion(Immobilie i, Spieler verkaeufer)  {
      int maxgebot = 0;
      Spieler kaeufer = null;

      zuverkaufen = i;
      Vector<Spieler> alleSpieler =
                      MonopolySpiel.getMitspieler();
      for(Spieler s : alleSpieler)  {
         int gebot = s.getGebot();
         if (gebot > maxgebot)  {
            kaeufer = s;
            maxgebot = gebot;
         }
      }

      if (kaeufer != null)  {
         kaeufer.gekauft(i,maxgebot);
         verkaeufer.verkauft(i,maxgebot);
      }
   }
}
```

11.3.2 Implementierung aus Zustandsdiagrammen

Es ist relativ einfach, aus UML-Zustandsdiagrammen den Code für eine Klasse zu generieren. Zu diesem Zweck interpretiert man Aktionen und Aktivitäten als Methodenaufruf oder als Funktionsaufruf. Ereignisse werden ebenfalls in Form von Methoden bzw. Funktionsaufrufen an den Zustandsautomaten herangetragen. Für unseren Beispielautomaten in Abbildung 7.2, der das Verhalten der Verkehrsampel spezifiziert, würden wir folgenden Code erstellen.

Der Zustand wird im einfachsten Fall als Zahl in einem Attribut gespeichert. Meist definiert man sich symbolische Konstanten für die einzelnen Zustände. Ein Ereignis löst eine Methode in der Klasse aus. Als Parameter erhält die Methode das Ereignis selbst. In einer Fallunterscheidung prüft die Ereignis-Methode nun in welchem Zustand sich das Objekt befindet und welches Ereignis aufgetreten ist. Die Aktivitäten und Aktionen werden einfach in diese Fallunterscheidung eingefügt. Ein Zustandsübergang schließlich ist die Zuweisung einer anderen Zustandskonstante an die Zustandsvariable. Wenn der Automat für eine Klasse definiert ist, die als Unterklasse einer anderen auftritt, so wird er nur die neuen, veränderten Zustände beschreiben, für die anderen ist der Automat der Oberklasse aufzurufen. Auch hier spielen UML-Generalisierung und Java Vererbung Hand in Hand.

```java
public class Ampel
{
   int zustand;

   void ereignis(int nachricht)
   {
      switch (zustand)
      {
         case ZUSTAND_ROT:
         {
            switch (nachricht)
            {
               case WECHSEL:
                 zustand = ZUSTAND_ROTGRUEN;
               break;
               case AUS:
                 zustand = ZUSTAND_BLINKEND;
               break;
         }
   }
```

```
case ZUSTAND_GELB:
{
    switch (nachricht)
    {
    case WECHSEL:
        zustand = ZUSTAND_ROT;
        break;
    case AUS:
        zustand = ZUSTAND_BLINKEND;
        break;
    }
}
...
default:
// Fehler: Illegaler Zustand
    }
  }
}
```

Diese Methode der Code-Erzeugung ist sehr einfach, allerdings ist der resultierende Code nicht sehr wartungsfreundlich. Wir werden im nächsten Kapitel mit dem Entwurfsmuster *Status* eine andere Methode kennenlernen, aus einem UML-Automaten Code zu generieren.

11.3.3 Bedingungen

Im Klassendiagramm können Vor- und Nachbedingungen für Methoden angegeben werden. Außerdem kann man Klasseninvarianten angeben, also Bedingungen, die für eine Klasse nie verletzt werden dürfen. Diese Bedingungen können systematisch in den Code der Java Implementierung eingebracht werden. Man implementiert für jede Bedingung ein Prädikat, eine boolsche Methode, die an der entsprechenden Stelle aufgerufen wird.

Als Beispiel wollen wir die Klassen *Konto* und deren Operation *buchen()* betrachten. Wir nehmen an, dass die Klasse über Attribute wie *Kontostand* und *Kreditrahmen* verfügt. Damit können wir in OCL (siehe Kapitel 14.5) eine Invariante für die Klasse definieren, wie in Abb. 11.14 gezeigt.

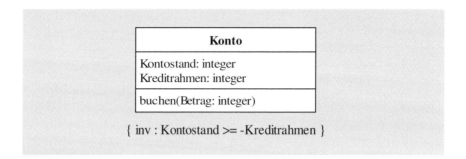

Abbildung 11.14. Klasseninvariante in Klassendiagramm

Aus der OCL-Bedingung können wir den Quellcode der Methode
`constraint()` ableiten.

```
public class Konto
{
   private int kontostand;
   private int kreditrahmen;

   protected void constraint() throws ConstraintViolation
   {
      if (kontostand < - kreditrahmen)
         throw new ConstraintViolation();
   }

   public void buchen(int betrag)
   {
      ...
      constraint();   // Prueft Invariante
   }
}
```

Diese Methode können wir nun in anderen Methoden dieser Klasse immer
dann aufrufen, wenn wir prüfen wollen, ob unsere im Modell spezifizierten
Bedingungen auch eingehalten werden, für Invarianten also immer nach Beendigung einer Methode. Auf ähnliche Weise lassen sich Vor- und Nachbedingungen überprüfen.

11.4 Pakete

Wenn man in UML Klassendiagramme in Pakete aufgeteilt hat, um beispielsweise die einzelnen Subsysteme zu trennen, kann man diese Aufteilung direkt

auf Java Pakete übertragen. Jedes UML-Paket wird ein Paket in Java. das die entsprechenden Klassen oder Unterpakete umfasst. Man muss lediglich beachten, dass die UML-Pakete andere Sichtbarkeits- und Import-Regeln kennen als Java Pakete.

Die Zugehörigkeit einer UML-Klasse zu einem Paket veranschaulichen wir ab und an durch Markierungen mit einem Stereotyp. Das ist insbesondere dann sinnvoll, wenn in der Software Klassen aus verschiedenen vordefinierten Java Paketen zusammenspielen.

11.5 Java Klassenbibliotheken

In den vorigen Abschnitten haben wir beschrieben, wie UML Entwürfe in Java Programme umgesetzt werden. Auch der umgekehrte Weg ist sinnvoll, UML, insbesondere die Klassendiagramme, eignen sich sehr gut dafür Java Code zu dokumentieren. Java bezieht einen großen Teil seiner Funktionalität aus vordefinierten, in Paketen oder Bibliotheken organisierten Klassen. Die Wiederverwendung einzelner Klassen und der Gebrauch der geeigneten Bibliotheken ist ein wichtiger, die Produktivität und die Qualität des Software-Entwurfs bestimmender Faktor. Es ist sinnvoll, die Klassendefinition in UML zu formulieren, um eine einheitliche Notation anzubieten. UML erlaubt es, Beziehungen zwischen Bibliotheksklassen und neuen, vom Benutzer definierten Klassen übersichtlich darzustellen und so Abhängigkeiten zu identifizieren.

Als Beispiel modellieren wir in Abbildung 11.15 die schon verwendete generische Containerklasse `Vector`. Diesen Schritt, aus dem Quellcode abstraktere Informationen zu gewinnen, bezeichnet man als Reverse-Engineering (siehe auch Seite 176) oder, da es sich um die Wiedergewinnung von Entwurfsinformation handelt, auch als Design-Recovery. Wir untersuchen dabei nicht nur einzelne Klassen, sondern versuchen Beziehungen zwischen ihnen aufzuzeigen.

Noch wichtiger ist die Dokumentation von Klassenbibliotheken, die Klassen und Schnittstellen für einen ausgewählten Problembereich bereitstellen. Wir wollen dies am Beispiel der Standard-Bibliothek AWT (Abk. Abstract Windowing Toolkit), die die Programmierung grafischer Benutzeroberflächen unterstützt und im Paket `java.awt` enthalten ist, durchführen. Dieses Paket ist auch Grundlage für die normalerweise verwendete, viel umfangreichere Swing-Bibliothek.

Alle darstellbaren Elemente oder Komponenten erben von der abstrakten Klasse `Component`. Es gibt einfache Komponenten wie Schaltknöpfe `Button`, `Label` zum Anzeigen eines Strings, oder einzeilige Texteingabefelder `TextField` und Container, die mehrere andere Komponenten enthalten können. Man sieht am Diagramm 11.16, dass Container geschachtelt werden können und dass alle Elemente die gleiche durch `Component` gegebene

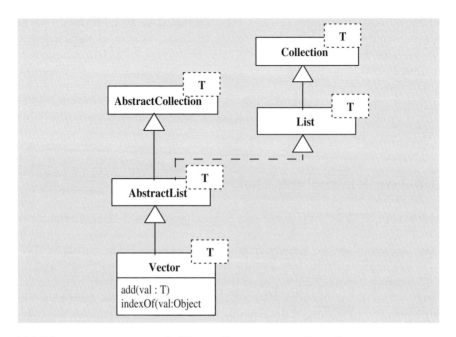

Abbildung 11.15. Vector als Klassendiagramm, unvollständig

Schnittstelle aufweisen. Solch eine Struktur wird durch das Kompositum-Muster (siehe 12.2) beschrieben. Die Klasse `Container` ist abstrakt, eine einfache Konkretisierung bildet `Panel`. Weitere Container sind `Window` oder `ScrollPane`, eine Fläche, die nur eine Komponente enthält, von der ein wählbarer Ausschnitt gezeigt wird. Auch die vielbeachteten Applets reihen sich hier ein. Man sieht auch, dass die einfachen Swing-Komponenten wie `JButton` Container sind. Die Darstellung der enthaltenen Komponenten delegiert ein Container an einen Layout-Manager, von dem verschiedene Realisierungen bereit stehen (siehe Abb. 11.17).

Interessant ist noch die Ereignis-Steuerung und -Regelung. Viele AWT-Komponenten können Ereignisse auslösen, die bei speziellen Ereignis-Beobachtern (engl. event listeners) Reaktionen hervorrufen. Diese Beobachter sind Interfaces, die passende Schnittstellen zur Verfügung stellen. In angepassten Realisierungen werden dann die Methoden ausformuliert, die auf das Ereignis reagieren. Das Auslösen des Ereignisses ist damit von der angestoßenen Reaktion getrennt. Dadurch wird die Flexibilität der Software erhöht und Änderungen und Anpassungen sind leichter möglich.

In UML verwenden wir Kommunikationsdiagramme, um die Ereignisbehandlung zu verdeutlichen. So kann ein Schaltknopf ein `ActionEvent` auslösen, welches in jedem Beobachter eine dort spezifizierte Aktion hervorruft. Das Bild 11.18 zeigt die Registrierung des Beobachters und den durch das Drücken des Knopfes ausgelösten Aufruf der Methode `actionPerformed()`.

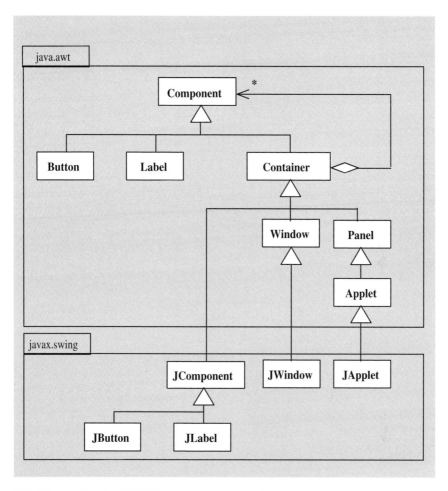

Abbildung 11.16. AWT Komponenten, Ausschnitt

Ein AWT Element kann auch selbst die Ereignisse behandeln. Wir illustrieren das durch das Klassendiagramm (Abbildung 11.20) für einen Schaltknopf (Klasse `Button`), gehen aber hier nicht tiefer ins Detail.

In der Regel wird man zu jeder GUI Komponente auch eine Klasse entwerfen, die die Ereignisbehandlung übernimmt, die also mehrere Beobachter-Interfaces realisiert. Das lässt sich in der Lollipop Schreibweise ganz einfach darstellen (siehe Abbildung 11.19).

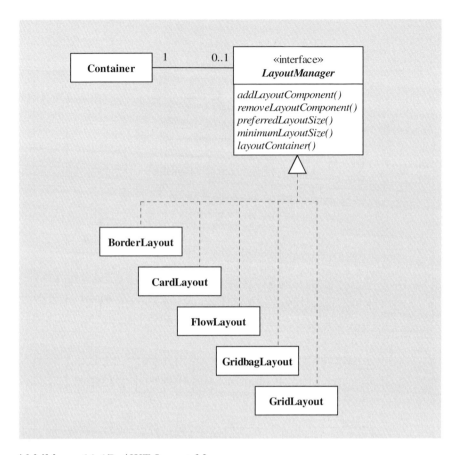

Abbildung 11.17. AWT Layout-Manager

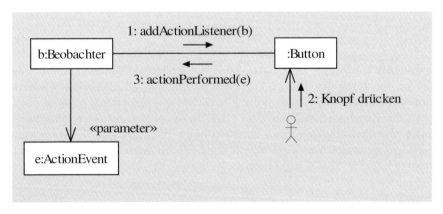

Abbildung 11.18. AWT ActionEvent

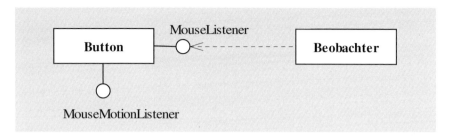

Abbildung 11.19. AWT Mausbeobachter

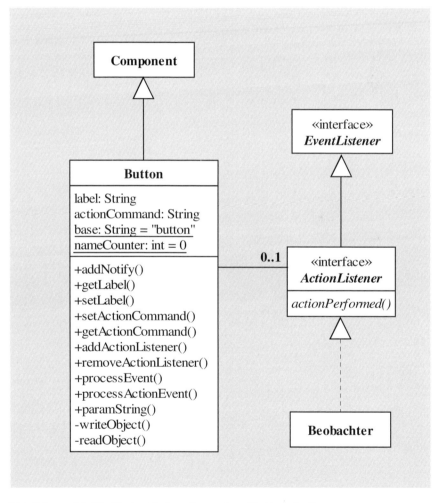

Abbildung 11.20. Ereignisbehandlung eines Buttons in Java

Kapitel 12

Entwurfsmuster

Das folgende Kapitel soll anhand von Beispielen einen Eindruck vermitteln, was Entwurfsmuster sind, wie Entwurfsmuster mit UML eingesetzt werden und welche Vorteile ein Einsatz verspricht.

- Definition und Katalogisierung
- Darstellung durch UML-Diagramme
- Beispiele und Anwendungen
- Qualitätsverbesserungen durch den Einsatz von Entwurfsmustern

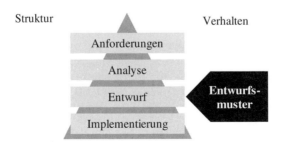

12.1 Einführung und Begriffsklärung

In den vorangegangenen Kapiteln wurde UML als Sprache präsentiert, in der objektorientierte Entwürfe dargestellt werden können. Die Vielfalt und Mächtigkeit der Sprache UML lassen dem Entwickler große Freiräume, wie er ein System modelliert. Die Voraussetzung für gute objektorientierte Software ist allerdings immer ein gutes Modell.

Jeder Teil eines objektorientierten Entwurfs kann als Lösung eines kleinen Teilproblems angesehen werden. Die Lösungsideen entscheiden dabei, ob die Software einfach erweiterbar ist oder umständlich geschrieben wird und damit bei der Wartung besonderer Aufwand getrieben werden muss. Ein guter Entwurf ist außerdem für alle Projektbeteiligten leichter zu verstehen. Aber wie kommt man zu einem *guten* objektorientierten Entwurf?

Wohl kaum ein Thema wurde in diesem Zusammenhang in den letzten Jahren so intensiv diskutiert, wie das Thema Design Patterns - Entwurfsmuster. Ein Entwurfsmuster beschreibt eine Lösungsidee für ein Teilproblem, das bei der Software-Entwicklung auftritt. Damit soll es Entwicklern ermöglicht werden, die Lösungen, die andere Entwickler gefunden haben, für ihre Problemstellungen wiederzuverwenden. Die Gemeinsamkeiten existierender Lösungen herausgezogen und als abstraktes Lösungsschema beschrieben bilden ein Muster. Andere Autoren definieren Entwurfsmuster wie folgt:

Ein Entwurfsmuster beschreibt eine häufig auftretende Struktur von miteinander kommunizierenden Komponenten, die ein allgemeines Entwurfsproblem in einem speziellen Kontext lösen. [4]

Ein Muster ist ein Problem-Lösungs-Paar, das in neuen Kontexten eingesetzt werden kann, mit Hinweisen, wie es in neuen Situationen angewendet werden muss. [13]

Muster sind nicht auf die Informatik beschränkt. Entwurfsmuster wurden ursprünglich in der Architektur definiert und hier folgendermaßen beschrieben:

Jedes Muster ist eine dreiteilige Regel, die eine Beziehung zwischen einem bestimmten Kontext, einem Problem und einer Lösung beschreibt. [1]

Muster spielen in allen Phasen der Software-Entwicklung eine Rolle. Entwurfsmuster beschreiben Lösungen für den Software-Entwurf. Damit andere Entwickler diese Lösungsideen für ihre Entwürfe verwenden können, werden die Entwurfsmuster in einer Form festgehalten, die die Katalogisierung dieser Lösungsideen erlaubt. Zur Beschreibung eines Entwurfsmusters kann man verschiedene Diagramme der UML einsetzen. UML wird auch zur Dokumentation der Verwendung von Entwurfsmustern in Software benutzt.

Entwurfsmuster können mit folgendem Schema katalogisiert werden:

- Name des Entwurfsmusters
- Beschreibung des Problems, Zweck des Musters und die Motivation

- Beschreibung der Lösung
  - Struktur des Entwurfsmusters: Klassendiagramm, dabei treten häufig die aus Kooperationsdiagrammen bekannten Ellipsen und Rollen auf.
  - Interaktion der beteiligten Objekte: Interaktionsdiagramm
  - Implementierungshinweise als Codefragmente: UML-Kommentare in den jeweiligen Diagrammen
- Beurteilung der Lösung
  - Wie flexibel ist die Lösung, wenn neue Anforderungen auf die Software zukommen? Wie gut lässt sich die entstehende Software wiederverwenden?

Praktisch jedes Muster bringt für einzelne Aspekte große Vorteile mit sich. Allerdings müssen dafür auch fast immer Nachteile in Kauf genommen werden. Deshalb muss die Beschreibung des Musters die Vor- und Nachteile der Lösung nennen, damit der Entwickler entscheiden kann, ob das Muster eine geeignete Lösung darstellt.

Es gibt mittlerweile viele Sammlungen von Entwurfsmustern für verschiedene Zwecke und auf unterschiedlichen Abstraktionsniveaus. Wir haben aus den bekannten Werken über Entwurfsmuster [4, 9, 14] einige Muster als Beispiel ausgewählt, um die Nutzungen beim Software-Entwurf mit der UML zu demonstrieren.

12.2 Das Kompositum-Muster

Eine Stücklistenverwaltung soll alle Einzelteile, aus denen ein Produkt zusammengesetzt ist, verwalten. Bei der Umsetzung stößt man auf folgendes Problem: Bauteile sind entweder aus anderen Bauteilen zusammengesetzt oder stellen einfache, nicht-zusammengesetzte Bauteile dar. Für diese Struktur soll eine möglichst gute, erweiterbare Klassenstruktur gefunden werden. Dabei sollen sich einfache und zusammengesetzte Bauteile für andere Teile der Software nicht unterscheiden. Dieses Problem tritt in anderen Kontexten ebenfalls auf. In grafischen Editoren (z.B. CAD-Programme) werden grafische Objekte zu neuen Objekten gruppiert, die wiederum zusammen mit einfachen grafischen Objekten in neuen, gruppierten Objekten enthalten sein können usw. Daher gibt es ein Entwurfsmuster, das eine Lösung dieses Problem angibt: das Entwurfsmuster *Kompositum* [9].

Name:	Kompositum
Alias:	composite, whole-part
Problem:	Objekte sollen zu komplexen Einheiten zusammengefasst werden
Sinn:	Für andere Teile der Software sollen sich zusammengesetzte
	Komponenten und einfache Komponenten nicht unterscheiden.

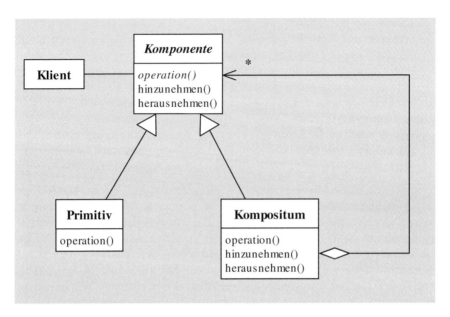

Abbildung 12.1. Struktur des Entwurfsmusters *Kompositum*

Beschreibung und Beispiel

Die Struktur dieser Lösung wird als Klassendiagramm dargestellt: An dem Entwurfsmuster sind drei Klassen beteiligt. Die Klasse *Komponente* stellt die Schnittstelle zum Rest der Software dar, der hier durch die Klasse *Klient* repräsentiert wird. Diese Schnittstelle besteht aus den Operationen, die die Komponenten-Objekte ausführen können, und zusätzlich aus Operationen, die zu zusammengesetzten Komponenten weitere Komponenten hinzufügen bzw. entfernen. Die Klasse *Primitiv* stellt eine einfache (d.h. nicht zusammengesetzte) Komponente dar, während *Kompositum* eine zusammengesetzte Klasse zeigt. Die Aggregation von *Kompositum* zu *Komponente* sorgt für die Möglichkeit, *Komponenten*-Objekte beliebig rekursiv zu schachteln.

Zurück zu unserem Beispiel Stücklistenverwaltung: Wir wollen die Umsetzung der Stückliste mit Hilfe des Entwurfsmusters zeigen. Als Beispiel für eine Operation der Stückliste soll der Preis eines Bauteils berechnet werden. Wenn wir obige Lösungsidee für die Stücklistenverwaltung anwenden, kommen wir zu folgendem Klassendiagramm:

Wie in Abbildung 12.2 zu sehen, kann die Verwendung eines Entwurfsmusters im UML-Entwurf als sogenannte *Kooperation* gekennzeichnet werden. Der Name des Entwurfsmusters erscheint in einer gestrichelten Ellipse, von dem aus gestrichelte Pfeile zu den Klassen gezeichnet werden, die in diesem Entwurfsmuster zusammenarbeiten. Wie im Beispiel kann an die Pfeile die

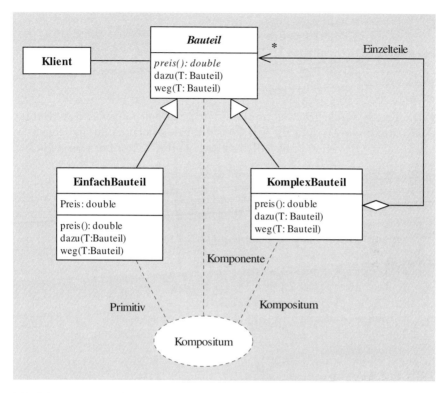

Abbildung 12.2. Klassendiagramm der Stückliste

Rolle der Klasse in dem Entwurfsmuster geschrieben werden (siehe Abschnitt 8.4).

Beim Vergleich von Abbildung 12.1 und Abbildung 12.2 sieht man deutlich, dass Abbildung 12.1 nur die Struktur der Lösungsidee wiedergibt, während Abbildung 12.2 ein konkretes Klassendiagramm darstellt.

Wir wollen nun die Implementierung der Stückliste in Java betrachten.

```
public abstract class Bauteil   {
   public abstract double preis();
   public void dazu(Bauteil t)   { /* default: Fehler */ };
   public void weg(Bauteil t)    { /* default: Fehler */ };
}
```

Die Klasse Bauteil enthält die Operationen der Komponenten als abstrakte Schnittstellen und Implementierungen der Operationen dazu und weg, deren Aufruf in dieser Oberklasse zunächst als Fehler interpretiert wird.

```
public class EinfachBauteil extends Bauteil  {
  protected double preis;
  public EinfachBauteil (double p)  { preis = p; }
  public double preis()  { return preis; }
}
```

Die Klasse *EinfachBauteil* repräsentiert nicht-zusammengesetzte Bauteile. Sie enthält ein Attribut für den Preis der Komponente und implementiert die abstrakte Operation *preis* indem sie den Wert des Attributs zurückliefert.

```
public class KomplexBauteil extends Bauteil
{
  Vector<Bauteil> einzelTeile;
  public KomplexBauteil() {
    einzelTeile = new Vector<Bauteil>();
  }
  public double preis()  {
    double summe = 0.0;
    for(Bauteil t : einzelTeile) {
      summe = summe + t.preis();
    }
    return summe;
  }
  public dazu(Bauteil t)  { einzelTeile.addElement(t); }
  public weg(Bauteil t)  { einzelTeile.removeElement(t); }
}
```

Die Klasse *KomplexBauteil* verwaltet die zusammengesetzten Bauteile. Dazu enthält sie einen Container – die Klasse *Vector*, der die Implementierung der Aggregation in Abbildung 12.2 darstellt. Der Konstruktor der Klasse legt ein Container-Objekt an. Die Methoden `dazu()` und `weg()` überschreiben die entsprechenden Methoden in der Oberklasse *Bauteil* und fügen Bauteil-Objekte in den Container ein bzw. entnehmen Bauteil-Objekte. Die Operation *preis()* summiert die Einzelpreise der im Container enthaltenen Objekte auf und liefert als Ergebnis die Summe zurück. Ist in dem Container ein zusammengesetztes Bauteil-Objekt vorhanden, so wird in diesem Objekt ebenfalls der Preis durch Aufsummieren der Einzelpreise bestimmt, während bei einem einfachen Bauteil direkt der Preis zurückgegeben wird. Dieses Verhalten wird anhand eines Beispiels in Abbildung 12.3 dargestellt.

Beurteilung

Der große Vorteil dieses Entwurfsmusters ist, dass alle anderen Klassen des Software-Systems über eine einheitliche Schnittstelle auf die Komponenten

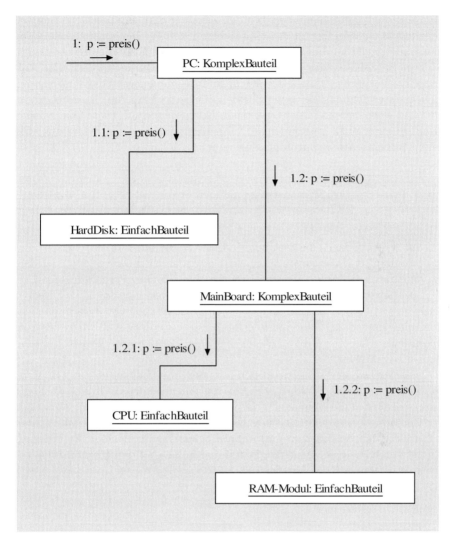

Abbildung 12.3. Die Operation `preis()` in einem Beispiel des Kompositum-Musters als Kommunikationsdiagramm

zugreifen können. Das Gegenteil wäre eine Lösung, bei der beim Zugriff auf eine Komponente zunächst abgefragt wird, ob die Komponente zusammengesetzt ist oder nicht, und dann für beide Alternativen jeweils spezieller Code geschrieben wird. Beim Kompositum-Muster wird die Zusammensetzung der Komponenten verborgen, damit werden die Abhängigkeiten zwischen den Klassen der Software reduziert und die Software leichter wartbar. Für die Entwickler bietet der Einsatz des Entwurfsmusters den Vorteil, dass die Klassenstruktur leicht erweiterbar ist, d.h. wenn neue Komponenten im System berücksichtigt werden müssen, werden sie ihrer Art entsprechend (einfach oder zusammengesetzt) in die Hierarchie eingefügt. Der existierende Code muss dabei nicht verändert werden, weil sich die Schnittstellen nicht ändern.

Das Entwurfsmuster *Kompositum* hat allerdings auch Nachteile. Aufgrund der Forderung, dass sich einfache und zusammengesetzte Komponenten nicht in ihrer Schnittstelle unterscheiden dürfen, tauchen die Operationen *dazu()* und *weg()* bereits in der Oberklasse *Komponente* auf. Diese Operationen lösen bei einer nicht-zusammengesetzten Komponente einen Fehler aus, d.h. wir haben eine Art Typprüfung eingebaut.

12.3 Das Beobachter-Muster

Mit dem Kompositum-Muster haben wir ein Entwurfsmuster kennengelernt, das im wesentlichen eine besondere statische Struktur in das Klassendiagramm einführt. Wir wollen jetzt ein Entwurfsmuster betrachten, bei dem die beteiligten Objekte auch ein spezielles dynamisches Verhalten zeigen.

Das Entwurfsmuster *Beobachter* [9] hat bei Java eine besondere Bedeutung: Es ist bereits zum Teil in einer Standardbibliothek von Java implementiert und kann daher besonders leicht benutzt werden. Außerdem basieren wesentliche Teile der Bibliothek für grafische Benutzeroberflächen auf dem Beobachter-Muster.

Das Beobachter-Muster wird benutzt, um Abhängigkeiten von Objekten zu verwalten. Wenn mehrere Objekte von einem anderen Objekt abhängig sind, so sollen diese abhängigen Objekte benachrichtigt werden, wenn sich der Zustand des Objekts verändert. Die abhängigen Objekte können dann selbständig den veränderten Zustand abfragen. Das Beobachter-Muster sorgt für die Verwaltung der Abhängigkeiten und beinhaltet den Mechanismus zur Benachrichtigung der abhängigen Objekte.

Name:	Beobachter
Alias:	observer, publisher-subscriber
Problem:	Mehrere Objekte sind von einem anderen Objekten abhängig. Ändert sich der Zustand dieses Objekts, werden die abhängigen Objekte benachrichtigt, die dann selbständig ihren Zustand aktualisieren.
Sinn:	Entkopplung der Abhängigkeiten zwischen den Objekten.

Beschreibung und Beispiel

Auch hier präsentieren wir zunächst die Struktur der Lösungsidee:

Die Klasse *Subjekt* steht in einer *1:n* Assoziation zu der Klasse *Beobachter*. Diese Beziehung spiegelt die Abhängigkeit der *Beobachter*-Objekte

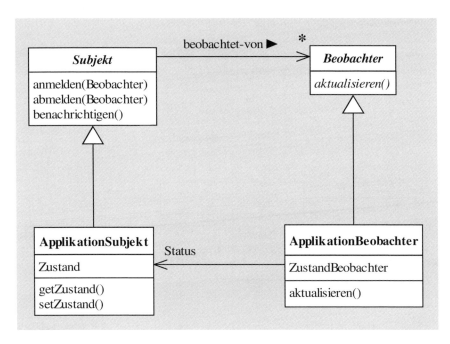

Abbildung 12.4. Klassendiagramm des *Beobachter*-Musters

von deren *Subjekt*-Objekten wieder. Mit Hilfe der Operationen *anmelden()* und *abmelden()* können sich *Beobachter*-Objekte als Beobachter des Subjekts eintragen oder diese Abhängigkeit wieder auflösen. Die Beobachter führen aber nicht Buch über die von ihnen beobachteten Subjekte, deshalb wird keine (dauerhafte) Assoziation in dieser Richtung eingetragen. Falls sich der Zustand eines *Subjekt*-Objekts ändert (Aufruf der Operation *benachrichtigen()*), werden die registrierten *Beobachter*-Objekte über die Änderung informiert. Zur konkreten Benutzung des Patterns werden von *Subjekt* und *Beobachter* jeweils Unterklassen abgeleitet, *ApplikationSubjekt* und *ApplikationBeobachter*, die die Klassen in der Anwendung darstellen. Die Klasse *ApplikationBeobachter* implementiert dabei die in der Oberklasse abstrakte Operation *aktualisieren()*. In dieser Operation wird angegeben, was passieren soll, wenn sich der Zustand des beobachteten Subjekts verändert. Dazu muss das *Beobachter*-Objekt auf den Zustand des beobachteten Subjekts zugreifen – im Klassendiagramm durch die Operationen *getZustand()* und *setZustand()* angedeutet. Deshalb existiert eine gerichtete Assoziation zwischen *ApplikationBeobachter* und *ApplikationSubjekt*. Dabei ist die Tatsache, dass die Assoziation gerichtet ist, von wesentlicher Bedeutung. Die Folge ist, dass ein *ApplikationSubjekt*-Objekt seine *Beobachter*-Objekte nicht kennt und daher auch nicht in der Implementierung berücksichtigen muss. Das entkoppelt die

Abhängigkeiten zwischen den Klassen und verbessert wieder den Entwurf der Software.

Das dynamische Verhalten der Objekte in der Zusammenarbeit im Entwurfsmuster stellt man am besten in einem Kommunikationsdiagramm dar.

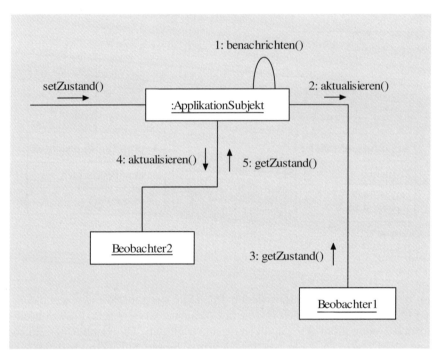

Abbildung 12.5. Dynamisches Verhalten des Beobachter-Musters als Kommunikationsdiagramm

Das *ApplikationSubjekt*-Objekt ändert seinen Zustand und ruft daraufhin die Operation *benachrichtigen()* in der Oberklasse *Subjekt* auf. In dieser Methode werden nacheinander *aktualisieren()*-Nachrichten an die registrierten Beobachter-Objekte gesendet. Jedes dieser Objekte informiert sich dann über andere Operationen über die eingetretene Änderung – hier angedeutet durch die Operation *getZustand()*.

Als Beispiel sollen die Klassen aus der Java Klassenbibliothek dienen, die das Beobachter-Muster in folgender Form implementieren. Die Klasse *Observable* und das Interface *Observer* sind im Package `java.util` bereits implementiert und können für eigene Entwicklungen benutzt werden.

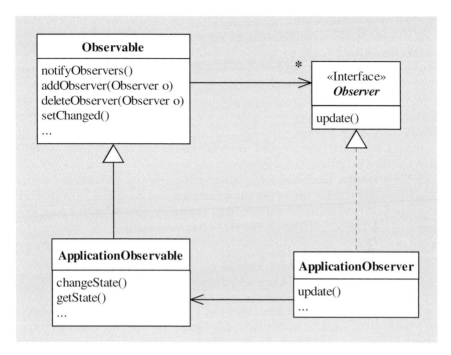

Abbildung 12.6. Das Beobachter-Muster in Java

Observer enthält nur eine einzige Operation:

```
public interface Beobachter
{
    void update(Observable o, Object arg);
}
```

Die Assoziation von *Observable* nach *Observer* wird vor dem Entwickler verborgen, die Assoziation von *ApplicationObserver* zu *ApplicationObservable* wird durch die Übergabe des Parameters *Observable* bei der Operation *update()* realisiert und ist damit eigentlich nur eine temporäre Verknüpfung.

Beurteilung

Der wesentliche Vorteil des Beobachter-Musters ist die abstrakte Kopplung zwischen den Subjekt-Klassen und den Beobachter-Klassen, die zur Folge hat, dass für die Implementierung der Subjekt-Klassen die Beobachter-Klassen keine Rolle spielen. Beobachter-Objekte melden sich bei Subjekt-Objekten an und ab, ohne dass die Subjekt-Objekte davon beeinflusst werden. Außerdem stellt das Entwurfsmuster die Kommunikationsmechanismen zur automatischen Nachrichtenverteilung zur Verfügung. Das Ergebnis ist eine flexible, erweiterbare Software-Struktur, da die Entwickler relativ leicht neue Klassen in die Beobachter-Struktur einhängen können.

Das Beobachter-Muster kann als Grundstruktur zur Umsetzung ereignisgesteuerter Systeme betrachtet werden. Ein Ereignis, das einen Objektzustand verändert hat, löst eine Folge von Nachrichten aus, auf die wieder andere Teile der Software reagieren. Die passende Software-Struktur und der Benachrichtigungsmechanismus können nach dem Schema des Beobachter-Musters aufgebaut werden.

Beim Beobachter-Muster wird nicht gemeldet, welche Attribute des Subjekts verändert wurden. Deshalb müssen die Veränderungen durch Operationen erfragt werden. Das bedeutet, verglichen mit einer spezialisierten Lösung, Effizienzverlust. Dieses Verhalten kann vor allem bei komplexen Beobachter-Objekten mit beispielsweise aufwändigen grafischen Darstellungen zum Problem werden. Dann muss der Beobachter-Mechanismus optimiert werden (siehe [9]).

12.3.1 Die Model-View-Controller Architektur

Entwurfsmuster können auf verschiedenen Detailebenen der Software eingesetzt werden. Wir haben bisher Beispiele betrachtet, die das Zusammenspiel mehrerer Klassen im Entwurfs- oder Implementierungs-Klassendiagramm charakterisiert haben. Entwurfsmuster können aber auch benutzt werden, um die grundlegenden Subsysteme der Software zu strukturieren oder auch nur um eine spezielle Methode zu realisieren.

Ein Muster für die Architektur von interaktiven Softwaresystemen ist das Model-View-Controller Muster. Dabei wird die Funktionalität der Anwendung von der Benutzeroberfläche getrennt. Die Kernanwendung (engl. model) ist eine Menge von Objekten, die prinzipiell unabhängig von der Benutzeroberfläche existieren können. Die Benutzeroberfläche (engl. view) wird in einzelne Teile zerlegt, die unabhängig voneinander entwickelt werden und jeweils Objekten der Kernanwendung zugeordnet werden. Die Benutzereingaben werden vom Controller entgegengenommen, der dann entweder Model-Objekte verändert oder View-Objekte anzeigt und die Anzeigefenster verändert.

Generell verwirklicht dieses Muster die Möglichkeit, ein Modell durch verschiedene Sichten darzustellen und über verschiedene Ansatzpunkte zu manipulieren.

In modernen grafischen Benutzeroberflächen sind die View- und Controller-Teile nur mit unnötigem Aufwand unabhängig (und damit austauschbar) getrennt voneinander zu entwickeln. Der Grund dafür ist, dass Oberflächenobjekte wie Textfelder sowohl Daten anzeigen, als auch bereits die Manipulation dieser Daten und die Anzeige der veränderten Daten in einer einzigen Komponente vornehmen. Deshalb ist eine Variante der Model-View-Controller Architektur entstanden, die man Document-View-Architektur [4] oder manchmal auch Model-View-Layering nennt. In diesem Fall übernimmt der View auch die Aufgaben des Controllers.

Bei der Entwicklung einer Adressenverwaltung würden beispielsweise die Adressen die Objekte des Models darstellen. Sie beschreiben die relevante Information. Die View-Objekte wären die Teile der Benutzeroberfläche, die Adressen oder Teile davon darstellen. Eine solche Sicht könnte ein Adresseditor sein, der in einem Fenster die einzelnen Felder der Adresse anzeigen und bearbeiten kann. Ein zweites View-Objekt könnte eine Liste der Nachnamen sein.

Die Anwendung des Musters bringt aber ein neues Problem: Die Konsistenz zwischen den Objekten des Models und den Objekten der Benutzeroberfläche muss gewahrt werden. In unserem Beispiel heißt das, dass die Adressenliste aktualisiert werden muss, sobald der Nachname eines Adressenobjektes in einem anderen Fenster verändert wird. Dazu bietet sich das in diesem Kapitel beschriebene Beobachter-Muster an. Die Model-Objekte werden von View-Objekten beobachtet. Ändert ein View-Objekt den Zustand eines Model-Objekts, so werden alle View-Objekte, die das Model-Objekt beobachten, benachrichtigt. Wenn man die Document-View-Architektur als Grundmuster für einen Software-Entwurf benutzt, kann man so vorgehen, dass man die Klassen der Software zwei grundlegenden Paketen zuordnet, dem Model-Layer und dem View-Layer, und die Kopplung dieser Pakete mittels des Beobachter-Musters realisiert.

12.4 Das Adapter-Muster

Wir wollen nun ein Muster betrachten, das Software-Entwürfe besonders flexibel machen kann.

Name:	Adapter
Alias:	wrapper
Problem:	Klassen sollen zusammenarbeiten, deren Schnittstellen nicht zusammenpassen.
Sinn:	Passe die Schnittstelle einer Klasse an die Schnittstelle einer anderen Klasse an.

Beschreibung und Beispiel

Der Adapter besteht aus drei Klassen. Die Klasse *Soll* (engl. target) repräsentiert die Schnittstelle zu einem Teil der Software, der durch *Klient* angedeutet ist. An diesen Softwareteil soll die Klasse *Ist* (engl. adaptee) angebunden werden, um die Funktionalität dieser Klasse zu nutzen. Diese Anbindung erfolgt durch die Klasse *Adapter*.

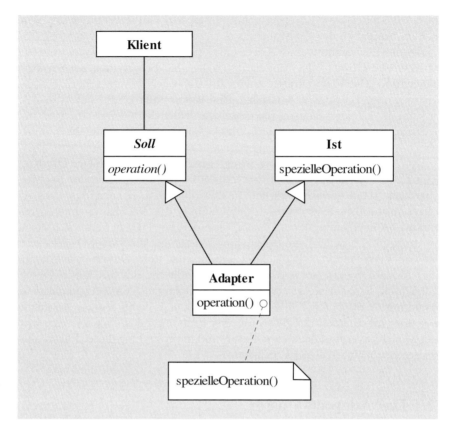

Abbildung 12.7. Die Struktur des Adapter-Musters als Klassendiagramm

Dabei kann *Ist* auch für einen ganzen Teil der Software stehen, da diese Klasse mittels Assoziationen und Vererbungsbeziehungen eng mit anderen Klassen verbunden sein kann.

Der Adapter stellt einen der sinnvollen Anwendungsfälle für die Mehrfachvererbung dar. In Java zeigt das Adapter-Muster eine wichtige Einsatzmöglichkeit von Interfaces. Ein Teil der Software (*Klient*) erwartet eine spezielle Schnittstelle, die als Java Interface *Soll* definiert ist. Die Funktionalität, die der *Klient* benötigt, ist in der Klasse *Ist* implementiert, deren Schnittstelle aber andersartig ist. Die Klasse *Adapter* verbindet unterschiedliche Teile der Software.

```
class Adapter implements Soll extends Ist  {
   public void operation(...)
   {
      spezielleOperation();
   }
}
```

Adapter ist eine Unterklasse von *Ist* und erbt so die Implementierung der benötigten Funktionalität, hier angedeutet durch die Methode *spezielle-Operation()*. Außerdem realisiert die Klasse das erwünschte Java Interface *Soll*.

Beim Java System ist es oft so, dass Klassenbibliotheken des Java Systems die Rolle des Klienten mit der Schnittstelle *Soll* übernehmen. Die entwickelte Java Software übernimmt dann die Rolle der *Ist*-Klasse und wird über einen Adapter mit den Java Systemklassen verbunden.

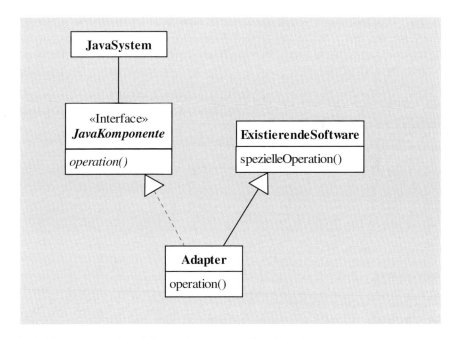

Abbildung 12.8. Das Adapter-Muster mit Java Interface

Nehmen wir als Beispiel einmal an, dass wir einen Taschenrechner, der uns in Form einer Klasse vorliegt, mit einer völlig unabhängigen Applet-Benutzeroberfläche versehen wollen. Die Taschenrechner-Klasse hat in ihrer Schnittstelle folgende Methode:

```
class Taschenrechner  {
  // ...
  public void taste(char c) {
    // Benutzer hat Taste mit char c betaetigt
  }
}
```

Nehmen wir weiter an, dass wir eine kleine Benutzeroberfläche erstellt haben, die jetzt die Tasten des Taschenrechners in Form von Knöpfen enthält. Jede dieser Tasten löst im Java System ein Ereignis aus.

```
public interface ActionListener extends EventListener  {
  public void actionPerformed(ActionEvent e);
}
```

Der Adapter *TaschenrechnerGUI* verbindet nun die Teile der Software. Er realisiert das Interface der entsprechenden Java Klassenbibliothek und erbt unsere frei definierte Schnittstelle von *Taschenrechner*. Die Methode des Interfaces wird so implemeniert, dass die Klassenschnittstelle unseres Taschenrechners bedient wird.

```
class TaschenrechnerGUI implements ActionListener
                        extends Taschenrechner  {
  actionPerformed(ActionEvent e) {
    if (e.getSource() == KEY_1)
      taste('1');
    // ...
  }
}
```

Beurteilung

Das Adapter-Muster erlaubt den Entwurf von besonders flexibler Software. Dabei kann der Adapter nicht nur eingesetzt werden, um bereits existierende Klassen miteinander zu verbinden, sondern auch, um die Erweiterung von Software durch noch unbekannte Klassen bereits im Entwurf vorzusehen. Das Adapter-Muster verbessert so die Wiederverwendbarkeit von Softwareteilen durch die Gestaltung der Schnittstellen.

12.5 Das Kommando-Prozessor-Muster

Moderne Benutzeroberflächen bieten vielfältige Möglichkeiten, Kommandos auszulösen. Der Benutzer kann Kommandos auslösen durch

- Auswahl in verschiedenen hierarchischen Menus
- Auswahl in kontextbezogenen Popup-Menus
- Tastenkombinationen (engl. Hot Keys)
- Makros und Skriptsprachen

Dazu kommt als Anforderung an die Benutzeroberfläche, dass jedes Kommando wieder rückgängig gemacht werden kann. Deshalb hat man schon frühzeitig begonnen, Kommandos in Objekte zu packen [16] um eine einheitliche Implementierung zu unterstützen. In der Mustersammlung [9] findet man dieses Vorgehen als Entwurfsmuster *Kommando*, das in [4] zu dem hier vorgestellten Kommando-Prozessor-Muster weiterentwickelt wurde.

Name:	Kommando-Prozessor
Alias:	Befehl, command
Problem:	Interaktive Kommandos sollen einheitlich implementiert werden.
Sinn:	Flexible Kommandostruktur

Beschreibung und Beispiel

Für jedes Kommando einer Applikation wird eine Befehlsklasse erstellt. Soll ein Befehl ausgeführt werden, wird ein Befehlsobjekt erzeugt und das Objekt arbeitet das Kommando ab.

Alle Befehlsklassen werden mit der gleichen Schnittstelle versehen. Diese Schnittstelle umfasst üblicherweise eine Operation zum Ausführen des Befehls und eine Operation zum Zurücknehmen (engl. undo) des Befehls.

Die Klasse *Kommando* repräsentiert die einheitliche Befehlsklasse, die die abstrakte Oberklasse für alle Befehlsklassen darstellt. Jedes Kommando, das der Benutzer bei einer Anwendung auslösen kann, wird von dieser Oberklasse abgeleitet und implementiert deren abstrakte Methoden. Zur Ausführung des Kommandos benutzt das Befehlsobjekt beliebige Objekte der Applikation, die in Abbildung 12.9 nur angedeutet wurden. Außerdem braucht jedes Befehlsobjekt Attribute zur Speicherung der Angaben, die das Objekt zum Zurücksetzen eines Befehls braucht.

Der *Kontroller* nimmt die Benutzereingaben entgegen und erzeugt ein Befehlsobjekt, das dem *Kommandoprozessor* zur weiteren Verarbeitung übergeben wird. In den meisten Applikationen existiert die Klasse *Kontroller* nicht, weil diese Aufgabe Teil von anderen Klassen ist, die dann diese Rolle mit übernehmen. Diese Situation ist typisch für den Einsatz von Entwurfsmustern. Ein Klasse aus der Musteridee muß nicht zwangsläufig eine Klasse in

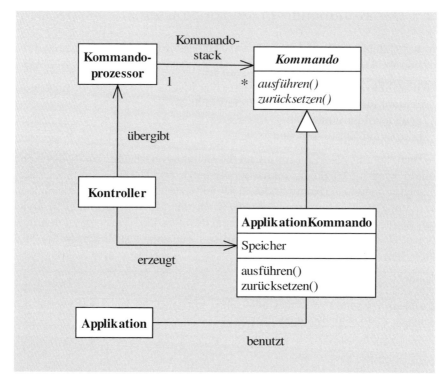

Abbildung 12.9. Die Grundstruktur des Kommando-Prozessor-Musters

der Anwendung werden. Sie repräsentiert lediglich die Rolle, die eine Klasse in einem Entwurfsmuster übernimmt.

Die Aufgabe des Kommandoprozessors ist die Verwaltung der einzelnen Befehlsobjekte. Der Kommandoprozessor führt die Kommandos aus und benutzt einen Stack um die letzten Befehle für die Zurücksetzung zu speichern – hier dargestellt als Assoziation *Kommandostack*.

Beurteilung

Das Kommando-Prozessor-Muster erlaubt die flexible und klar strukturierte Entwicklung interaktiver Anwendungen. Daher ist es für Java Anwendungen mit grafischer Benutzeroberfläche hervorragend geeignet.

Es ist in Kombination mit dem Model-View-Prinzip (siehe 12.3.1) möglich, die Anwendung von der Benutzeroberfläche sauber zu trennen. In diesem Fall ist der Kommando-Prozessor für die Verwaltung der Funktionalität zuständig. Da Kommandos als eigenständige Klassen entwickelt werden, ist es möglich, Hierarchien von Kommandos zu bilden und gleichartige Kommandos in Oberklassen zusammenzufassen.

Entwirft man eine solche Applikation mit Hilfe von Use-Cases, kann man aus jedem Use-Case eine Befehlsklasse ableiten. In diesem Fall ist sogar eine direkte Abbildung der Use-Cases in Klassen möglich. Das systematische Testen dieser Anwendungen – sonst ein Problem bei interaktiven Anwendungen – ist besonders leicht zu bewerkstelligen, da man für einen Testfall einfach nur Kommando-Objekte erzeugt und ausführt.

12.6 Das Status-Muster

Als weiteres Beispiel wollen wir mit dem Status-Muster ein etwas komplexeres Entwurfsmuster kennenlernen. Dieses Muster eignet sich besonders gut für die Implementierung von Klassen, deren dynamische Zustandswechsel mit Hilfe von Zustandsdiagrammen spezifiziert wurden.

Bei der Entwicklung von Methoden einer Klasse stößt man oft auf das Problem, dass einzelne Methoden abhängig vom Zustand des Objektes sind. Das bedeutet zum Bespiel, dass das Verhalten einer Methode von dem Wert eines Attributes abhängt.

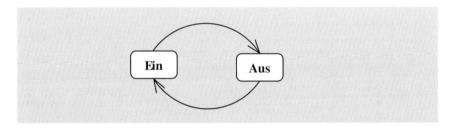

Abbildung 12.10. Beispiel Zustandsdiagramm

```
public class Bsp  {
    private int x;

    public void methode1()
    {
        if (x == 0) { /* Aus, d.h. Variante 1 */ }
        else { /* Ein, d.h. Variante 2 */ }
    }
}
```

Offensichtlich hängt das Verhalten der Methode *methode1()* vom Wert der Variablen *x* ab und hat zwei zustandsabhängige Varianten. Oft haben mehrere Methoden einer Klasse die gleichen Fallunterscheidungen um Varianten ihres Verhaltens zu definieren.

Name:	Status
Alias:	Zustand, state
Problem:	Das Verhalten eines Objekts soll sich abhängig von seinem internen Zustand ändern.
Sinn:	Wartbarer objektorientierter Code statt komplexe Fallunterscheidungen in den Methoden

Beschreibung und Beispiel

Das Problem, dass ein Objekt sein Verhalten in Abhängigkeit von seinem internen Zustand ändert, wird beim Status-Muster durch einen Verbund mehrerer Klassen gelöst.

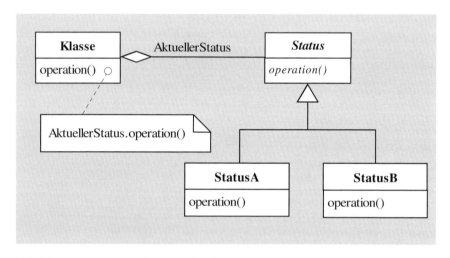

Abbildung 12.11. Die Struktur des Status-Musters als Klassendiagramm

Wie in Abbildung 12.11 angedeutet, delegiert die statusabhängige Klasse alle zustandsspezifischen Operationen an ein Zustandsobjekt, in diesem Fall *AktuellerStatus*. Dieses Statusobjekt ist eine Instanz einer Unterklasse der Klasse *Status*. Die Klasse *Status* definiert lediglich die Schnittstelle für alle delegierten Operationen, im obigen Diagramm angedeutet durch *operation()*. Für jeden Zustand von *Klasse* wird jetzt eine konkrete Zustandsklasse von *Status* abgeleitet.

Auch dieses Entwurfsmuster wollen wir durch ein Java Beispiel illustrieren und einen Stack modellieren. Wie allgemein üblich, ist ein Stack eine LIFO-Liste mit zwei Operationen:

- Die push-Operation nimmt ein neues Element als oberstes Element in den Stack.

- Die pop-Operation liefert das oberste Element zurück und entfernt es vom Stack.

Die Anzahl der Speicherplätze im Stack ist begrenzt.

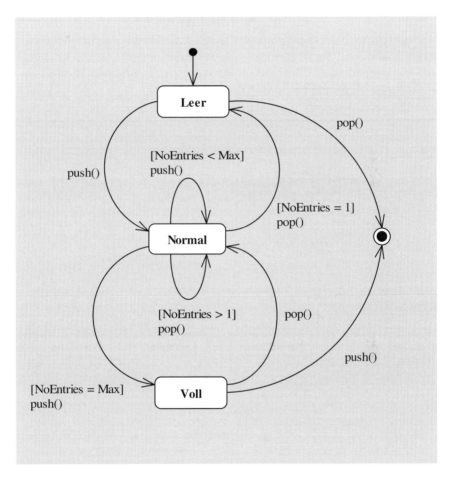

Abbildung 12.12. Spezifikation des Verhaltens eines Stacks mit einem Zustandsdiagramm

Das UML-Zustandsmodell in Abbildung 12.12 zeigt, dass der Stack drei Zustände hat:

- Zum Beginn ist der Stack im Zustand *Leer*, d.h. er enthält noch kein Element und daher ist die Ausführung einer *pop()*-Operation in diesem Zustand ein Fehler.

- Nach der Ausführung einer push()-Operation geht der Stack in einen Normalzustand über (*Normal*). In diesem Zustand werden die Operationen *push*() und *pop*() wie üblich ausgeführt.
- Wenn der Stack voll ist, d.h. der letzte freie Platz im Stack belegt wird, geht der Stack in den Zustand *Voll* über. In diesem Zustand stellt die Ausführung einer *push*()-Operation einen Fehler dar.

Dieses Zustandsmodell für die Klasse Stack wollen wir nun in ein Klassenmodell übertragen. Dabei werden – wie beschrieben – alle zustandsabhängigen Operationen an ein Zustandsobjekt delegiert. In unserem Beispiel sind die Operationen *push*() und *pop*() zustandsabhängig.

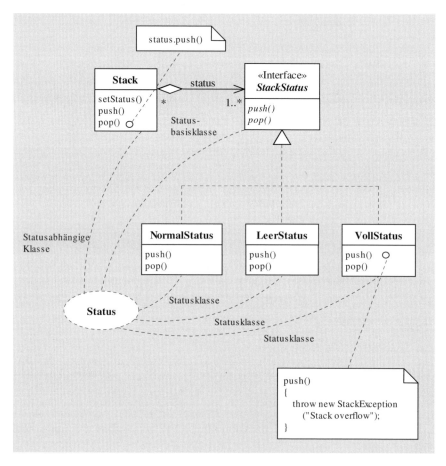

Abbildung 12.13. Entwurf des Stacks als Klassendiagramm

Für die drei Zustände unseres Stacks wird jeweils eine Klasse angelegt. Diese Klassen realisieren alle das Interface *StackStatus*, in dem die Schnittstelle der Zustandsklassen festgelegt wird. Die Schnittstelle umfaßt dabei alle zustandsabhängigen Operationen der Klasse *Stack*.

Wie die Codefragmente in den Kommentaren des Diagramms zeigen, wird die push()-Operation der Klasse Stack an das Zustandsobjekt delegiert. Falls der Stack im Zustand *Voll* ist, wird z.B. eine Fehlerbehandlung ausgeführt.

Das Entwurfsmuster *Status* bietet aber weitere Möglichkeiten zustands- modellierte Software noch eleganter umzusetzen. Bei der Implementierung des UML-Modells von Abbildung 12.13 würde auffallen, dass sich z.B. die Methode *push()* der Klasse *LeerStatus* und die Methode *push()* der Klasse *NormalStatus* fast nicht unterscheiden. In ersten Fall kommt lediglich der Zu- standsübergang hinzu. Als Konsequenz daraus soll versucht werden, gemein- samen Code von Zustandsklassen in Oberklassen zusammenzufassen. Das Resultat ist eine Hierarchie von Zustandsklassen, wie Abbildung 12.14 zeigt.

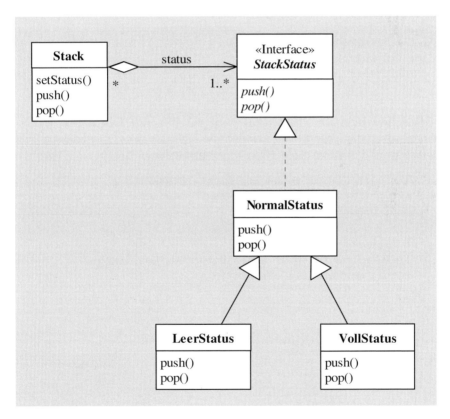

Abbildung 12.14. UML-Klassenmodell des Stacks mit Hierarchie von Zustands- klassen

Wir wollen uns nun die Java Implementierung exemplarisch ansehen.

```
public class Stack {
  StackStatus status;
  Object content[] = new Object[10];
  int elements = 0;
  int size = 10;
  public void push(Object o)     { status.push(this,o); }
  public Object pop ()           { return status.pop(this); }
  void setStatus(StackStatus t)  { status = t; }
  public Stack                   { status = new EmptyStack();}
  ...
}
```

Die Klasse *Stack* definiert ein Feld mit 10 Elementen, das als Stack verwaltet werden soll. Die dazu notwendigen Operationen werden an Zustandsobjekte (Attribut *status*) delegiert.

```
public interface StackStatus {
  public Object pop (Stack s);
  public void push(Stack s, Object o);
}
```

Das Java Interface *StackStatus* stellt die abstrakte Oberklasse der Zustandsklassen dar. Wir wollen uns nun die Methode *pop*() der Klassen *NormalStatus* und *VollStatus* als Beispiel herausgreifen.

```
public class NormalStatus implements StackStatus
{
  public Object pop(Stack s)
  {
    s.elements--;
    if (s.elements == 0) s.setStatus(new LeerStatus());
    return s.content[s.elements];
  }
}

public class VollStatus extends NormalStatus
{
  public Object pop(Stack s)
  {
    s.setStatus(new NormalStatus());  //  Zustand wechseln
    return super.pop(s);              //  sonst wie
                                      //  Superklasse verhalten
  }
}
```

Beurteilung

Das Status-Muster fasst zustandsspezifisches Verhalten einer Klasse in anderen Klassen zusammen. Dadurch wird der Quellcode wartungsfreundlicher, weil Fallunterscheidungen mit `if`/`switch`-Anweisungen entfallen. Außerdem können gleichartige Fallunterscheidungen in mehreren Methoden zusammengefasst werden. Auch beim Aufbau solcher Fallunterscheidungen können sich leicht Inkonsistenzen einschleichen, wenn das Verhalten einer Methode von den Werten mehrerer Attribute abhängt. Beim Status-Muster ist der Zustand einer Klasse jeweils explizit bestimmt durch die Zuweisung eines Zustandsobjekts. Alle Zustandsübergänge finden ebenfalls explizit statt, d.h. es ist nicht möglich, dass der Zustand eines Objekts in einer Methode anders interpretiert wird als in einer anderen Methode.

Ein weiterer Vorteil des Zustand-Musters ist die modellnahe Implementation von Zustandsdiagrammen. Man kann Zustandsdiagramme auch auf andere Art und Weise in Code umsetzen (z.B. Tabellen erzeugen und abarbeiten), aber beim Zustand-Muster spiegelt sich das zugrundeliegende Modell besonders gut im Code wider. Man kann neues Verhalten einfach durch das Hinzufügen oder Ableiten neuer Zustandsklassen einbringen.

Als Nachteil steht dem gegenüber, dass man eigentlich objektorientierte Konzepte verletzt. Die Idee, das zustandsabhängige Verhalten aus einer Klasse herauszulösen und in neue Klassen zu verpacken, steht im Gegensatz zum Kapselungsprinzip. Dies wird auch im Beispiel deutlich, da die Zustandsklassen eine sehr enge Kopplung mit der Klasse *Stack* haben.

Trotzdem stellt das Status-Muster eine hervorragende Möglichkeit zur Umsetzung von Zustandsdiagrammen in Code dar.

12.7 Der Asynchrone Methodenaufruf

Bisher haben wir Entwurfsmuster kennengelernt, die sich vor allem auf die statische Struktur des Entwurfs und damit auf das Klassendiagramm bezogen haben. Aber auch das Verhalten der Objekte, verdeutlicht durch Kommunikationsdiagramme spielte eine Rolle. Wir wollen jetzt noch ein Entwurfsmuster kennenlernen, bei dem das dynamische Modell noch stärker im Vordergrund steht.

Beschreibung und Beispiel

Java hat die Implementierung von Client/Server-Systemen erheblich erleichtert. Bei dem Entwurf von Server-Software spielen parallel ablaufende Threads eine große Rolle. Eine Server-Applikation nimmt Anfragen von Clients entgegen, erstellt eine Antwort und sendet die Antwort zurück. Das Entgegennehmen von Client-Anfragen und die Bearbeitung muss in verschiedenen Threads erfolgen, da sonst während der Bearbeitung keine weiteren

Anfragen akzeptiert werden können. In Java können relativ leicht Objekte mit einem eigenen Thread zur Ausführung von Code erzeugt werden. Solche Objekte nennt man auch *aktive Objekte*, da in einem System mehrere solcher Objekte (quasi-)gleichzeitig Code ausführen können. Wenn nun mehrere solcher Objekte aktiv sind, muss sich der Entwickler Gedanken darüber machen, wie diese Objekte sinnvoll zusammenarbeiten können.

Es gibt spezielle Entwurfsmuster für Programme, die mehrere aktive Objekte enthalten. In [14] findet man eine Sammlung solcher Muster.

Als Beispiel wollen wir eine kleine Java Server-Applikation modellieren. Dabei ist – wie oben erwähnt – besonders wichtig, dass die Entgegennahme und Bearbeitung von Anfragen in voneinander unabhängigen Threads erfolgt. Dazu wollen wir das Entwurfsmuster *Asynchroner Methodenaufruf* einsetzen.

Name:	Asynchroner Methodenaufruf
Alias:	asynchronous invocation
Problem:	Zwei Methoden werden parallel abgearbeitet.
Sinn:	Der Aufrufer einer Methode wartet nicht auf das Ende der gerufenen Methode.

Wir wollen uns die Idee des Musters anhand eines Sequenzdiagramms ansehen.

Wie man in Abbildung 12.15 sieht, erzeugt das Server-Objekt ein Helper-Objekt. Die beiden Objekte arbeiten eine Zeit lang parallel. Dann zerstört sich das Hilfsobjekt selbst und synchronisiert sich mit dem Server-Objekt. Vor bzw. nach diesem Vorgang kann das Server-Objekt Operationen zur Vorbereitung bzw. zum Postprocessing durchführen. In unserem Beispiel muss der Server z.B. vorher eine Anfrage eines Clients entgegennehmen.

In Java werden Klassen, deren Objekte einen eigenen Thread erhalten sollen, von der Klasse *Thread* abgeleitet. Die *Server*-Klasse nimmt Socket-Verbindungen zu einem Client entgegen und erzeugt *Service*-Objekte. In diesen Service-Objekten wird die eigentliche Dienstleistung durchgeführt und die Antwort auf die Anfrage zurückgeschickt. Der Entwurf eines Servers in Java hat damit die Grundstruktur, die in Klassendiagramm 12.16 dargestellt ist. Abbildung 12.17 zeigt die Annahme eines Auftrages.

Beurteilung

Der asynchrone Methodenaufruf ist ein Grundmuster der objektorientierten Programmierung mit aktiven Objekten. Es wird immer zur Behandlung asynchroner Abläufe in Systemen benutzt. Ein Reihe von Entwurfsmustern für aktive Objekte baut auf diesem Muster auf.

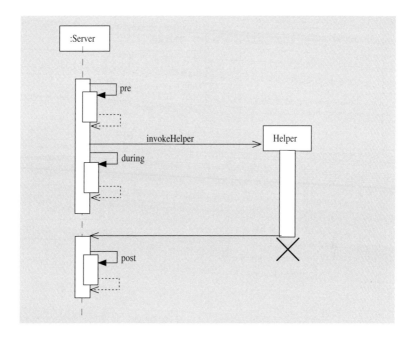

Abbildung 12.15. Das Entwurfsmuster *Asynchroner Methodenaufruf als Sequenzdiagramm*

12.8 Software-Entwurf mit Entwurfsmustern

Entwurfsmuster katalogisieren Ideen zur Lösung von Detailproblemen des Software-Entwurfs. Damit fördern sie die Wiederverwendung von Software über die Ebene des Quellcodes hinaus und können deshalb durchaus als Schlüssel zur Verbesserung der Software-Entwicklung angesehen werden. Die Qualität eines Software-Entwurfs wird mit Entwurfsmustern durch unterschiedliche Aspekte erheblich verbessert.

- Entwurfsmuster ermöglichen die Wiederverwendung von Entwurfsideen.
  Entwickler können Teile existierender Lösungen aufgreifen und in ihrem Software-Entwurf wiederverwenden. Dabei werden in den Entwurfsmustern objektorientierte Konzepte wie Vererbung eingesetzt. So demonstrieren Entwurfsmuster wie der Adapter den richtigen Einsatz dieser Konzepte. Die Qualität des Entwurfs wird andererseits auch verbessert, weil mit Mustern auf bereits erprobte und bewährte Lösungen zurückgegriffen wird. So bieten Entwurfsmuster Entwicklern, die noch nicht so viel Erfahrung im Software-Entwurf haben, die Möglichkeit direkt von den Lösungsideen anderer Entwickler zu profitieren.

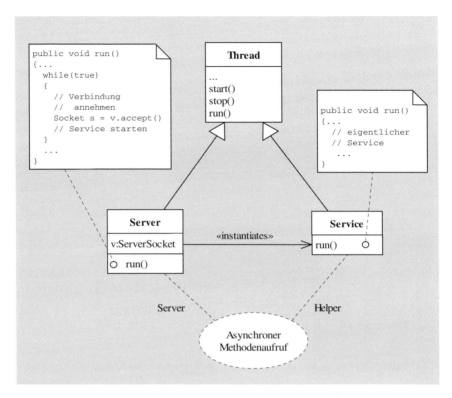

Abbildung 12.16. Klassendiagramm eines Servers in Java

- Entwurfsmuster machen den Entwurf einfacher und verständlicher.
  In Entwurfsmustern werden Lösungen bevorzugt, die sich durch einfache
  Schnittstellen und meist zweistufige Vererbungshierarchien auszeichnen.
  Solche Klassenstrukturen sind überschaubar und verständlich.
- Muster vereinheitlichen den Software-Entwurf.
  Entwurfsmuster beschreiben und katalogisieren Lösungsideen. Ein wichtiger Aspekt ist dabei, dass die Lösungsideen einheitliche Namen bekommen.
  So wird ein Vokabular definiert, das den Entwicklern die Diskussion über
  Entwürfe erlaubt. Wenn man ein Entwurfsmuster im Software-Entwurf dokumentiert hat, kann man allein durch die Angabe seines Namens und der
  beteiligten Klassen das Zusammenspiel und die Bedeutung dieser Klassen für den Entwurf erklären. So bieten Entwurfsmuster die Möglichkeit,
  die Zusammenarbeit mehrerer Klassen in einem UML-Entwurf mit einem
  einzigen Wort zu beschreiben. Deshalb ist es auch wichtig, die Muster
  mit den Ausdrucksmöglichkeiten von UML zu kennzeichnen, um diese Zusammenhänge anhand des UML-Modells später wieder nachvollziehen zu
  können.

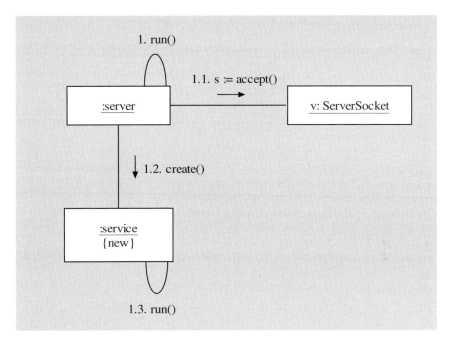

Abbildung 12.17. Kommunikationsdiagramm des Java Servers

• Die Lösungen zeichnen sich durch hohe Flexibilität und leichte Erweiterbarkeit aus.
Das wesentliche Ziel von Entwurfsmustern ist, Aufgaben so auf verschiedene Klassen zu verteilen, dass diese Klassen nur über sehr schmale Schnittstellen miteinander verknüpft sind. Meist werden Klassen dann über abstrakte Oberklassen verbunden, so dass die Lösung einfach durch Ableiten von neuen Unterklassen erweitert werden kann.

Zusammenfassend kann man feststellen, dass Entwurfsmuster die Qualität der Software in Aspekten konstruktiv verbessern, die bisher nur unzureichend berücksichtigt werden konnten. Entwurfsmuster zielen besonders auf die nicht-funktionalen Eigenschaften der Software wie Wartbarkeit, Zuverlässigkeit und Wiederverwendbarkeit.

Kapitel 13

Fallstudie: Eine Tabellenkalkulation

*Wir wollen in diesem Kapitel die Entwicklung einer Applikation beispiel-
haft von der ersten Anforderungsdefinition bis zum fertigen Software-Produkt
durchführen und dabei die verschiedenen Beschreibungstechniken der UML
anwenden. Wir folgen dabei der in Kapitel 10 festgelegten Vorgehensweise,
verwenden auch Entwurfsmuster und binden existierende Java Klassenbibliotheken ein.*

- Konkreter Software-Entwurfsprozess
- Java Benutzeroberfläche
- Iteratives Entwickeln der Klassen
- Kopplung von Subsystemen
- Einsatz von Entwurfsmustern
- Entwurfsdokumentation

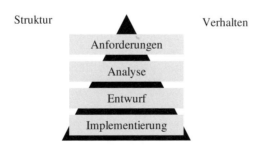

13.1 Einführung

13.1.1 Tabellenkalkulation

Tabellenkalkulationsprogramme sind weit verbreitet und zur Bewältigung unterschiedlichster Aufgaben geeignet. Die Palette reicht von einfachen Programmen aus dem Public-Domain Bereich bis zu Produkten, die sogar spezielle Software-Lösungen ersetzen können.

	A	B	C
1			
2		1,00	
3		2,30	
4		=B2 + B3	

Abbildung 13.1. Prinzip einer Tabellenkalkulation

Dabei ist das Prinzip immer gleich: Der Benutzer trägt Zahlen und Formeln für Berechnungen in Zellen einer Tabelle ein. In Formeln werden die Werte anderer Zellen der Tabelle durch Adressen ersetzt. Die Spalten werden dabei mit Buchstaben, die Zeilen mit Ziffern bezeichnet. Zum Beispiel verweist die Adresse B1 auf die Zelle in der zweiten Spalte und der ersten Zeile. Wenn man die Formel " =B2 + B3 " in eine Zelle einträgt, werden die entsprechenden Felder addiert. Wenn neue Werte in die Tabelle eingetragen werden, errechnet das Programm selbständig die neuen Ergebnisse. Außer Formeln und Zahlen können auch beliebige Texte, Datumsangaben, Preise und dergleichen mehr in die Tabelle eingetragen werden. Dieses Grundprinzip liegt allen Tabellenkalkulationsprogrammen zugrunde – moderne Tabellenkalkulationen lassen kaum mehr Wünsche offen und enthalten Features wie grafische Ausgaben und Makrosprachen zur Programmierung.

13.1.2 Entwicklungsvorgehen

Wir wollen eine kleine Tabellenkalkulation als Applet entwickeln. Ein Applet ist eine kleine Software-Applikation, die z.B. in WWW-Browsern wie dem Internet-Explorer und Netscape, aber auch direkt mit dem Applet-Viewer des Java Entwicklungssystems JDK ausgeführt werden kann. [1]

---

[1] Die beiliegende CD-ROM enthält alle UML-Diagramme und den Quellcode der Tabellenkalkulation als HTML-Dateien. Außerdem kann die Applikation selbst direkt von der CD-ROM aus mit einem WWW-Browser oder dem Appletviewer (ebenfalls auf der CD-ROM) ausgeführt werden.

Beim Entwurf der Tabellenkalkulation werden wir mit der Anforderungs-definition beginnen und die vollständige Entwicklung bis zu konkreten Imple-mentierungsentscheidungen beschreiben. Im Einzelnen folgen wir dem Ent-wurfsprozess, der in Kapitel 10 beschrieben ist.

1. Wir erfassen mit Use-Cases die Funktionalität der Tabellenkalkulation (siehe auch Kap. 2)
2. Szenarien für ausgewählte Fälle werden mit Aktivitätsdiagrammen dar-gestellt. (s.a. Kap. 3)
3. Daraus finden wir die wichtigen Objekte und deren Verantwortung.
4. Eine Aufteilung in drei Hauptkomponenten (Subsysteme, Analyse-Ob-jekte) bietet sich frühzeitig an. Wir erstellen je ein Klassendiagramm als Domänenmodell (s.a. Kap. 4).
5. Daran schließen sich Gedanken zur grundsätzlichen Software-Architektur an.
6. Wir verfeinern diese Klassendiagramme und setzen dabei u.a. Entwurfs-muster ein (s.a. Kap. 12). Dabei gehen wir in jedem Subsystem einzeln die Analyse- und Entwurfsschritte durch.
7. Wichtige Kooperationen von Objekten analysieren wir mit Hilfe von Kommunikationsdiagrammen (s.a. Kap. 6).
8. Wir beschreiben die Kopplung der Subsysteme untereinander und ihre Einbettung in das Java System.
9. Wir codieren die Klassendiagramme als Java Klassendefinitionen (s.a. Kap. 11).
10. Andererseits dokumentieren wir die verwendeten Java Pakete mit Klas-sendiagrammen.
11. Wir implementieren den Rest der Applikation auf der Basis der Kommu-nikationsdiagramme.

Bei der Software-Entwicklung in einem konkreten Umfeld muss man be-reits existierende Software, vor allem Klassenbibliotheken, mit in den Entwurf einbeziehen. Dieser Umstand ist typisch für die Aufgabenstellung in der Pra-xis und soll hier ebenfalls berücksichtigt werden. Wir müssen unser Applet in das Java System integrieren und zum Beispiel für unsere Benutzeroberfläche Oberflächen-Objekte von Java benutzen. Dazu müssen wir im Entwurf unse-rer Software zeigen, wie neu entwickelte Klassen mit den Klassenbibliotheken zusammenarbeiten.

Die Diagramme bauen aufeinander auf. In einem Kommentar (Notizblock) tragen wir die genaue Referenz der Diagramme ein, die diesem Diagramm zugrunde liegen. Aufgrund dieser Information kann die Entwicklung eines Diagramms aus anderen Diagrammen präzise nachvollzogen werden.

13.2 Anforderungsermittlung

Der Benutzer unserer Tabellenkalkulation will Tabellen anlegen, Zahlenwerte
oder Texte eingeben, mit Formeln arbeiten und den Inhalt von Zellen wieder
verändern. Eigenschaften von Zellen wie Ausrichtung oder das Ausgabeformat können beeinflusst werden. Darüber hinaus soll unsere Tabellenkalkulation über eine moderne Benutzeroberfläche mit Popup-Menu, Cut-And-Paste-
Mechanismen und Undo-Mechanismus verfügen. Diese Anforderungen sind
typisch für grafische Benutzeroberflächen und wir zeigen in unserer Software,
wie man solche Anforderungen mit Hilfe von Entwurfsmustern realisiert.

Einige wünschenswerte Operationen wie Tabellen drucken und speichern
sind nicht möglich, da wir die Tabellenkalkulation als Applet entwickeln und
deshalb keine Zugriffe auf Drucker oder Dateisysteme vornehmen dürfen.

Wir umreißen die Funktionalität der Tabellenkalkulation zunächst mit
einem Use-Case Diagramm und einer Tabelle, in der die einzelnen Funktionalitäten kurz beschrieben sind.

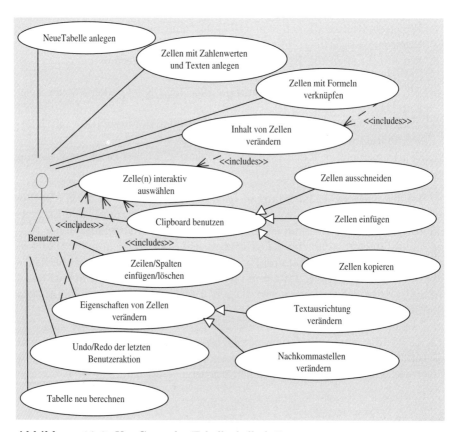

Abbildung 13.2. Use-Cases der Tabellenkalkulation

Man muss sich darüber im Klaren sein, dass Use-Case Diagramme im Wesentlichen zur Definition funktionaler Anforderungen dienen. Sie eignen sich hervorragend als roter Faden in Diskussionen der Konzeptphase. Man wird feststellen, dass sie meist den richtigen Umfang für Tafelanschriften oder Folien haben. Für jeden Fall werden ein oder mehrere Szenarien angegeben, aus denen auch die Beziehungen zwischen den Use-Cases hervorgehen. Den Abschluss der Anforderungsanalyse bildet eine tabellarische Übersicht über alle Use-Cases und deren Zusammenhänge.

Wie bereits in Kapitel 10 erwähnt, gehören zu den Use-Cases typische Szenarien. Wir wollen zur Darstellung der Szenarien Aktivitätsdiagramme verwenden, in die mit Schwimmbahnen die Verantwortungsbereiche der Objekte eingezeichnet werden.

Die ersten Objekte findet man oft schon durch die Formulierung des Anwendungsfalles, *Tabelle anlegen* zeigt beispielsweise bereits, dass es ein Objekt Tabelle geben muss. Ebenso kann man den Use-Cases entnehmen, dass die Tabellenkalkulation mit Objekten wie Zelle und Clipboard arbeitet.

Wir wollen nun einige wichtige Aktivitätsdiagramme für unsere Use-Cases angeben.

13.2.1 Szenarien in Form von Aktivitätsdiagrammen

Wir versuchen schon jetzt die grundlegenden Subsysteme zu finden, indem wir Verantwortungsbereiche in den Aktivitätsdiagrammen abgrenzen. Aus der bisherigen Beschreibung der Anforderungen geht hervor, dass es mindestens die Objekte oder Verantwortungsbereiche *Tabelle* und *Anzeigefenster* geben muss. Diese tragen wir in die Aktivitätsdiagramme ein, um eine erste Aufteilung der Aufgaben des Systems zu erreichen.

Wir wählen zwei Use-Cases zur näheren Betrachtung aus: Der Anwendungsfall *Clipboard benutzen* wird, wie schon im Use-Case-Diagramm angedeutet, durch drei unterschiedliche Fälle spezialisiert.

In den Diagrammen in Abbildungen 13.3 und 13.4 skizzieren wir die Aktivitäten, die bei der Durchführung dieser drei Fälle durchlaufen werden.

Hinter dem Fall *Inhalte von Zellen verändern* ist die Hauptfunktionalität der Tabellenkalkulation verborgen. Wenn der Benutzer den Inhalt von Zellen verändert hat, so müssen unter Umständen neu eingetragene Formeln analysiert werden, aktuelle Werte bestimmt oder die Werte anderer Zellen aktualisiert werden. Verschiedene Szenarien für diesen Fall sind denkbar.

Szenario 1:

- Nach Bestätigung der Eingabe, wird der Typ der Zelle festgestellt.
- Wenn es eine Formel ist, muss diese analysiert werden.
- Diese Aufgabe übertragen wir einem Parser.
- Der nimmt eine entsprechenden Eintrag in die Zelle vor.
- Die Tabelle wird neu berechnet.

Use-Case	Beziehung zu anderen Use-Cases	Beschreibung
1. Neue Tabelle anlegen		Der Benutzer legt eine neue Tabelle mit leeren Zellen an. Dieser Use-Case wird auch zur Initialisierung benutzt.
2. Zelle(n) interaktiv auswählen		Um die Inhalte oder die Darstellung von Zellen verändern zu können, wählt der Benutzer mit Hilfe der Tastatur oder der Maus eine oder mehrere Zellen in der Tabelle aus. Diese Zellen werden optisch als ausgewählt markiert.
3. Zellen mit Zahlenwerten und Texten anlegen	benutzt 2.	Zellen können zu jeder Zeit an jeder beliebigen Position der Tabelle angelegt werden. Es gibt Zellen, die Zahlenwerte beinhalten, und Zellen, die Text beinhalten.
4. Den Inhalt von Zellen verändern	benutzt 2.	Der Benutzer möchte jederzeit alle Zellen bearbeiten können.
5. Zellen mit Formeln verknüpfen	erweitert 4.	Die Hauptaufgabe einer Tabellenkalkulation – der Benutzer legt Formelzellen an, mit denen andere Zellen verknüpft werden.
6. Clipboard benutzen	benutzt 2.	Die Tabellenkalkulation hat einen Puffer im Hintergrund, der mit Zellen belegt werden kann.
7. Zellen kopieren	erweitert 6.	Der Benutzer kopiert die ausgewählten Zellen in das Clipboard.
8. Zellen einfügen	erweitert 6.	Der Benutzer kopiert den Inhalt des Clipboards an die ausgewählte Stelle in der Tabelle.
9. Zellen ausschneiden	erweitert 6.	Der Benutzer kopiert die Zellen ins Clipboard und entfernt ausgewählte Zellen aus der Tabelle.
10. Undo der letzten Benutzeraktion		Die letzte durchgeführte Veränderung der Tabelle rückgängig machen.
11. Eigenschaften von Zellen verändern	benutzt 2.	Jede Zelle hat Eigenschaften wie bestimmte Anzeigeformate. Jede diese Eigenschaften kann interaktiv verändert werden.
12. Textausrichtung verändern	erweitert 11.	Zellen können linksbündig, rechtsbündig oder zentriert angezeigt werden.
13. Nachkommastellen verändern	erweitert 11.	Für Zellen, die Werte anzeigen, kann ein bestimmtes Ausgabeformat gewählt werden. In diesem Fall wählen wir nur die Anzahl der Nachkommastellen.
14. Zeilen/Spalten einfügen/löschen	benutzt 2.	Einzelne Zeilen oder Spalten können aus der Tabelle herausgelöscht oder eingefügt werden. Dieser Use-Case fasst vier einzelne Use-Cases zusammen.

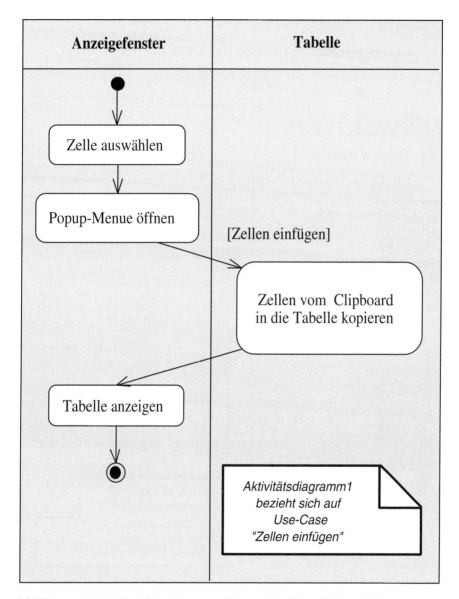

Abbildung 13.3. Aktivitätsdiagramm für den Use-Case *Zellen einfügen*

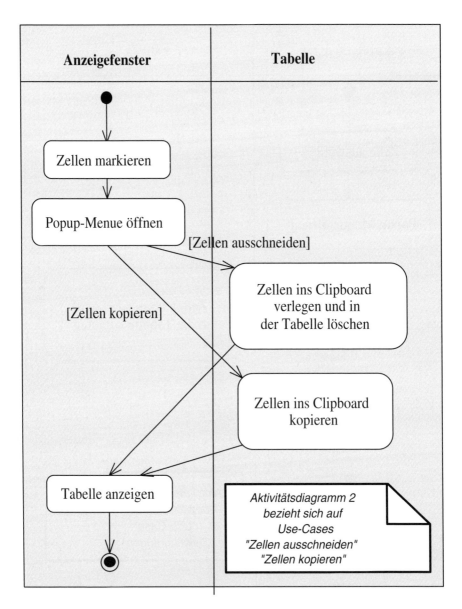

Abbildung 13.4. Aktivitätsdiagramm für den Use-Case *Zellen kopieren* bzw. *ausschneiden*

- Die Zelle wird angezeigt.

Szenario 2:

- Nach Bestätigung der Eingabe, wird der Typ der Zelle festgestellt.
- Wenn es ein Wert ist, muss dieser bestimmt und eingetragen werden.
- Die Tabelle wird neu berechnet.
- Die Zelle wird angezeigt.

Diese Szenarien und weitere sind in dem Diagramm in Abbildung 13.5 dargestellt. Wir haben ein neues Objekt *Parser* identifiziert.

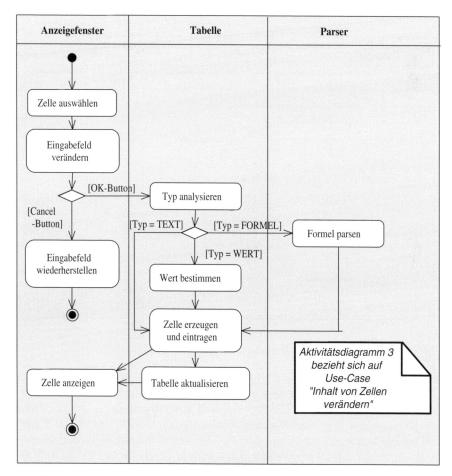

Abbildung 13.5. Aktivitätsdiagramm für den Use-Case *Zellen verändern*

13.2.2 Weitere Anforderungen

Jede Software hat darüber hinaus weitere Anforderungen, die in Dokumenten festgelegt werden. Üblicherweise unterscheidet man zwischen funktionalen und nicht-funktionalen Anforderungen, wobei die Use-Cases im Wesentlichen die funktionalen Anforderungen beschreiben. In unserem Fall machen wir uns Gedanken über die grafische Benutzeroberfläche, die natürlich mit den Anwendungsfällen eng zusammenhängt, aber einen anderen Aspekt der Anforderungen darstellt. Zunächst fertigen wir uns einen ersten Entwurf der Benutzeroberfläche an.

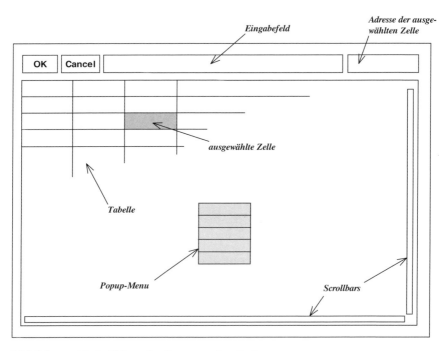

Abbildung 13.6. Skizze der Benutzeroberfläche

Die Skizze in Abbildung 13.6 zeigt das geplante Hauptfenster der Tabellenkalkulation. Der größte Teil des Fensters wird durch die Darstellung der Tabelle eingenommen. Der sichtbare Ausschnitt der Tabelle soll durch Scrollbars verschoben werden können. Alle Befehle der Tabellenkalkulation werden durch ein Popup-Menu ausgewählt. Dieses Menu erscheint bei Betätigung einer Maustaste. In der oberen Zeile des Fensters befinden sich Schaltknöpfe zur Bedienung des Eingabefeldes rechts davon, ganz rechts wird die Adresse der Zelle angezeigt, in der sich der Tabellen-Cursor befindet.

Mit dem Anwendungsfall *Zellen über Formeln miteinander verknüpfen* wird ausgesagt, dass es Formeln gibt. Diese Formeln müssen natürlich näher spezifiziert werden. Dazu nehmen wir in die Anforderungen eine syntaktische Beschreibung unserer Formeln auf.

Eine Formel ist ein arithmetischer Ausdruck und besteht aus Operanden, die addiert, subtrahiert, multipliziert und dividiert werden können, außerdem sind Funktionsaufrufe möglich. Es gelten die üblichen Vorrangregeln, darüberhinaus können Ausdrücke geklammert werden. Neben Zahlen treten als Operanden auch Zelladressen auf. Bereichsoperationen verknüpfen Teile der Tabelle, z.B. kann die Summe einer Spalte gebildet werden.

Wir geben zur genauen Spezifikation die Syntax in Form einer EBNF-Grammatik an.

```
Formel ::= Term {"+" Term} | Term {"-" Term}
Term ::= Faktor {"*" Faktor} | {"/" Faktor}
Faktor ::= [-] Operand
Operand ::= Zahl |
            "(" Formel ")" | ZellAdresse
            Funktion "(" Formel ")" |
            BereichsOp "[" ZellAdresse ":" ZellAdresse "]"
```

Ein Beispiel für eine Formel wäre also A3*2+A4+(A4*1,15) während 4,5/A2 5,6 oder (1,1*)A3) keine gültige Formeln sind, weil sie nicht unserer Syntax entsprechen.

13.3 Analyse und Entwurf

13.3.1 Festlegen der Software-Architektur

In diesem Fall wollen wir gleichzeitig mit dem Auffinden von Objekten eine Zerlegung des Systems in Subsysteme vornehmen. Wir setzen hier Analyse-Objekte und Subsysteme gleich.

Aus den wenigen Aktivitätsdiagrammen, die wir betrachtet haben, können wir schon drei wesentliche Objekte mit eigener Verantwortlichkeit festlegen:

- Tabelle
- Anzeigefenster
- Formel-Parser

Die Betrachtung der anderen Anwendungsfälle bestätigt diese Aufteilung. Wir modellieren also drei verschiedene Objekte, die im weiteren Verlauf der Entwicklung Subsysteme werden.

- Tabelle
  Die Tabelle besteht aus einzelnen Zellen und verwaltet ihren Inhalt und ihre Eigenschaften. Außerdem ist die Tabelle für Funktionalitäten verantwortlich, wie die Adressierung von Zellen, das Verschieben von Zellen usw.

Wie schon bei den Anwendungsfällen klar wurde, unterscheiden wir zwischen Inhalt einer Zelle, z.B. ein Zahlwert oder ein String und ihren Eigenschaften, z.B. linksbündig oder Ausgabeformat.

- Anzeigefenster
  Das Anzeigefenster stellt die Zellen der Tabelle mit Objekten aus der Java AWT-Bibliothek dar. Darüberhinaus erfolgt die Interaktion mit dem Benutzer über Objekte der Benutzeroberfläche wie Buttons und Menus. Dazu muss dieses Subsystem eine Ereignisbehandlung in das Java Laufzeitsystem integrieren.

- Formel-Parser
  Zur Analyse und Auswertung von Formeln kommt ein Parser zum Einsatz. Der Parser zerlegt eine Zeichenkette in einzelne Bestandteile und analysiert die Syntax der Eingabe. In unserem Fall wird z.B. analysiert, ob Rechenformeln korrekt in eine Zelle eingetragen wurden. Falls dies der Fall ist, legt der Parser interne Objekte an, die eine schnelle Auswertung der Formel ermöglichen.

Diese Auftrennung der Applikation erfolgt wie von selbst im Sinne der Model-View-Architektur (siehe Abschnitt 12.3.1), die Tabelle bildet zusammen mit dem Parser den Model-Teil und das Anzeigefenster den View-Teil.

Bevor wir die ersten Klassenmodelle erstellen, wollen wir für diese Aufgabe naheliegende Grundgedanken zur Architektur der Tabellenkalkulation anstellen. Wir zeichnen ein erstes Klassendiagramm, das die Analyseobjekte zeigt. Wir sind uns darüber im Klaren, dass jedes dieser Objekte eigentlich ein Subsystem wird.

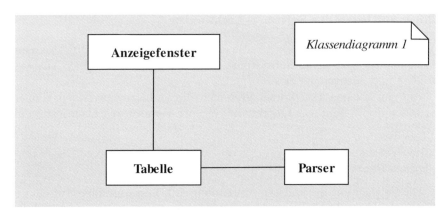

Abbildung 13.7. Erste gefundene Objekte als Klassendiagramm

Wir verfeinern die einzelnen Objekte um weitere, kleinere Objekte zu finden und beginnen mit einem ersten Modell für die Tabelle.

13.3.2 Die Tabelle

Eine Tabelle besteht aus vielen Zellen. Jede Zelle kann entweder leer sein (*Leerzelle*) oder eine Zahl (*Wertzelle*), einen Text (*Textzelle*) oder eine Formel enthalten (*Formelzelle*).

Wir beginnen gleich mit einer Generalisierungsstruktur. Das ist nicht unbedingt typisch, in diesem Beispiel aber so naheliegend, dass wir uns Umwege über verschiedene Inhaltstypen oder Tabellenaufbau aus unterschiedlichen Bestandteilen ersparen. Die einzelnen Verantwortlichkeiten der Klassen wurden eingetragen. Die Klasse *Tabelle* stellt eine Art Organisator für die einzelnen Zellen dar, weshalb sie auch übergreifende Aufgaben wie das Adressieren von Zellen und das Bewegen von Zellobjekten innerhalb der Tabelle übernimmt. Aufgrund der Verantwortlichkeiten sieht man bereits, dass die Klasse *Zelle* eine echte Abstraktion der verschiedenen Zellenarten darstellt und nur die Verantwortlichkeiten enthält, die alle Zellobjekte haben. Betrachtet man die einzelnen Zellenklassen näher, vergleicht beispielsweise die *Leerzelle* mit der *Formelzelle*, so sieht man bereits deutliche Unterschiede zwischen den einzelnen Aufgaben. Wir haben die Aggregation eingezeichnet, da eine Tabelle aus vielen Zellen besteht.

Wir betrachten jetzt die Klasse *Formelzelle* etwas näher. Eine Formelzelle kann in der Formel auf mehrere andere Zellen in der Tabelle zurückgreifen, Zum Beispiel benutzt die Formel " =B2+B3*C5 " die Inhalte der Zellen mit den Adressen B2, B3 und C5. So hat eine Formelzelle unter anderem die Aufgabe, Referenzen auf andere Zellen zu verwalten. Für diese Aufgabe muss diese Zelle also eine Assoziation auf andere Zellen erhalten, die wir nun in das nächste Klassendiagramm einzeichnen (siehe Abb. 13.8).

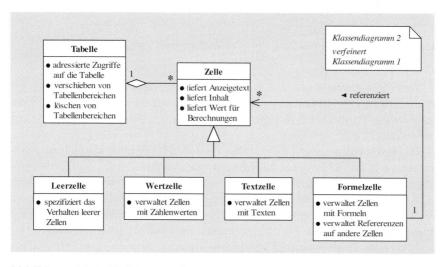

Abbildung 13.8. Verfeinerung des Klassenmodells

Der Praktiker wird bei einer Tabelle immer an ein zweidimensionales Feld denken, die Aggregation von der Tabelle aus den Zellen sagt darüber noch nichts aus. Wir können allerdings durch einen Objektselektor, der die Adresse wiedergibt, eine Modellierung nahe legen, bei der das Tabellenobjekt aufgrund einer Adresse eine Zelle eindeutig adressieren kann (siehe Abb. 13.9).

Im Gegensatz zur Aggregation der Zellen existiert die Assoziation *referenziert* nur auf sehr abstrakter Ebene. Wir werden daher diesen Teil des Klassendiagramms verfeinern müssen, um genau zu definieren, wie diese Assoziation realisiert wird. Die Assoziation verknüpft eine Formelzelle mit mehreren anderen beliebigen Zellen. Wenn in einer Formel auf eine andere Zelle zugegriffen wird, so werden diese Zellenobjekte verknüpft.

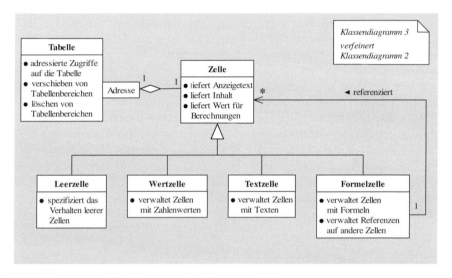

Abbildung 13.9. Verfeinerung des Klassenmodells

Der Parser wertet die Formelzellen als Texteingabe aus. Entweder geschieht dies jedesmal bei einer Neuberechnung direkt „on the fly" oder die aufbereitete Formel wird in Form interner Objekte für jede Neuberechnung aufbewahrt.

Im ersten Fall wäre die Assoziation *referenziert* sogar als abgeleitete Assoziation zu kennzeichnen, da sie jederzeit aus den Attributen der Formelzelle berechnet werden kann. Wir entscheiden uns für den zweiten Fall. Damit nicht für jede Neuberechnung alle Formeln neu geparst werden müssen, soll der Parser für jede Formel Objekte für einen Ausdrucksbaum der Formel erzeugen, der mit dieser Formel zusammen im Speicher gehalten wird.

In diesem Ausdrucksbaum werden die Referenzen auf andere Zellen abgelegt. Bei einer Neuberechnung der Tabelle werden nur diese Ausdrucksbäume für die Formeln ausgewertet und so die Werte der Formeln aktualisiert. Der

Ausdrucksbaum für die Formel " `2*(3+A2)` " ist in Abbildung 13.10 darge-stellt.

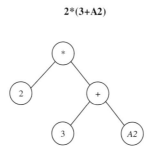

Abbildung 13.10. Ausdrucksbaum

In diesem Fall kann man sich die Assoziation *referenziert* im Form des Ausdrucksbaums einer Formelzelle vorstellen. (siehe Abb. 13.11). Die Alter-native, *Ausdrucksbaum* als Assoziationsklasse zu modellieren, trifft die Rea-lität nicht so gut, da derselbe Ausdrucksbaum für verschiedene Verknüpfun-gen stehen kann.

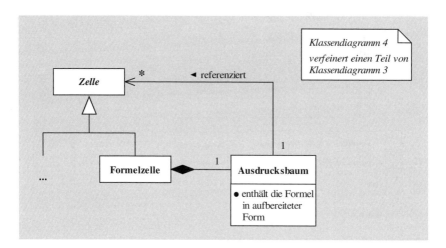

Abbildung 13.11. Verfeinerung des Klassenmodells

Wie der Ausdrucksbaum selbst realisiert ist, ist aus diesem Klassenmodell noch nicht ersichtlich. Deshalb verfeinern wir unser Klassendiagramm weiter. Bei Betrachtung von Abbildung 13.10 erkennt man deutlich, dass der Ausdrucksbaum für unsere Formeln mindestens drei verschiedene Knotentypen hat:

- Operatoren (* oder +)
- Konstante Zahlen (2 oder 3)
- Referenzen auf andere Zellen (im Beispiel A2)

Dazu kommen noch:

- Funktionen wie die trigonometrischen Funktionen – zum Beispiel: SIN(A2) berechnet den Sinus des Wertes in der Zelle A2.
- Bereichsoperationen wie die Summe von Teilen der Tabelle – zum Beispiel: SUM[B2:B6] berechnet die Summe der Zellen von Adresse B2 bis B6.

Wir führen also eine abstrakte Klasse *Knoten* und deren Spezialisierungen ein und ersetzen den Ausdrucksbaum durch eine Menge von Knoten. Alternativ dazu hätten wir die Klasse *Ausdrucksbaum* auch behalten und als Aggregation von *Knoten* modellieren können.

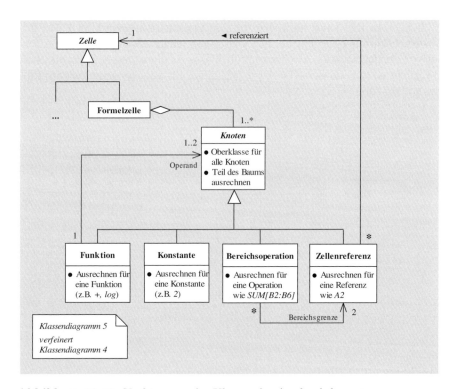

Abbildung 13.12. Verfeinerung der Klassen des Ausdrucksbaums

Auch hier tragen wir für alle Klassen die Verantwortlichkeiten ein, um die Aufgabenverteilung klar festlegen zu können. Alle Knotenklassen haben eigentlich nur die Aufgabe, den Wert ihres Teilbaumes im Ausdrucksbaum auszurechnen. Ein Operator-Knoten verknüpft zwei andere Knoten, die dann die Rolle der Operanden haben. Ein Funktions-Knoten braucht einen anderen Knoten als Argument und eine Bereichsoperation hat zwei Zellenreferenzen, die den Bereich festlegen. Die ursprüngliche Assoziation *referenziert* wird nun direkt durch die Knotenklasse *Zellenreferenz* und einer entsprechenden Assoziation realisiert.

Das Klassendiagramm 13.12 ist noch als Analysemodell zu sehen – wir haben uns bis jetzt nur Gedanken über eine geeignete Klassen, deren Aufgabenbereiche und deren Beziehungen gemacht. Das Analysemodell für diesen Teil der Software wird durch die Abbildungen 13.9 und 13.12 beschrieben.

Jetzt gehen wir über zum Entwurfsmodell, in dem wir nun die wichtigsten Operationen und Attribute in das Diagramm eintragen. Dabei werden wir feststellen, dass wir noch einige Klassen konkretisieren müssen. Gleichzeitig machen wir uns Gedanken über die Kommunikation zwischen den entsprechenden Objekten und fertigen deshalb die ersten Kommunikationsdiagramme an.

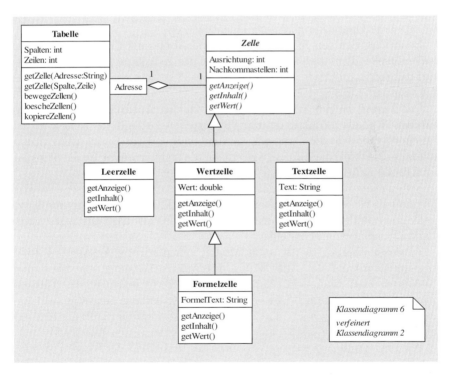

Abbildung 13.13. Verfeinerung des Klassenmodells zum Entwurf

Die Abbildung 13.13 zeigt das Entwurfs-Klassendiagramm zur Abbildung 13.8. Beim Vergleich der Abbildungen sieht man, dass die Verantwortlichkeiten von den Operationen übernommen werden. Alle wichtigen Attribute sind eingeführt, eine *Wertzelle* hat jetzt beispielsweise wirklich ein Attribut *Wert* vom Typ *double*. Es fällt auf, dass die Klasse *Formelzelle* jetzt von *Wertzelle* abgeleitet ist. Der Grund dafür ist ein ganz anderer als für die Generalisierung von *Wertzelle* zu *Zelle*. Eine *Wertzelle* hat Operationen zur formatierten Ausgabe von Gleitkomma-Zahlen, die wir einfach für die Formelzelle ebenfalls brauchen können. Es handelt sich hier aber nicht um eine Abstraktion, die uns eine leichte Erweiterung der Software erlauben wird, sondern nur um eine Implementierungserleichterung, die wir hier einplanen.

Typisch in unserem Beispiel ist, dass die Knotentypen mit abstrakten Operationen versehen sind, die erst in Unterklassen implementiert werden. Wir leiten daher aus unserem Modell mit den verschiedenen Knotentypen die konkreten Operatoren (z.B. für Addition), Funktionen (z.B. für Logarithmus) und Bereichsoperationen (z.B. Summe) ab, um die Klassen für unsere Tabellenkalkulation zu erstellen. Die wichtigste Operation für jede Zelle ist die Operation *auswerten()*, die den Wert der Zelle zurückliefert. Außerdem sind die Klassen *Funktion* und *Bereichsoperation* so angelegt, dass die Objekte sich über die Operation *getName()* identifizieren.

Beim Vergleich von Abbildung 13.12 und Abbildung 13.14 sieht man den weichen fließenden Übergang von der Welt des gedachten Modells zum Entwurf der Software. Unser vollständiger Entwurf besteht aus den Diagrammen in Abbildung 13.13 und Abbildung 13.14.

Das Modell ist nun detailliert genug, um den Ausdrucksbaum von Abbildung 13.10 als Objektdiagramm darzustellen (Abbildung 13.15). Es ist manchmal hilfreich, die Beispiele, die man während der Entwicklung diskutiert hat, als Objektdiagramm zu zeichnen, um zu überprüfen, ob die Struktur der Klassen richtig gewählt ist.

Nun machen wir uns Gedanken über die Kommunikation dieser Objekte. Wir modellieren das Zusammenspiel der Klassen, indem wir Kommunikationsdiagramme für Einzelfälle diskutieren. Jede Formel lässt ein neues Kommunikationsdiagramm entstehen.

Zunächst überprüfen wir unser Modell indem wir die Auswertung einer Formelzelle anhand der Auswertung des Ausdrucksbaums von Abbildung 13.15 betrachten. Man sieht sehr deutlich, wie die Operationen des Klassendiagramms in Abbildung 13.14 sich im Ausdrucksbaum gegenseitig aufrufen. Abbildung 13.16 zeigt auch, dass ein Kommunikationsdiagramm nur eine exemplarische Situation zeigt – hier unser Beispiel des ersten Ausdruckbaums.

Wir zeigen nun zwei weitere Varianten des Verhaltens der Klassen, so wird in Abbildung 13.17 z.B. eine Funktion benutzt. Die Nachricht *1.2* wird an ein Funktionsobjekt – in diesem Fall eine Logarithmus-Funktion – gesendet, die ihrerseits wieder als Argument einen anderen Knoten auswertet.

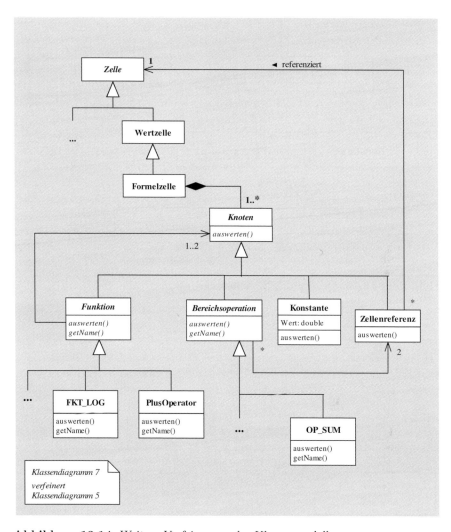

Abbildung 13.14. Weitere Verfeinerung des Klassenmodells

Als abschließenden Fall veranschaulichen wir nun eine Formel, die einen Bereichsoperator enthält. Das Bereichsoperator-Objekt ermittelt zunächst die Koordinaten des Tabellenbereichs und prüft den angegebenen Bereich auf seine Gültigkeit, nur aufeinanderfolgende Zellen in einer Zeile oder einer Spalte sind erlaubt. Die Nachricht *1.4* ermittelt jede der Zellen im ausgewählten Bereich und ist deshalb als Iteration gekennzeichnet. Ergebnis des Aufrufs ist ein Zellenobjekt Z, das dann Empfänger der Botschaft *1.4.1* ist. Dieses Beispiel ist typisch für Kommunikationsdiagramme im praktischen Einsatz – eine Nachricht bestimmt ein einzelnes Objekt, mit dem anschließend kommuniziert wird.

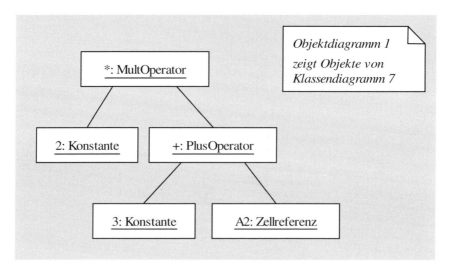

Abbildung 13.15. Der Ausdrucksbaum als Objektdiagramm

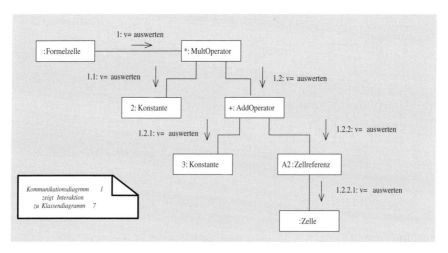

Abbildung 13.16. Auswertung einer Formelzelle

In diesem Abschnitt kann der Eindruck entstehen, dass man zuerst ein Klassendiagramm erstellt und dann Kommunikationsdiagramme dazu modelliert. Es ist jedoch immer so, dass beide Diagramme sich gegenseitig beeinflussen und daher parallel entwickelt werden. Man braucht die Kommunikationsdiagramme um die Operationen im Klassendiagramm zu spezifizieren oder fehlende Assoziationen zu erkennen. Umgekehrt bestimmt das Klassendiagramm natürlich, wie die Objekte im Kommunikationsdiagramm verknüpft

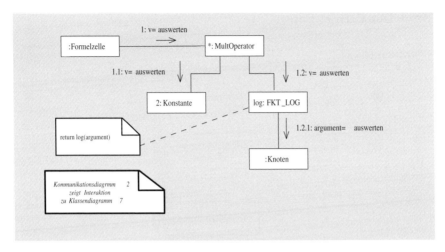

Abbildung 13.17. Auswertung einer Formelzelle mit Funktion

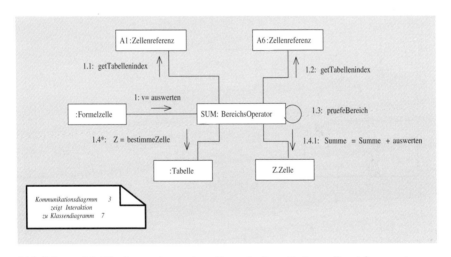

Abbildung 13.18. Auswertung einer Formelzelle mit einem Bereichsoperator

sind oder – wie in unserem Fall oben – welche Generalisierungsbeziehungen zwischen Klassen existieren.

Wir haben in diesem Abschnitt der Entwicklung eines der Hauptobjekte verfeinert und haben damit die gesamte Analyse- und Entwurfsphase durchlaufen. Den Abschluss des Entwurfs bildet ein Klassenmodell, das durch die Abbildungen 13.13 und 13.14 spezifiziert ist, und die Beschreibung einer Reihe wichtiger Kooperationen durch Interaktionsdiagramme wie die Abbildung 13.18.

13.3.3 Der Formel-Parser

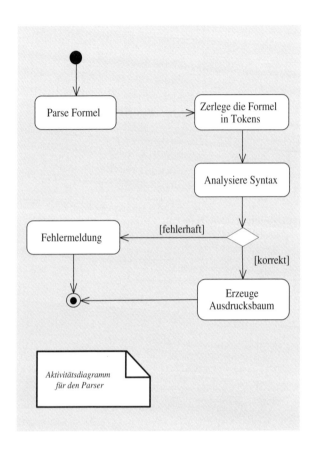

Abbildung 13.19.
Der Parse-Vorgang als
Aktivitätsdiagramm

Der Parser ist das Modul, mit dem die Tabellenkalkulation Formeln aus-wertet. Ein Parser zerlegt einen Eingabe-String in seine Bestandteile und analysiert den Aufbau der Eingabe. Die Bestandteile der Eingabe werden Token genannt. Im Abschnitt 13.3.2 wurde bereits geschildert, dass aus jeder Formel ein Ausdrucksbaum erzeugt werden soll. Diese Erzeugung nimmt der Parser gemäß Aktivitätsdiagramm 13.19 vor.

Er zerlegt eine als String gegebene Formel in ihre einzelnen Bestandteile und analysiert, ob die Formel syntaktisch korrekt ist. Falls ja, erzeugt der Parser die entsprechenden Objekte für den Ausdrucksbaum, falls nein, gibt er eine Fehlermeldung aus.

Wir wollen zuerst die Aufgabe des Formel-Parsers mit Hilfe eines Kom-munikationsdiagramms genauer spezifizieren. Das Diagramm in Abbildung 13.20 zeigt den Parser in der Zusammenarbeit mit dem Tabellenobjekt und den Zellenobjekten. Man sieht, dass ein Parserobjekt jeweils temporär für eine Formelzelle erzeugt wird. Der Parser erzeugt seinerseits die Objekte des Ausdrucksbaums und wird dann wieder zerstört.

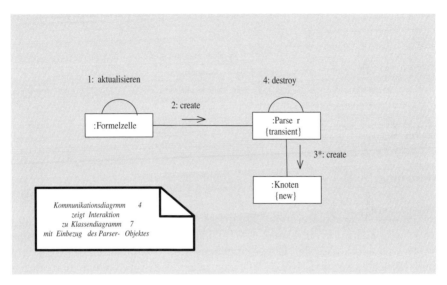

Abbildung 13.20. Die Aufgaben des Parsers in der Tabellenkalkulation

Nachdem das externe Verhalten des Parsers damit definiert ist, wollen wir nun den internen Aufbau dieser Klasse entwerfen.

Der Formel-Parser besteht aus

- einem Scanner zur lexikalischen Analyse der Formel, d.h. ein Objekt, das die Formel in ihre Einzelteile zerlegt und die Einzelteile klassifiziert. Die Formel „1,1 + J1" wird vom Scanner beispielsweise in drei Bestandteile „Zahl mit Wert 1,1" , „Plus-Operator" und „Adressreferenz J1" zerlegt.
- einem Parser, der die Syntax der Formel analysiert und aus den Einzelteilen den vorher beschriebenen Ausdrucksbaum zusammensetzt. Der Parser erkennt beispielsweise, dass die Abfolge „Zahl Zahl" kein korrekter Rechenausdruck ist, wohl aber „Zahl Plus-Operator Zahl".

Mit diesen Informationen zeichnen wir ein erstes Analysemodell unseres Formel-Parsers. Wir legen auch im Diagramm fest, dass unser Parser einen Scanner enthält.

Statt nun alle Teile wie im Abschnitt vorher weiterzuentwickeln, entschließen wir uns, für den Scanner eine fertige Bibliotheksklasse – die Klasse `StreamTokenizer` aus dem Java Paket `java.io` – zu benutzen. Diese Klasse soll eine Zeichenkette als Eingabestrom erhalten, diese Eingabe in seine Einzelteile (engl. Tokens) zerlegen und die Abfrage dieser Einzelteile erlauben.

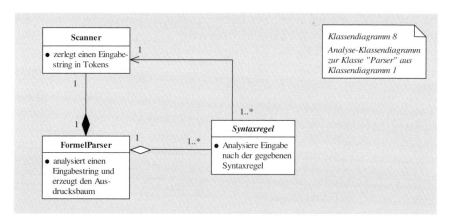

Abbildung 13.21. Analyse-Klassendiagramm des Parsers

Um diese Klasse in unserem Entwurf zu verwenden, fertigen wir auf Grund der Klassendefinition ein kleines UML-Diagramm an, in dem wir die für uns wichtigsten Methoden der Klasse angeben. Man dokumentiert die Nutzung einer vorliegenden Java Klasse in einer neuen Software, indem man durch einen Reverse-Engineering Schritt diese Klasse in das Diagramm einbringt. Wichtig erscheint uns dabei, dass man Abstraktionen vornimmt und nicht blind alle Methoden und Attribute in das Diagramm einzeichnet, da dann die Verständlichkeit des Software-Entwurfs leidet.

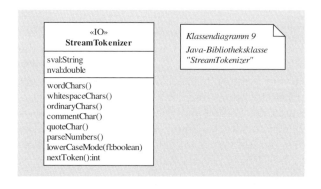

Abbildung 13.22. Die Klasse Stream-Tokenizer

Der Parser selbst analysiert die Eingabe anhand der Syntax, die wir für unsere Formeln festgelegt haben. Wir benutzen einen sogenannten rekursiven Abstiegsparser (engl. recursive descent parser). Solche Parser können durch Werkzeuge automatisch generiert werden. In unserem Beispiel wollen wir den Parser natürlich objektorientiert in Form von mehreren erweiterbaren Klassen entwerfen.

Wir schaffen zunächst eine Klasse Syntaxregel, die für eine Regel in der Grammatik verantwortlich ist. Jede Regel hat eine Operation `parse()`, die zur syntaktischen Analyse der Regel ausgeführt werden soll. Wie Abbildung 13.23 zeigt, hat jede Syntaxregel eine reflexive Assoziation *Produktion*, die Syntaxregeln miteinander verknüpft. In unserem Fall ist z.B. die Regel *Term* mit Hilfe der Regel *Faktor* aufgebaut. Aufgrund der einfachen Struktur unserer Grammatik reicht eine *1:1* Assoziation in diesem Fall aus, im Allgemeinen würde man hier eine *1:n* Assoziation modellieren.

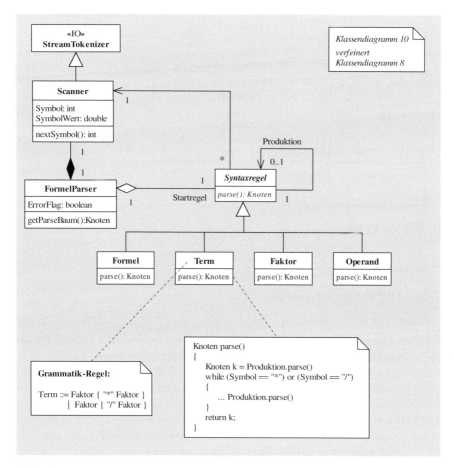

Abbildung 13.23. Klassendiagramm des Parsers

Zur Verdeutlichung werden die einzelnen Syntaxregeln der Grammatik und Java Code-Fragmente der Methoden als UML-Kommentar notiert.

Wie schon bei der Tabelle wollen wir auch hier die Operationen näher erläutern, indem wir uns Kooperationen zwischen den Objekten des Parsers betrachten.

Da wir uns im Diagramm in Abbildung 13.23 eine Struktur überlegt haben, die einen identischen Aufbau für alle Syntaxregeln der Grammatik hat, greifen wir einfach exemplarisch die Regel *Term* heraus.

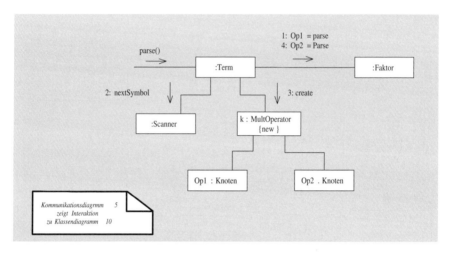

Abbildung 13.24. Kommunikationsdiagramm für das Parsen einer Multiplikation

13.3.4 Die Benutzeroberfläche

Der Software-Entwurf der Benutzeroberfläche hat grundlegend andersartigen Charakter. Während die Klassen für die Tabelle und den Formel-Parser neu entworfen wurden, kommt es bei der Benutzeroberfläche im Wesentlichen auf die Auswahl der geeigneten Klassen aus den Java Bibliotheken und deren Zusammenstellung an. Wir zeigen auch die Verwendung bestehender Bibliotheksklassen – besonders natürlich die Dokumentation der Anpassung dieser Klassen – mit Hilfe der UML. Für die Implementierung der grafischen Benutzeroberfläche nutzen wir die Standard-Bibliothek AWT von Java. Das AWT-Paket haben wir bereits kurz in Abschnitt 11.5 vorgestellt.

Auch bei dem Anzeigefenster gehen wir vor wie bei der Tabelle und wollen zunächst ein Analyse-Klassenmodell erstellen. Bei diesen Teilen der Benutzeroberfläche hilft eine Skizze der Anzeigefenster wie in Abbildung 13.6, um die Objekte überhaupt auffinden zu können.

Die Objekte ergeben sich aus unserer Vorstellung von der Benutzeroberfläche. Wir definieren Objekte zur Darstellung der Tabelle und der Zellen. Außerdem benutzen wir ein Objekt *TabellenCursor*, der zur interaktiven

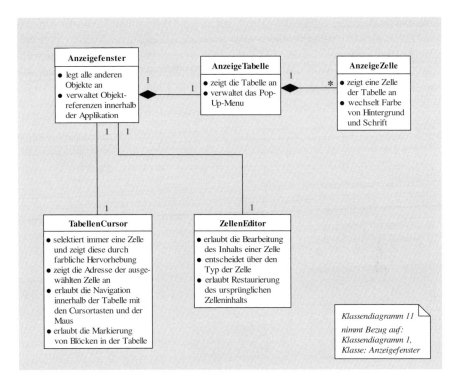

Abbildung 13.25. Das Analyse-Klassendiagramm des Hauptfensters

Auswahl von Zellen in der Tabelle benutzt wird. Das Objekt *ZellenEditor* erlaubt uns schließlich die Bearbeitung des Inhalts der Zellen.

Dabei ist zu beachten, dass Objekte wie der *TabellenCursor* und der *ZellenEditor* nur in unserem Modell existieren. Der Cursor wird sich nur dadurch äussern, dass er den Hintergrund der einzelnen Zellen verfärbt und der *ZellenEditor* ist vom Standpunkt der Oberfläche aus nur ein Textfeld. Wieder entstehen diese Objekte nur, weil wir entsprechende Verantwortlichkeiten identifiziert haben. Um unser Modell zu überprüfen, diskutieren wir jetzt einen Anwendungsfall anhand des Klassenmodells. Wir betrachten den Anwendungsfall *Zelle(n) auswählen* und wollen das Szenario zur Auswahl einer einzelnen Zelle in Form eines Sequenzdiagramms (Abb. 13.26) notieren. Das Anzeigefenster-Objekt erhält die Nachricht, dass eine Taste – in unserem Beispiel die rechte Cursortaste – gedrückt wurde. Das *Anzeigefenster* sendet eine Nachricht an den *TabellenCursor*, dass er sich nach rechts bewegen soll. Der *TabellenCursor* lässt sich vom Objekt *AnzeigeTabelle* die Referenz der Zelle, auf der er sich befindet, heraussuchen und sendet eine Nachricht an diese Zelle, dass sie wieder ihre Normalfarbe annehmen soll. Dann sendet sich der *ZellenCursor* selbst die Nachricht, die Adresse der neuen Zelle anzuzeigen, und benachrichtigt das Objekt *ZellenEditor*, dass es einen neuen Zelleninhalt darstellen soll. Dann erhält das *TabellenCursor*-Objekt eine Referenz auf das neue Zellenobjekt und setzt dort eine besondere Farbe, um anzuzeigen, wo sich der Cursor in der Tabelle befindet. Wir unterscheiden die Einzelauswahl einer Zelle von der Auswahl einer Menge von Zellen, indem wir prüfen, ob beim Navigieren mit den Cursortasten die Shift-Taste gedrückt ist.

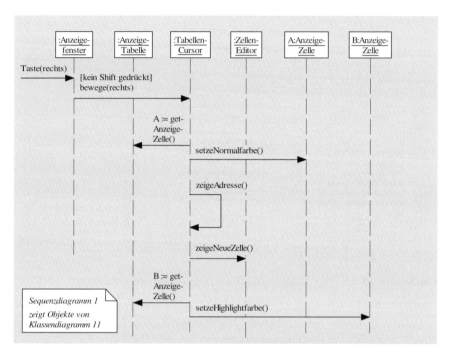

Abbildung 13.26. Die Auswahl einer Zelle unter Beteiligung der einzelnen Objekte

Die Klasse *Anzeigefenster* ist die Hauptklasse der Applikation. Sie stellt das Basis-Fenster zur Anzeige zur Verfügung, hat aber noch weitergehende Aufgaben. Wir haben uns noch keine Gedanken darüber gemacht, wie die einzelnen Objekte der Applikation sich gegenseitig ansprechen können. Natürlich können wir jeder Klasse eine Assoziation zu jeder anderen Klasse geben, mit der sie zur Erfüllung ihrer Aufgaben kommunizieren muss. Das würde aber wieder zu schlecht wartbarem Code führen, wenn wir die Applikation umstrukturieren oder erweitern müssen. Daher legen wir fest, dass unsere Klasse *Anzeigefenster* zusätzlich Verwalteraufgaben wahrnehmen muss. Wenn beispielsweise der Tabellencursor mit dem Zelleneditor kommuniziert, wird dieser Kontakt durch die Klasse *Tabellenkalkulation* hergestellt. Verfolgt man diese Idee bei größeren Applikationen konsequent, wird man Erweiterungen einfacher vornehmen können, da die einzelnen Teile bzw. Klassen statisch nur mit dem Verwalter verknüpft sein müssen.

Wir verfeinern nun unser erstes Analysemodell und kommen sehr schnell zum Entwurf. Dabei müssen wir jetzt die Java-spezifische Umgebung beachten und wählen vor allem geeignete Klassen aus der AWT aus. Wir markieren alle AWT-Klassen mit dem Stereotyp ≪AWT≫. Wir wollen die Funktionalität der eingesetzten Java Klassen aber nicht ausführlich beschreiben und verweisen auf die einschlägige Literatur wie [7].

Jedes Applet muss von der Bibliotheksklasse `Applet` abgeleitet werden. Deshalb erhält unsere Klasse *Tabellenkalkulation* eine neue Oberklasse und erbt von ihr die Funktionalität ein Basisfenster zur Verfügung stellen zu können.

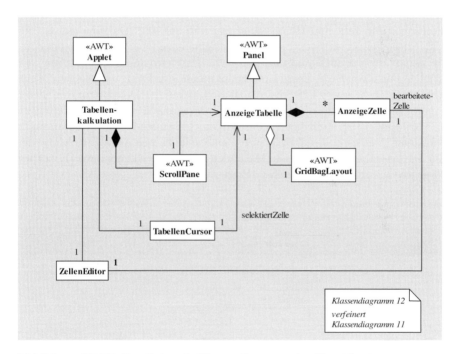

Abbildung 13.27. Das Entwurfs-Klassendiagramm des Hauptfensters

Das Objekt, das die Tabelle anzeigen soll, soll nach unserer Skizze in der Abbildung 13.6 Scrollbars erhalten. Deshalb wird in die Assoziation die Klasse *ScrollPane* zwischengeschaltet. Die Klasse *AnzeigeTabelle* selbst wird von der Klasse *Panel* abgeleitet, damit sie Ausgaben machen kann. Wie im Analysemodell angedeutet, enthält die Klasse *AnzeigeTabelle* für alle angezeigten Zellen jeweils ein Objekt *AnzeigeZelle*. Diese einzelnen Objekte sollen tabellarisch angeordnet werden. Dies erreicht man bei der AWT mit Hilfe spezieller Objekte, die Layout-Manager genannt werden. Es gibt eine Reihe von Layout-Managern in Java, wir benutzen die Klasse `GridBagLayout`, um eine tabellarische Anordnung der einzelnen Zellen zu erhalten, in der die Spaltenbreite nach der jeweils breitesten Zelle angepasst wird. Hierzu wird noch die ebenfalls in Java vorgefertigte Hilfsklasse `GridBagConstraint` benötigt, die den GridBaglayout-Manager mit den Informationen zur Objekt-Positionierung versorgt. Das ist eine relativ frühe Festlegung. Wir hätten im Modell der Anzeigeklasse auch das Interface `LayoutManager` zuordnen und dieses dann zu einem späteren Zeitpunkt durch eine geeignete Realisierung ersetzen können. Das entspräche etwa dem Vorgehen nach dem Entwurfsmuster „Strategie".

Probleme macht die Auswahl einer geeigneten Java Klasse zur Anzeige einer Zelle der Tabelle. Die Zellen sollen einen Rahmen haben und sollen Text mit verschiedenen Ausrichtungen darstellen können. Außerdem sollen die Farben für Text und Hintergrund frei wählbar sein. Da keine Klasse der AWT diese Features bietet, bauen wir uns eine neue Oberflächenkomponente, die genau diese Funktionalität realisiert. Hier wird diese Erweiterung der AWT in Form von UML-Diagrammen dokumentiert. Beim Vergleich zwischen Abbildung 13.27 und 13.28 wird deutlich, dass bei der Dokumentation dieser neuen Oberflächenklasse sehr detailliert vorgegangen wird. Das Diagramm in Abbildung 13.28 stellt bereits ein Implementierungs-Klassendiagramm für die Klasse *AnzeigeZelle* dar. Wir leiten eine neue Klasse AnzeigeZelle von der AWT-Klasse `Component` ab. Die Methoden sind dabei von der Java Bibliothek vorgegeben – und deshalb auch in Englisch notiert.

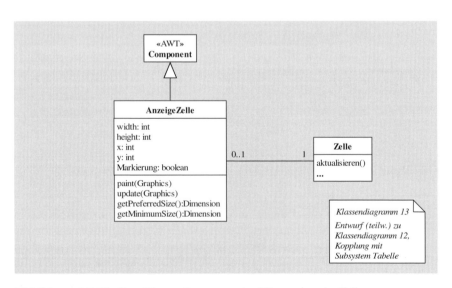

Abbildung 13.28. Das Klassendiagramm der Klasse *AnzeigeZelle*

Nun stellen wir die Objekte für die restlichen Oberflächenelemente zusammen. Dieser Schritt in der Entwicklung bedeutet die Auswahl der geeigneten Klasse und das Anpassen des ganz konkreten Objekts durch Setzen von Attributen. Der Aufbau der Benutzeroberfläche unterscheidet sich damit ganz erheblich vom Ablauf der bisherigen Entwicklung. Meist benutzt man Werkzeuge, die den Aufbau der Oberfläche interaktiv erlauben, d.h. man setzt mit der Maus die Objekte der Oberfläche zusammen und kann dann ebenfalls interaktiv die Attributwerte – Farben, angezeigte Texte, Icons, usw. – bearbeiten. In unserem Fall ist die Oberfläche so klein, dass wir sie ohne Werkzeug zusammensetzen können.

Wir gehen dann nach unserer Entwurfsskizze in Abbildung 13.6 vor und versehen das Applet mit einem Bereich für

- zwei Eingabeknöpfe – OK und Cancel (Java Klasse `Button`)
- ein Anzeigefeld zur Anzeige der aktuellen Zelladresse (Java Klasse `Label`)
- ein Textfeld zur Eingabe von Zellinhalten (Java Klasse `TextField`)

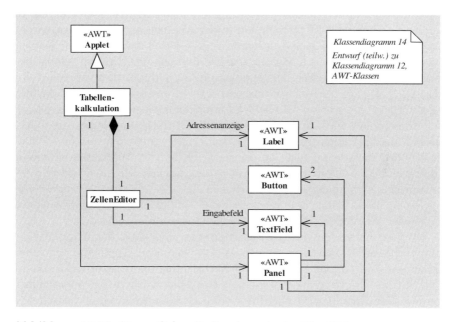

Abbildung 13.29. Die restlichen Bedienelemente der Oberfläche

Die Abbildung 13.29 dokumentiert vor allem die Anbindung dieser Klassen an unsere Applikation. Unser *ZellenEditor* benutzt ein AWT-Label-Objekt zur Anzeige der Zellenadresse und ein AWT-TextField-Objekt zur Bearbeitung der Zelle. Da die Objekte miteinander verknüpft sein müssen, werden sie von der Klasse *Tabellenkalkulation* angelegt und miteinander verknüpft.

13.3.5 Kopplung der Subsysteme

Interessant werden jetzt die Fragen der Kopplung der einzelnen Subsysteme. Unsere bisherigen Bemühungen bezogen sich darauf, die einzelnen Systeme möglichst unabhängig voneinander zu entwerfen. Die Kopplung zwischen den Subsystemen *Tabelle* und *Parser* war unproblematisch, da der Parser nur temporär existiert und Objekte des Subsystems *Tabelle* bearbeitet. Bei der Kopplung von *GUI* und *Tabelle* wird es jetzt schwieriger. Im Kapitel 10 haben wir festgestellt, dass die Subsysteme idealerweise mittels Entwurfsmuster gekoppelt werden. Der Grund dafür ist, dass jeder, der das Entwurfsmuster kennt, sofort die Verantwortlichkeiten und vor allem das Zusammenspiel kennt. Wir wollen diese Aussagen in diesem Beispiel untermauern. Natürlich gibt es eine Schnittstelle zwischen den Subsystemen, weil Objekte der *GUI* Objekte der *Tabelle* anzeigen müssen. Auf der Ebene der Klassen besteht diese Kopplung zwischen den Klassen *Zelle* und *AnzeigeZelle*, wie Abbildung 13.30 zeigt. In der Abbildung ist auch dokumentiert, dass wir hier das Entwurfsmuster Beobachter (siehe Kapitel 12) einsetzen wollen. Dieses Beispiel zeigt deutlich, dass zur Verwendung eines Entwurfsmusters nicht alle Klassen, die man in der Beschreibung des Musters findet, in der Applikation wirklich ausgeprägt werden müssen. Die Klassen in der Musterbeschreibung zeigen nur Rollen, die diese Klassen in einem Zusammenspiel übernehmen. Die Verteilung dieser Rollen auf die Klassen der Applikation, ist dadurch nicht festgelegt. In unserem Fall entschließen wir uns, nur zwei Klassen zu benutzen, da hier jedes Objekt der Klasse *AnzeigeZelle* immer nur einem Objekt der Klasse *Zelle* zugeordnet wird. Wir vereinfachen die Struktur und lassen die Oberklassen, die im Entwurfsmuster zur Erweiterung vorgesehen sind, aus Effizienzgründen weg, da wir nicht an eine Erweiterung der Applikation an dieser Stelle glauben. Sollten wir uns geirrt haben, können wir diese Klassen des Entwurfsmusters immer noch nachträglich einbauen, da wir die Verwendung des Beobachter-Musters dokumentiert haben und die gleiche Schnittstelle wie im Muster verwenden – beispielsweise die Operation *aktualisieren()*.

Bis jetzt haben wir nur Klassenstrukturen aufgebaut, damit unsere Objekte richtig angelegt werden können. Wir wollen unsere Applikation nun zum Leben erwecken, damit aufgrund von Nachrichten, die beispielsweise von einem Button-Objekt gesendet werden, entsprechende Operationen ausgeführt werden. Der Button wird allerdings vom Java Laufzeitsystem verwaltet – deshalb müssen wir die Applikation an dieser Stelle an das Laufzeitsystem ankoppeln. Bei Java werden für alle Ereignisse, die aufgrund einer Interaktion des Benutzers mit dem System auftreten, Ereignisobjekte (engl. Events) erzeugt. Unsere Applikation kann sich über sogenannte Ereignisbehandler (engl. Listener) informieren lassen, was der Benutzer getan hat. Diese Ereignisbehandler in unserer Applikation werden über Interfaces mit den existierenden Klassen des Java Systems verbunden. Zur Dokumentation verwenden wir die Lollipop-Notation.

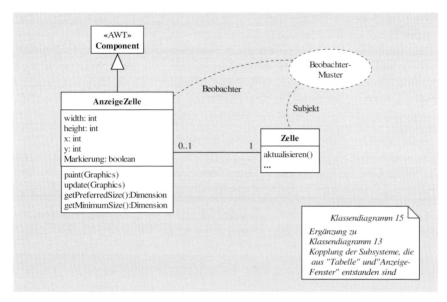

Abbildung 13.30. Das Klassendiagramm der Klasse *AnzeigeZelle*

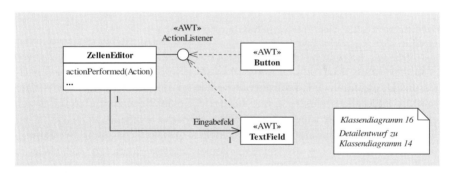

Abbildung 13.31. Die Klasse *ZellenEditor* als Ereignisbehandler der AWT-Oberflächenobjekte

In Abbildung 13.31 ist die Ankopplung der beiden Buttons (OK und Cancel) sowie des Textfeldes an unseren Zelleneditor beschrieben. Alle drei AWT-Objekte erzeugen ein Ereignis-Objekt, wenn der Benutzer den Button drückt oder im Textfeld eine Taste betätigt. Außerdem rufen die Objekte eine entsprechende Operation im Interface auf, wenn ein Objekt einer Klasse, die dieses Interface realisiert, registriert ist. In unserem Beispiel realisiert der Zelleneditor das Interface *ActionListener*. Jedesmal, wenn der Benutzer mit der Maus den OK-Button betätigt, ruft das Button-Objekt im Zelleneditor die Operation *actionPerformed()* auf. In diese Operation schreiben wir nun, was in unserer Applikation passieren soll. Als Parameter erhalten wir das Ereignis-

Objekt, in dem wir Details abfragen können – z.B. bei Mausereignissen: wo hat der Benutzer die Maustaste gedrückt.

In Abbildung 13.31 haben wir die Klasse *ZellenEditor* einfach so definiert, dass sie selbst die relevanten Ereignisse verarbeiten kann. Man kann auch separate Objekte zur Ereignisverteilung definieren. Diese Objekte sind nur dafür da, externe Ereignisse in Nachrichten an die Applikation umzuwandeln.

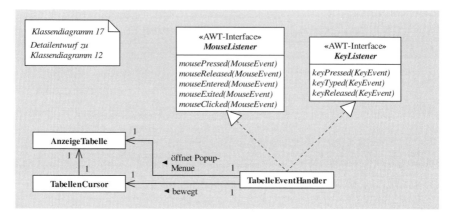

Abbildung 13.32. Der Ereignisbehandler der Tabelle

In Abbildung 13.32 haben wir eine Klasse *TabelleEventHandler* definiert. Wie das Diagramm zeigt, realisiert diese Klasse die Interfaces zur Maus- und Tastatur-Ereignisverarbeitung und besitzt Assoziationen zu anderen Klassen der Applikation, über welche Nachrichten gesendet werden.

Jetzt fehlt uns nur noch ein Oberflächen-Objekt – nämlich das Popup-Menu, das alle Befehle an die Tabellenkalkulation anbieten soll. Wie in der Entwurfsskizze in Abbildung 13.6 angedeutet, sollen alle Funktionen durch ein Popup-Menu erreichbar sein, das erscheint, wenn der Benutzer die Maustaste drückt. Die AWT bietet entsprechende Klassen, um Popup-Menus zu erzeugen und zu verwalten. Auch hier fertigen wir uns erst eine kleine Skizze der AWT-Klassen an, die durch eine kurze Analyse der Java Dokumentation entsteht (siehe Abb. 13.33).

Das Popup-Menu soll auf der Tabelle erscheinen, deshalb wird es an die Klasse *AnzeigeTabelle* gebaut. In Abbildung 13.33 wird deutlich, dass die Entwickler der AWT hier das aus Kapitel 12 bekannte Kompositum-Muster benutzt haben. Wir müssen also keine zusätzlichen Klassen entwickeln, so dass unsere Hauptaufgabe sein wird, einen Menubaum aus entsprechenden AWT-Objekten zu bauen. Abbildung 13.34 zeigt, wie die Objekte der Klassen von Abbildung 13.33 zusammengefügt werden müssen.

Nach Abschluss dieser Entwicklungsarbeiten, haben wir die Benutzeroberfläche fertiggestellt. Jetzt müssen wir noch dafür sorgen, dass in un-

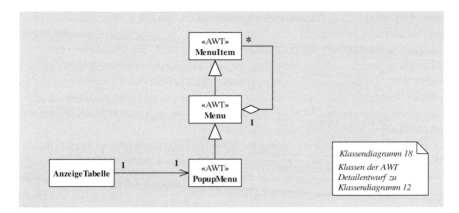

Abbildung 13.33. Die AWT-Klassen für das Popup-Menu in der Tabellenkalkulation

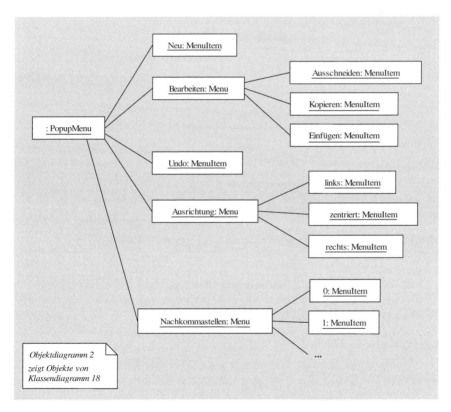

Abbildung 13.34. AWT-Objekte zum Aufbau des Popup-Menus

serer Applikation bei Aufruf eines Menupunktes wirklich etwas passiert, und das Restsystem ankoppeln. Ein Kommando im Menu wie z.B. „Neue Tabelle anlegen" wird durch das Popup-Menu ausgelöst und kann natürlich dort implementiert werden. Allerdings sind für manche Kommandos gewisse Abläufe nötig. Wenn man solche Abläufe einfach irgendwo in der Software als Zweig in einer Methode implementiert, wird das System schlecht wartbar. Außerdem muss jeder Befehl wieder rückgängig gemacht werden können, da wir eine Undo-Funktionalität anbieten.

Deshalb wollen wir auch an dieser Stelle ein Entwurfsmuster einsetzen. Im Abschnitt 12.5 haben wir das Entwurfsmuster Kommandoprozessor kennengelernt. Dieses Muster eignet sich hervorragend für unsere Zwecke und wird die Anbindung des Subsystems *Tabelle* an unser Menu vollständig übernehmen. Wir realisieren also auch die Kopplung dieser beiden Subsysteme mittels Entwurfsmuster.

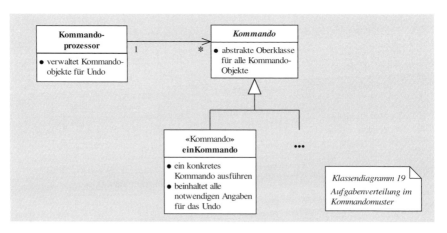

Abbildung 13.35. Struktur des Kommando-Prozessor-Musters

Für unsere Tabellenkalkulation bedeutet das, dass jedes Kommando ein eigenes Objekt wird. Eine Menu-Auswahl bedeutet also, dass ein Kommando-Objekt angelegt und ausgeführt wird. Für den Undo-Mechanismus werden die einzelnen Kommandos in eine Liste eingetragen, die im Entwurfsmuster als Assoziation mit dem Namen *Kommandostack* bezeichnet wird.

Abbildung 13.35 zeigt noch einmal die Idee des Kommando-Prozessor-Musters in Form eines Analyse-Diagramms, das wir mit Verantwortlichkeiten versehen haben. Bei der Übertragung dieses Entwurfsmusters in die Tabellenkalkulation sind einige Erweiterungen und Änderungen notwendig. Wir führen zuerst im Projekt den Stereotyp ≪Kommando≫ ein, um die vielen Kommandoklassen zu kennzeichnen. Dies mag zwar unnötig erscheinen, da diese alle Nachkommen der abstrakten Klasse *Kommando* sind, hilft aber die

Übersicht im entstehenden Programm zu wahren, wenn dieser Stereotyp als ein Präfix im Klassennamen auftaucht.

Wenn in der Java Benutzeroberfläche ein Menupunkt des Popup-Menus ausgewählt wird, wird ein Ereignis-Objekt (vom Typ `Action`) erzeugt. Man kann bei der Anlage eines Popup-Menus für jeden Menupunkt ein Objekt eintragen, das ein spezielles Interface – den ActionListener – realisieren muss. Wenn der Benutzer nun einen Menupunkt auswählt, so wird die entsprechende Operation im Interface aufgerufen. Wir kombinieren nun diese Überlegungen mit dem Kommando-Prozessor-Muster und zeichnen sofort ein Entwurfsklassendiagramm. Die Oberklasse *Kommando* wird mit dem Interface *ActionListener* ausgestattet, wie die Abbildung 13.36 zeigt.

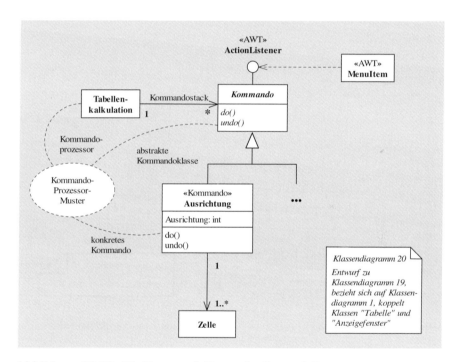

Abbildung 13.36. Die Kommandoklassen im Entwurfsdiagramm

Wir dokumentieren wieder deutlich den Einsatz des Entwurfsmusters im Diagramm. Die Rolle des Kommandoprozessors übernimmt die Klasse *Tabellenkalkulation*, die in unserer Applikation sowieso schon zentrale Verwaltungsaufgaben wahrnimmt. Die Kommandos können auf vielfältige Art und Weise strukturiert werden. Im Beispiel in Abbildung 13.36 ist die Klasse des Kommandos *Ausrichtung* dargestellt. Wir benutzten zwar drei verschiedene Kommandos dieser Art (linksbündig, rechtsbündig und zentriert), legen aber einfach drei Objekte der Klasse *Ausrichtung* an, die ihre Ausrichtung in einem Attribut gespeichert haben. Man kann hier aber auch Hierarchien von Kommandoklassen bilden, die ähnliche Kommandos zusammenfassen. Jede Kommandoklasse muss die abstrakten Operationen *do()* und *undo()* implementieren und dazu weitere Attribute anlegen, damit sie im Bedarfsfall den Zustand vor der Ausführung des Befehls wieder herstellen kann. Das bedeutet aber, dass – wie beim Kommando-Prozessor üblich – für jedes Kommando ein eigenes Objekt angelegt werden muss. Bisher haben wir nur ein Objekt für jedes Kommando erzeugt und mit unserem Popup-Menu verknüpft. Um uns den dynamischen Ablauf deutlich zu machen, zeichnen wir ein Kommunikationsdiagramm, das den Ablauf einer Kommandoausführung zeigt.

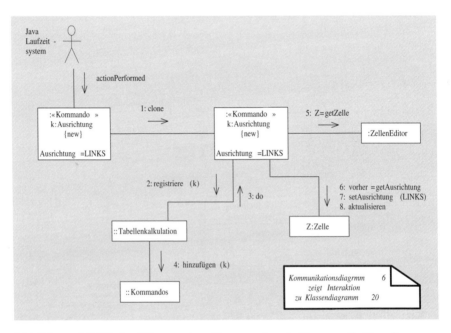

Abbildung 13.37. Ausführung eines Kommandos als Kommunikationsdiagramm

Nachdem das Java System die *ActionPerformed*-Methode aufgerufen hat, erzeugt das Kommandoobjekt ein Duplikat von sich selbst. Dieses Duplikat wendet sich zunächst an den Kommando-Prozessor, der den Befehl registiert. Der Kommando-Prozessor sendet die Nachricht *do()* an das neue Kommandoobjekt, das wiederum nun mit der Ausführung seines spezifischen Codes beginnt. In diesem Fall ermittelt es die selektierte Zelle, merkt sich die Voreinstellung, ändert die Ausrichtung der Zelle und aktualisiert den Inhalt der Zelle. Die Operation *aktualisieren()* signalisiert die Änderung und für die veränderte Darstellung im Fenster sorgt das Beobachter-Muster.

Damit ist die Zusammenarbeit in dieser Objektgruppe spezifiziert. Kommandoklassen haben den Vorteil, dass Hierarchien von Kommandos entworfen werden können, bei denen die Gemeinsamkeiten mehrerer Kommandos in Oberklassen zusammengefasst werden kann. Wenn man unser Kommunikationsdiagramm in Abbildung 13.37 näher betrachtet, fällt auf, dass immer nur eine einzige Zelle verändert wird. Falls der Benutzer mehrere Zellen selektiert hat, müssen aber alle ausgewählten Zellen verändert werden. Dies ist bei allen Befehlen der Fall, die Eigenschaften von Zellen verändern. Wir definieren uns eine abstrakte Oberklasse für diese Kommandoklassen. In dieser Oberklasse werden die ausgewählten Zellen ermittelt und in einer Schleife durchlaufen. In dieser Schleife wird eine abstrakte Operation aufgerufen, die die Unterklassen mit einer konkreten Methode versehen. In dieser Methode wird dann jede einzelne Zelle verändert.

Da die Kommando-Klassen immer an der gleichen Stelle im Entwurf auftauchen, stellen wir die Liste der Kommandoklassen, die wir implementieren müssen, in Form einer Tabelle dar.

Name der Klasse	behandelt Use-Case
KOMMANDO_Ausrichtung	12.
KOMMANDO_CB_Ausschneiden	9.
KOMMANDO_CB_Einfügen	8.
KOMMANDO_CB_Kopieren	7.
KOMMANDO_GeheZu	2. (teilweise)
KOMMANDO_Nachkommastellen	13.
KOMMANDO_Neu	1.
KOMMANDO_Undo	10.

Zur Implementierung müssen wir uns jetzt nur noch Gedanken zur Umsetzung der Assoziation *Kommandostack* machen. Da die Anzahl der Befehle, für die ein Undo möglich ist, feststeht, bietet sich eine Ringliste in Form eines Arrays mit einer festen Zahl von Objektreferenzen auf Kommando-Objekte an.

Wir können jetzt fast alle Kommandos implementieren, müssen unseren Entwurf aber noch für bestimmte Befehle erweitern. Für die Bearbeitung der Tabelle stehen Editierbefehle wie „Ausschneiden", „Kopieren" oder „Einfügen" von einzelnen oder mehreren Zellen zur Verfügung. Das heißt, ein Benutzer kann Zellen aus der Tabelle ausschneiden und dann an anderer Stelle wieder einfügen. Dazu benutzt er das sogenannte Clipboard, das einen Hintergrundsspeicher darstellt. Üblicherweise kann das Clipboard zum Informationsaustausch zwischen verschiedenen Applikationen verwendet werden, Java Applets dürfen jedoch aus Sicherheitsgründen nicht mit dem System-Clipboard zusammenarbeiten.

Für unsere Applikation genügt es daher, wenn das Clipboard eine weitere Tabelle ist, in der sich Referenzen auf Teile der Originaltabelle befinden. Wir spalten von der Klasse *Tabelle* eine Klasse *Matrix* ab und machen die *Tabelle* zur Unterklasse von *Matrix*, wie die Abbildung 13.38 zeigt. Das Clipboard ist damit einfach ein Matrix-Objekt. Dies ist wieder eine typische Vererbung, die

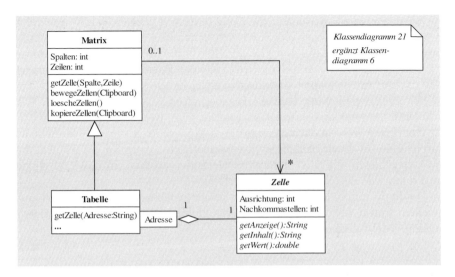

Abbildung 13.38. Neue Struktur der Tabelle um das Clipboard zu realisieren

wir einführen, um uns die Implementierung zu erleichtern und möglichst wenig Code schreiben zu müssen. Deshalb erfolgen solche Umstrukturierungen erst an dieser Stelle im Sofware-Entwicklungszyklus.

13.4 Implementierung in Java

Die Tabellenkalkulation kann nun implementiert werden, da alle Entwurfsarbeiten abgeschlossen sind. Wir haben alle kritischen Objekt-Kooperationen aufgezeichnet und damit die wichtigen dynamischen Abläufe spezifiziert. Die Umsetzung aller Assoziationen ist ebenfalls festgelegt. Abbildung 13.39 zeigt eine Hardcopy unseres Applets. Der Code und seine Dokumentation (erzeugt mit dem javadoc-Werkzeug) kann mit einem WWW-Browser auf der beiliegenden CD-ROM eingesehen werden.

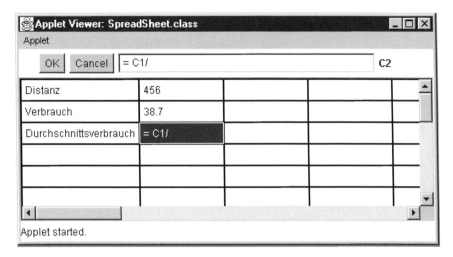

Abbildung 13.39. Eine Hardcopy des Applets

Teil III

Formale Grundlagen der UML

Kapitel 14

Erweiterungsmechanismen

UML verfügt über eingebaute Erweiterungsmechanismen, die wir in diesem Kapitel kurz vorstellen.

- Kommentare
- Bedingungen
- Stereotypen
- Profile
- OCL

14.1 Präzisierung

UML ist als Entwurfssprache nicht bis ins letzte Detail festgelegt. So wird zum Beispiel die Syntax von Ausdrücken nur grob beschrieben und Genaueres der jeweils verwendeten Programmiersprache überlassen. Das Gleiche gilt für strukturierte oder auch primitive Datentypen, die in UML nur mit einfachen Namen bezeichnet werden. Es steht dem Benutzer frei, hier eine eigene Syntax zu verwenden oder die Schreibweise der Programmiersprache zu übernehmen. Eine solche Präzisierung ist eine erste Erweiterung der UML.

Ebensowenig ist die Syntax festgelegt in der Bedingungen (engl. constraints) formuliert werden. Zwar wurde die Object Constraint Language (OCL), die zum Gesamtumfang von UML gehört, eigens für diesen Zweck entwickelt und ist, wie wir im nächsten Abschnitt sehen werden, sehr gut geeignet, dennoch ist ihr Gebrauch nicht zwingend vorgeschrieben. Prolog, andere Formen der Prädikatenlogik oder auch umgangssprachliche Formulierungen der Bedingungen sind ebenso möglich. Auch hier kann der Anwender seine eigenen Bedingungen in der ihm gewohnten, eventuell von einem Werkzeug unterstützten Sprache formulieren und so die Ausdruckskraft von UML erweitern. Beispielsweise können in Sequenzdiagrammen Bedingungen für Echtzeitanwendungen als Formeln in temporärer Logik angegeben oder Integritätsbedingungen für Datenbanken in der entsprechenden Definitionssprache formuliert werden.

14.2 Zusätzliche Information

An jedes Modellelement kann in Form von Eigenschaftslisten (engl. tagged values) zusätzliche Information angebracht werden. Diese bestehen aus Paaren von Namen (Schlüssel, engl. tags) und Werten. Diese Art der Attributierung wird meistens benutzt, um nicht direkt zum Modell gehörende Information anzubringen. Ist der zugeordnete Wert der Wahrheitwert `true`, so reicht die Angabe des Schlüssels aus.

Es gibt einige vordefinierte Eigenschaften, die wir auch schon kennen. So kann eine Klasse als `abstract` oder ein Attribut als `derived` gekennzeichnet werden. Die Komponente, zu der eine Klasse gehört oder der Rechnerknoten, der eine Komponente beherbergt, wird als Wert zu dem Schlüssel `location` angegeben. Bei genauer Spezifikation können `executionLocation` und `deploymentLocation` unterschieden werden. Der gleiche Inhalt wird allerdings auch in einem ausführlichen Komponenten- bzw. Installationsdiagramm dargestellt.

Frei definierte Eigenschaftslisten können eine Fülle von Eigenschaften für ein Modellelement festlegen. Beispielsweise kann man für einige ausgewählte Klassen vorsehen, dass Daten über ihren Test festgehalten werden können.

Die Verwaltung ausführlicher Eigenschaftslisten wird durch selbst definierte Stereotypen erleichtert. Alle Klassen – allgemeiner alle Modellelemente,

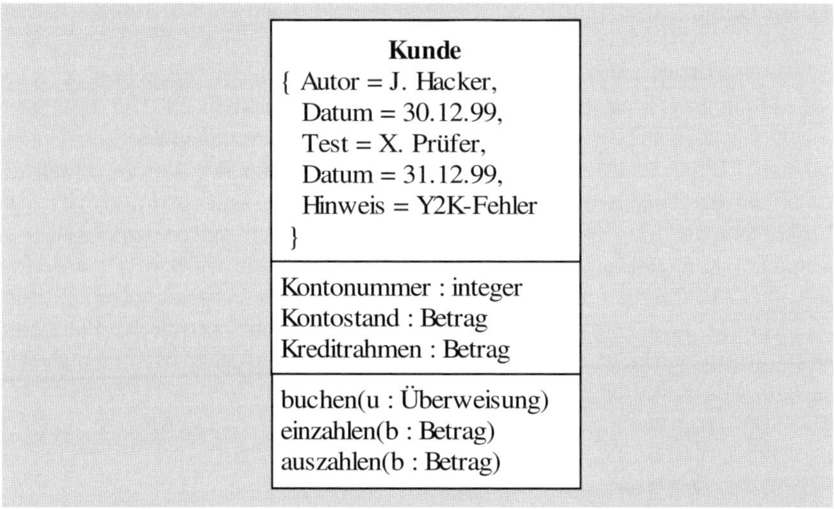

Abbildung 14.1. Eigenschaftslisten

die mit einem Stereotyp markiert sind, besitzen dessen Eigenschaften, außerdem lassen sich Bedingungen angeben, die erfüllt sein müssen.

Vordefinierte Stereotypen charakterisieren beispielsweise die Beziehungen zwischen Paketen als ≪access≫ , ≪import≫ oder ≪merge≫ . Eine Komponente kann als ≪subsystem≫ auftreten, das dann in eine Komponente ≪specification≫ , die Schnittstellen für einen Anwendungsbereich vorgibt, und eine zur Implementierung(≪realization≫) aufgeteilt wird. Eine genaue Festlegung sollte abhängig von der speziellen Anwendung getroffen werden.

14.3 Vereinbarung von Stereotypen

Die mächtigste Möglichkeit der UML Erweiterung durch den Benutzer stellen die Stereotypen dar. Wir haben schon an einigen Stellen vordefinierte Stereotypen zur Klassifikation von Klassen, Abhängigkeiten oder anderen Modellelementen verwendet. Stereotypen sind selbst generalisierbare Modellelemente, die eine möglicherweise leere Eigenschaftsliste besitzen und durch beliebig viele Bedingungen eingeschränkt sind. Jedem Modellelement können ein oder mehrere Stereotypen zugeordnet werden, was in der Wirkung gleichbedeutend damit ist, dass deren Eigenschaftslisten und alle Bedingungen direkt dem Element zugeordnet worden wären.

Die einfachste Möglichkeit, einen Stereotyp zu verwenden, ist die Markierung von Modellelementen, dabei ist die gewünschte Semantik entweder offensichtlich wie die Kategorisierung von Klassen in AWT-Klassen und Modellklassen (siehe Abschnitt 13.3.4) oder die Bedingungen und tagged values werden einmal ausformuliert und gelten dann bei jedem Auftreten des Stereotyps.

Ein Stereotyp kann als eine klassenähnliche Struktur aufgefasst werden und als ein Rechteck gezeichnet werden. Dieses Rechteck ist mit dem Stereotyp ≪stereotype≫ markiert und enthält je ein Fach für die Eigenschaften (Tags) und Bedingungen (Constraints). Bei der Vereinbarung eines neuen Stereotyps durch ein entsprechendes Klassendiagramm wird das Modellelement, für dessen Exemplare der Stereotyp gelten soll, wie zum Beispiel `Class`, `Dependency` oder `Package` angegeben werden. Es wird als Ziel einer Abhängigkeit ≪stereotype≫ wie eine Klasse mit dem Stereotyp ≪metaclass≫ notiert. Ein Stereotyp kann durch seinen `Icon` Wert eine eigene grafische Darstellung einführen. Wir vereinbaren in dieser Form den Stereotyp ≪TestableClass≫.

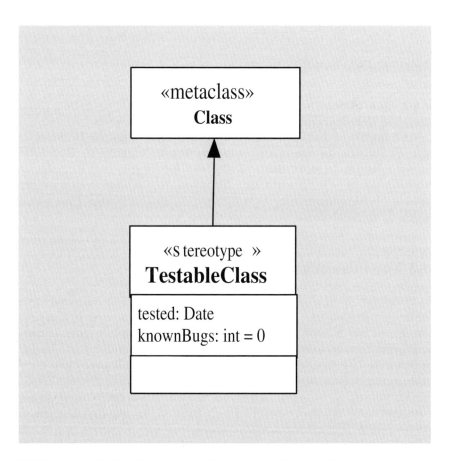

Abbildung 14.2. Erweiterung einer Metaklasse mit einem Stereotyp

14.4 Profile

Zusammenhängende Sätze von neuen Stereotypen beschreiben eine Erweiterung bzw. Anpassung der UML. Sie werden Profil genannt und als Pakete mit dem Stereotyp ≪profile≫ gekennzeichnet. Ein Profil erweitert den Sprachumfang durch Schaffen neuer Modellelemente. Dies geschieht wiederum durch Restriktionen an den Gebrauch der vorhanden Elemente. Einige solcher Sätze für Komponentenarchitekturen, z.B. :NET oder Enterprise Java Beans sind der UML Dokumentation als inoffizieller Teil beigefügt.

14.5 Die OCL

Die OCL (Object Constraint Language) wurde ursprünglich unabhängig entwickelt, ist jetzt aber ein Teil der UML. Wir wollen in diesem Abschnitt nur einen Überblick über die Sprache geben und sie an Hand eines Beispieles einführen. Für eine detaillierte Beschäftigung mit dieser Sprache verweisen wir auf den Referenzteil A.10 und [19].

14.5.1 Überblick

Die OCL (Object Constraint Language)

- ist eine Spezifikationssprache, die es erlaubt ein UML-Modell näher zu erläutern, durch Bedingungen einzuschränken, Regeln für die Ausprägung und Ausführung aufzustellen und deren Konsistenz zu überprüfen. Sie hat aber keine Ausführungssemantik, bietet also keine Implementierung des Modells.
- ist trotz ihres Namens eine funktionale Sprache. Es können nur einzelne Ausdrücke gebildet werden, die keine Seiteneffekte haben. Die Ausdrücke, bei denen es sich in der Regel um Prädikate, um logische Ausdrücke wie Bedingungen oder Vergleiche handelt, werden jeder für sich ausgewertet, auch alle zu einem UML-Diagramm gehörenden Ausdrücke bilden kein einheitliches Programm.
- ist speziell auf UML-Diagramme zugeschnitten. Die Diagramme bilden den Kontext für OCL Ausdrücke, die eigentlich nicht ohne ein UML Bezugselement existieren können. So sind die Operanden der Ausdrücke neben Konstanten auch Attribute von Klassen oder Parameter von Methoden, in deren jeweiligem Sichtbarkeitsbereich die OCL Bedingung angesiedelt ist. Für Aufruf- und Zugriffsoperationen treten auch Klassen oder Interfaces, Methoden oder UML-Operationen auf, letztere sofern sie frei von Seiteneffekten sind. Entlang der Assoziation kann navigiert werden, indem die Enden oder Rollen als Operanden in einem Ausdruck auftauchen.

- ist eine getypte Sprache. Neben den Standardtypen `Integer`, `Real`, `Boolean` und `String` existieren drei Arten von Containertypen oder Kollektionen. Diese bilden über einem gegebenen Grundtyp entweder eine Menge (`set`), eine Multimenge (`bag`) oder eine Folge (`sequence`).
  Außerdem ist jeder im UML-Modell vereinbarte Typ oder Klasse automatisch ein OCL Typ, eine Ausprägung von `OclType`. Die Typen bilden eine Hierarchie, `OclAny` ist der Supertyp aller im Modell auftretenden Typen.
- besitzt viele vordefinierte Operationen. Insbesondere stehen für die Kollektionen viele höherwertige Funktionen bereit, die es erlauben, Teilmengen auszufiltern, Projektionen vorzunehmen, Kollektionen zusammenzufassen, Aussagen über alle Mitglieder oder Existenzaussagen zu treffen oder eine ganz allgemeine Iteration zu formulieren. Darüber hinaus erlaubt OCL durch Kombination dieser Operationen und durch Rekursion die Vereinbarung eigener, mächtiger Funktionen.
- ist eine Mischung aus Prädikatenlogik und typisierter Mengentheorie, dargeboten in einer recht intuitiven Syntax.

Die OCL präzisiert durch die Formulierung von Bedingungen das Modell der Software. Mit ihrer Hilfe können Klasseninvarianten spezifiziert und Vor- und Nachbedingungen für Operationen aufgestellt werden. Es ist beispielsweise relativ leicht Aussagen zu Klassendiagrammen zu machen, da die Syntax eine einfache Navigation im Diagramm ermöglicht. Deshalb wurde OCL auch als Mittel verwendet, um das UML-Metamodell zu spezifizieren.

14.5.2 Einführung der OCL an einem Beispiel

In diesem Abschnitt wollen wir einige der wichtigsten Funktionen und Schreibweisen der OCL am Beispiel des Klassendiagramms in Abbildung 14.3 einführen.

Jeder OCL Ausdruck bezieht sich auf ein Bezugselement des UML Diagramms, z.B. auf eine Klasse. Dieses wird entweder unterstrichen oder noch klarer als Kontextangabe über den Ausdruck geschrieben. Im Ausdruck bezeichnet `self` eine Referenz auf eine Instanz dieses Elements. Die Bedingung muss dann für alle Objekte dieser Klasse gelten. Beginnen wir mit dem Zugriff auf Attribute. Diese können in der gewohnten Punktnotation angesprochen werden.

Eine Tagung dauert zwischen 1 und 5 Tagen :

```
context Tagung
self.Dauer <= 5 and self.Dauer >= 1
```

Das Anmeldedatum muss vor dem 16.6.99 liegen. Hierbei nehmen wir an, dass der Datumstyp als eine Klasse mit den drei Attributen `year`, `month` und `day` vereinbart ist.

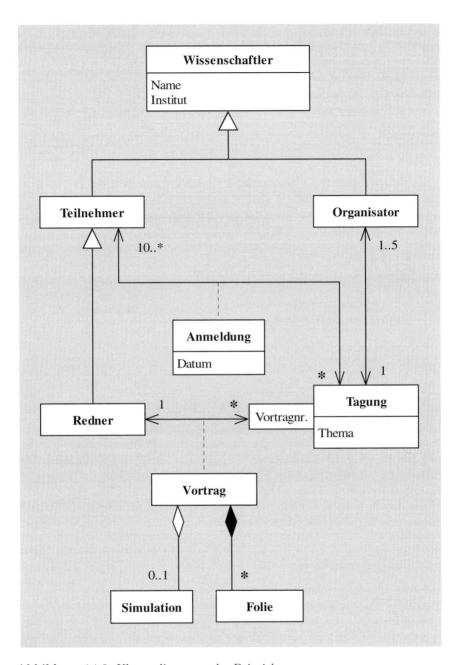

Abbildung 14.3. Klassendiagramm des Beispiels

```
context Anmeldung

if (self.Datum.year > 1999) then false
else (self.Datum.year = 1999) implies
  if (self.Datum.month > 6) then false
  else (self.Datum.month > 6)implies
    (self.Datum.day <= 16)
  endif
endif
```

Vergleiche, arithmetische und logische Operatoren stehen für die entsprechenden Typen zur Verfügung. Bedingungen können als Invarianten, z.B. für alle Objekte einer Klasse, Vor- oder Nachbedingungen einer Operation oder Wächterbedingungen für einen Zustand klassifiziert werden.

```
context Tagung
    inv: self.Dauer <= 5 and self.Dauer >= 1

context Tagung::anmelden(ad:Datum)
    pre: ad <= Anfangsdatum
```

Der Bereichsoperator erlaubt die Angabe von inneren Elementen als aktueller Kontext.

Entlang von Assoziationen kann auf verknüpfte Objekte zugegriffen werden, indem der Rollenname oder, falls dieser fehlt, der Name der Partnerklasse, allerdings nun mit einem Kleinbuchstaben beginnend, in der Punktnotation an das Exemplar der Quellklasse angehängt wird.

`self.orgTagung` bezeichnet für einen Organisator seine Tagung. Für Tagung beschreibt `self.teilnehmer` hingegen die Menge der Teilnehmer. Die Vielfachheit bestimmt also den Ergebnistyp. Solche Zugriffspfade können beliebig lang werden: `self.orgTagung.teilnehmer`

Als Einschränkung kann nun formuliert werden, dass mindestens 10 Teilnehmer pro Tagung erwartet werden.

```
context Tagung
self.Teilnehmer->size >= 10
```

Das steht allerdings schon im Klassendiagramm.

`size` ist eine der vordefinierten Funktionen für Kollektionen, deren Aufruf durch den `->` Operator erfolgt.

Selbstverständlich werden Attribute und Assoziationen vererbt. Ein Redner nimmt nur an einer Tagung teil:

```
context Redner
self.tagung->size = 1
```

Auch auf die Assoziationsklassen kann zugegriffen werden.

```
context Redner
self.vortrag.folie->size <= 20
```

Diese Bedingung steht für den gutgemeinten Ratschlag, nicht zu viele Folien vorzusehen. Umgekehrt kann eine Assoziationsklasse ihre Enden referenzieren.

```
context Vortrag
self.redner.Institut <> self.tagung.organisator.Institut
```

Ein Redner darf nicht dem Institut der Organisatoren angehören. Genau genommen ist diese Einschränkung für eine *1:1* Beziehung zwischen Tagung und Organisator formuliert. Für die modellierte *1:n* Beziehung müssen wir die Institute aller Organisatoren in Betracht ziehen:

    `self.tagung.organisator.Institut` oder ausführlicher
`self.tagung.organisator->collect(Institut)`

Diese Bedingung sucht für jedes Element der Organisatorenmenge das Institutsattribut heraus und bildet die Multimenge (Bag) daraus, in dem nun ein Element mehr als einmal vorkommen darf. Wir berechnen also eine Projektion der Menge von Organisatoren auf eines ihrer Attribute. Die obige Ausschlussbedingung lautet nun:

```
not  self.tagung.organisator.Institut ->
  includes(self.redner.Institut)
```

Objektselektorwerte werden in eckigen Klammern hinter das ausgewählte Objekt notiert. Der erste Vortrag, die Begrüßungsansprache, wird von einem Organisator gehalten, was durch den Wert 1 für der Objektselektor *Vortragsnr.* zum Ausdruck gebracht wird.

```
context Tagung
self.organisator->includes(self.redner[1]
```

Fassen wir jetzt alle Einschränkungen zusammen, so ist unser Entwurf nicht mehr konsistent. Das ignorieren wir hier.

Im Gegensatz zur Projektion (`collect`) selektiert die `select` Funktion Objekte, die eine gewisse Eigenschaft besitzen, zum Beispiel alle fränkischen Teilnehmer.

```
context Tagung
self.teilnehmer->select(p:Teilnehmer | p.land = "Franken")
```

Um nun noch auszudrücken, dass diese Teilnehmer keine Gebühr zahlen brauchen, wenden wir Quantoren-ähnliche Operationen wie `forAll` an.

```
self.teilnehmer->
  select(p:Teilnehmer | p.land = "Franken").anmeldung->
    forAll(a:Anmeldung | Gebuehr = 0)
```

Ebenso gibt es den Existenzquantor. Alle Ausprägungen einer Klasse können ebenso wie alle Supertypen, alle Attributwerte oder alle Methoden durch eine Funktion bestimmt werden. Wir wollen uns mit diesen wenigen Anwendungen begnügen und verweisen noch auf den Referenzteil A.10.

Kapitel 15

Das UML-Metamodell

Wir wollen in diesem Kapitel ganz kurz das UML-Metamodell beschreiben, welches die formale Grundlage der UML bildet.

- 4-Schichten-Architektur
- Meta-Klasse
- Meta-Assoziation

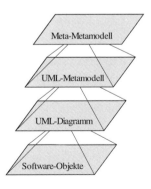

15.1 Modell und Metamodell

Ein wesentlicher Schritt bei der Modellierung von Softwaresystemen ist die Abstraktion von Objekten der Anwendungsdomäne zu Klassen des Modells, allgemeiner von Exemplaren zu Modellobjekten, die gleichartig strukturierte Instanzen oder solche mit gleichem Verhalten zusammenfassend beschreiben. Dieser Schritt erfolgt oft implizit, und die Unterscheidung zwischen Klasse und Objekt oder Assoziation und Verknüpfung verschwindet bei der Diskussion. Trotzdem ist diese Abstraktion immer vorhanden. Modellobjekte werden in der UML durch Diagrammelemente veranschaulicht.

In diesem Buch haben wir mit den Mitteln der UML solche Modellobjekte beschrieben, d.h. wir haben Klassen und Assoziationen z.B. für eine Tagungsverwaltung formuliert, Anwendungsfälle aufgestellt und Kooperationen beschrieben. Dazu wurden die verwendeten Hilfsmittel oder Modellelemente eingeführt und bekannt gemacht als da sind: Klassen, Assoziationen, Nachrichten, Aktivitäten, Zustände, Anwendungsfälle usw. Betrachten wir nun die Modellierung selbst als Anwendung, so werden die Modellobjekte, die entworfenen Klassen und Assoziationen selbst zu Ausprägungen von den eben aufgezählten allgemeineren Metaobjekten wie Klasse oder Generalisierung. Genauso wie wir sagen: „Der UML Workshop ist ein Objekt der Klasse Tagung." gilt der Satz: „Die Klasse Tagung ist ein Exemplar der Metaklasse Klasse." Der gesamte Sprachvorrat der UML kann in diesem Sinne als Abstraktion, als Metamodell für alle Modelle, dargestellt durch die verschiedenen Diagramme, aufgefasst werden. Interessanterweise lässt sich dieses Metamodell genauso beschreiben wie die Modelle auch: mit UML-Diagrammen, in OCL formulierten Bedingungen und etwas Klartext für die eigentliche Semantik.

Betrachten wir einen Ausschnitt der abstrakten Syntax eines Klassendiagramms, in dem die Modellelemente Klasse und Assoziation im Mittelpunkt stehen

Beispiel 5
Metaobjekte Klasse und Assoziation

Klasse und Assoziation sind `Classifier`, *eine abstrakte, Klassen-ähnliche, generalisierbare Struktur, die Exemplare ausbilden kann.*

Zentral ist hier der Begriff Property (Eigenschaft), der die Verbindung zwischen Klasse und Assoziation herstellt.

Eine Klasse besitzt eine Liste von Eigenschaften also Attributen, die entweder einen Wert darstellen oder als Assoziationsende auftreten. Ferner kann eine Klasse Operationen und geschachtelte Classifier enthalten. Eine Assoziation führt zu den Superklassen.

Eine Assoziation verbindet mindestens 2 Classifier. Die Enden (memberEnd) sind navigierbar – dann gehören die Eigenschaften auch dem verbun-

denen *Classifier* – oder nicht und dann im Besitz der Assoziation. Sind beide Enden navigierbar, so ist das Zweite mit *opposite* zu erreichen.

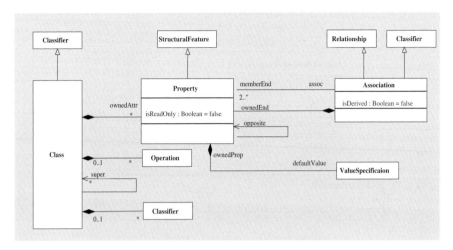

Abbildung 15.1. Modellelemente `Class` und `Association`

Das Bild zeigt einen Ausschnitt aus dem Metamodell.

Wir haben bisher drei Schichten identifiziert: die Benutzerobjekte, deren Modell und die Modellierungssprache UML selbst als Metamodell. Man kann nun noch einen Schritt weitergehen und das Metamodell als Ausprägung eines noch abstrakteren Meta-Metamodells auffassen, aus dem dann verschiedene Varianten der UML oder auch völlig andere Modellierungssprachen ausgeprägt werden können. In der Tat gibt es ein solches Meta-Metamodell, die MOF (Meta Object Facility) der OMG. Wir wollen das aber nicht vertiefen und fassen nur kurz zusammen.

15.2 Die 4-Schichten Architektur von UML

UML ist eine Sprache zur Modellierung. Die Syntax und Semantik der hierzu benutzten Sprachelemente wird im Metamodell definiert. Das Metamodell entsteht dabei wiederum aus einem Meta-Metamodell. Insgesamt lässt sich der UML Entwurf in eine 4-schichtige Architektur von Modellen einordnen, von denen jedes eine Ausprägung des vorherigen bildet.

1. Das Meta-Metamodell - die OMG Meta Object Facility (MOF) bildet den höchsten Grad der Abstraktion, es definiert Meta-Metaobjekte wie z.B.: *MetaClass*, *MetaAttribute* oder *MetaAssociation*. Es kann zur Definition beliebiger Metamodelle benutzt werden, wird aber eigentlich nicht zur Beschreibung und zum Verständnis der UML gebraucht.

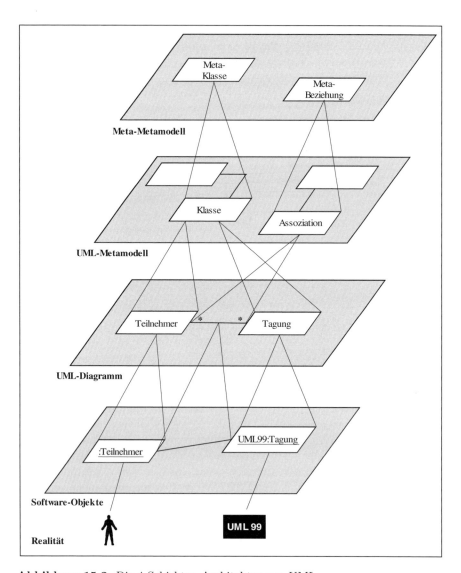

Abbildung 15.2. Die 4-Schichten-Architektur von UML

2. Das Metamodell - die UML selbst definiert Metaobjekte oder Modellelemente wie z.B.: *Class, Attribute* oder *Association*
3. Das Modell, dargestellt als UML-Diagramme, definiert Modellobjekte wie
   z.B.: *Class: Tagung Attribute: Datum, Association: Teilnehmer*
4. Benutzerobjekte repräsentieren real existierende Objekte wie z.B.: *Tagung: UML'99 , Datum: 5.11.99*

15.3 Zusammenfassung

Durch das Metamodell wird die Syntax, die statische Semantik und die dynamische Semantik von UML beschrieben. Die Syntax von UML wird durch UML-Diagramme dargestellt. Die statische Semantik wird durch die Object Constraint Language (OCL) und durch natürliche Sprache beschrieben. Die Beschreibung der dynamischen Semantik erfolgt durch natürliche Sprache.

Teil IV

Anhang

Anhang A

Die UML Referenz

In diesem Anhang stellen wir die grafische Notation der einzelnen Diagramme noch einmal zusammen. Dabei bedienen wir uns beispielhafter Diagramme, in denen die grafischen Elemente in ihrer Originalgestalt auftreten, und kurzer Kommentare. Wir folgen hier der von uns bevorzugten Übersetzung, geben aber die englischen Originalnamen ebenfalls an. Wir gehen in der gleichen Reihenfolge wie im Teil 1 des Buches vor.

Zu beachten ist ferner, dass die in den Zeichnungen verwendeten Klammern und andere Begrenzer wie : oder / in dem tatsächlichen Text so zu stehen haben, also terminale Zeichen sind und keine weitere Bedeutung tragen. Die Namen bezeichnen hier immer das Modellelement und sind im normalen Zeichensatz notiert, wohingegen die Verweise auf Kommentare kursiv gedruckt sind.

Im Gegensatz dazu erfolgt die Angabe der genauen Syntax von einigen Beschriftungen in der üblichen EBNF Notation, in der Terminale in " eingeschlossen werden, eckige Klammern optionale Elemente und geschweifte Klammern beliebig häufige Wiederholungen kennzeichnen.

Eine Fülle von Querverweisen macht deutlich, dass die gleichen UML-Modellelemente in verschiedenen Diagrammen vorkommen. Konsequenterweise ist diese Zusammenfassung der UML zusätzlich als Hypertext auf der CD zu finden. Der Modellierer kann auch noch freier Elemente verschiedener Diagramme kombinieren.

In diesem Teil kommen auch einige sonst im Buch nicht erwähnte Elemente aus der Originalbeschreibung der UML vor. Einige Spezialnotationen lassen wir auch hier unter den Tisch fallen. Wir listen ferner die wichtigsten vordefinierten Stereotypen und Einschränkungen auf.

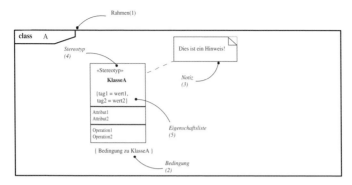

Abbildung A.1. Syntax der gemeinsamen Sprachelemente - hier am Bespiel einer Klasse

A.1 Gemeinsame Elemente aller Diagramme

Beschreibende Elemente können in allen Diagrammen auftreten. Sie spezifizieren ein Modellelement in einem Diagramm präziser.

All:1 Rahmen
  Abbildung: A.1
  Engl.: Frame
  Regeln:
  - Jedes Diagramm kann von einem Rahmen umrandet werden. In diesem Rahmen steht am linken oberen Rand die Art (in Fettdruck) und der Name des dargestellten Modells.
  - Es gibt folgende Arten
    - use case **uc**
    - activity **act**
    - class **class**
    - interaction **sd**
    - state machine **stm**
    - component **cmp**
    - package **pkg**

All:2 Bedingung, Einschränkung, Constraint
  Abbildung: A.1
  Engl.: constraint
  Regeln:
  - Einzelne Modellelemente oder auch Gruppen können mit einer Bedingung versehen werden.
  - Die Formulierung der Bedingung kann in OCL erfolgen, ist aber nicht festgelegt.
  - Sie wird in geschweifte Klammern eingeschlossen.

- Sie kann in einer Notiz stehen.
- Gestrichelte Linien führen zu den eingeschränkten Elementen.

siehe auch: Notiz (3)
Beschreibung: Seite 73

All:3 Notiz, Kommentar
   Abbildung: A.1
   Engl.: note
   Regeln:
- Eine Notiz ist ein Kommentar zu einem Diagrammelement.

All:4 Stereotyp
   Abbildung: A.1
   Engl.: stereotype
   Regeln:
- Einzelne Modellelemente können durch Stereotypen klassifiziert werden.
- Syntax : ≪Stereotyp≫

   Beschreibung: Seite 279

All:5 Eigenschaftsliste, tagged values
   Abbildung: A.1
   Engl.: tagged values
   Regeln:
- Eigenschaftslisten spezifizieren weitere Eigenschaften der Modellelemente.
- Eine Eigenschaft ist ein Schlüssel - Wert Paar.
- Syntax : `tag = value`
- Fehlende Wertangabe entspricht `true`

   Beschreibung: Seite 278

A.2 Use-Case-Diagramm

Anwendungsfalldiagramm

Use:1 Akteur
   Abbildung: A.2
   Engl.: actor
   Regeln:
- Jeder Akteur hat einen Namen.
- Ein Akteur kann eine Klasse sein.

   siehe auch: Use-Case (2), Assoziation (4), Klasse (1)
   Beschreibung: Seite 18

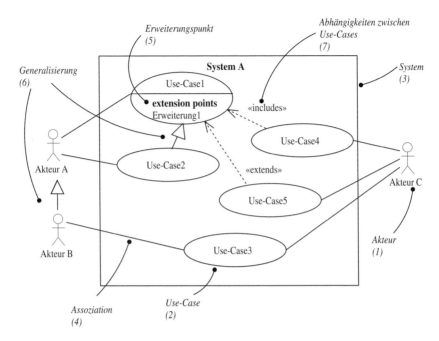

Abbildung A.2. Syntax der Use-Case-Diagramme

Use:2 Use-Case, Anwendungsfall
Abbildung: A.2
Engl.: use case
Regeln:
- Jeder Use-Case hat einen Namen.
- Er kann eine Liste von Erweiterungsstellen enthalten.

siehe auch: Akteur (1), Assoziation (4), Use-Case Abhängigkeit (7)
Beschreibung: Seite 18

Use:3 System
Abbildung: A.2
Engl.: system
Regeln:
- Ein System enthält beliebig viele Use-Cases.
- Ein System kann einen Namen haben.

siehe auch: Use-Case (2)
Beschreibung: Seite 18

Use:4 Assoziation
Abbildung: A.2

Engl.: association
Regeln:
- Assoziationen verbinden Akteure mit Use-Cases.

siehe auch: Use-Case (2), Akteur (1)
Andere Diagramme: Klassendiagramm (Kla:5)
Beschreibung: Seite 18

Use:5 Erweiterungspunkt
Abbildung: A.2
Engl.: extension point
Regeln:
- Jeder Anwendungsfall kann eine Liste von Erweiterungspunkten enthalten.

siehe auch: Use-Case (2), ≪extends≫ -Beziehung (7)
Beschreibung: Seite 23

Use:6 Generalisierung
Abbildung: A.2
Engl.: generalization
Regeln:
- Generalisierung von Use-Cases und Akteuren ist möglich.

siehe auch: Use-Case (2), Akteur (1)
Andere Diagramme: Klassendiagramm (Kla:12)
Beschreibung: Seite 21

Use:7 Use-Case Abhängigkeit
Abbildung: A.2
Engl.: use case relationships
Regeln:
- Use-Cases können mit Abhängigkeitspfeilen miteinandern verbunden werden.
- Es gibt zwei Arten von Abhängigkeiten, die mit entsprechenden Stereotypen gekennzeichnet werden:
    - ≪extends≫ für die Erweiterung eines Use-Cases durch einen anderen
    - ≪includes≫ für die Benutzung eines Use-Cases durch einen anderen

siehe auch: Use-Case (2).
Andere Diagramme: Klassendiagramm (Kla:18), Komponentendiagramm (Kmp:6), Installationsdiagramm (Ins:3), Paketdiagramm (Pak:2)
Beschreibung: Seite 20

A.3 Aktivitätsdiagramm

activity diagram

Aktivitätsdiagramme sind gut geeignet, Vorgänge und Abläufe zu beschreiben. Sie können ferner zur Veranschaulichung von Algorithmen herangezogen werden.

Akt:1 Aktivität
> **Abbildung:** A.3, A.4
> **Engl.:** activity
> **Regeln:**
> • Eine Aktivität setzt sich aus mehreren Aktionen zusammen.
> • Ein Aktivitätsdiagramme beschreibt eine oder mehrere Aktivitäten.
> • Eine Aktivität kann parametrisiert sein.
> **siehe auch:** Aktion 2
> **Andere Diagramme:** Zustandsdiagramm (Zus:2)
> **Beschreibung:** Seite 28

Akt:2 Aktion
> **Abbildung:** A.3
> **Engl.:** action
> **Regeln:**
> • Aktionen werden durch Kanten miteinander verbunden.
> • Es kann mehrere Eingangs- und Ausgangskanten geben.
> • Eine Aktion wird ausgeführt, wenn alle Eingangskanten feuern.
> • Ausgangskanten sollten durch disjunkte Wächterbedingungen unterscheidbar sein.
> **siehe auch:** Verzweigung (9) , Kante (4) , Wächterbedingung (7)
> **Andere Diagramme:** Zustandsdiagramm (Zus:2)
> **Beschreibung:** Seite 28

Akt:3 Objekt
> **Abbildung:** A.3
> **Engl.:** ObjectNode
> **Regeln:**
> • Der Objektname gibt den Typ, die Klasse an.
> • Für ein Objekt kann der aktuelle Zustand angegeben werden.
> • Ein Objektname, welcher ein Signal beschreibt, wird in ein pfeilförmiges Rechteck eingeschlossen.
> **siehe auch:** Pin (11); Objektfluss (12)
> **Andere Diagramme:** Sequenzdiagramm (Seq:1), Kommunikationsdiagramm (Kmk:1, Klassendiagramm (Kla:15), Installationsdiagramm (Ins:1)
> **Beschreibung:** Seite 33

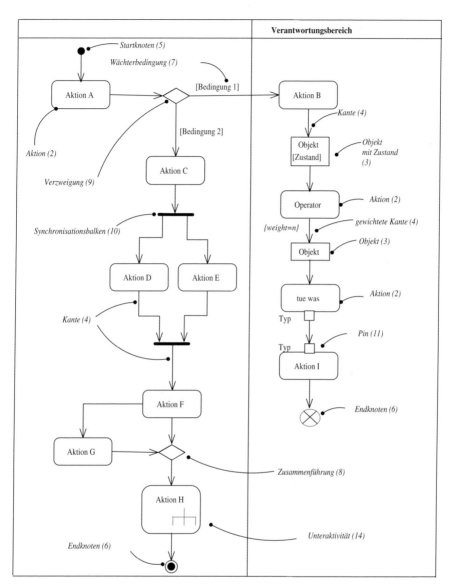

Abbildung A.3. Syntax der Aktivitätsdiagramme 1

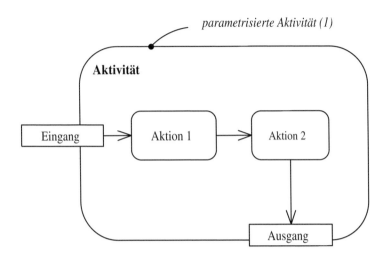

parametrisierte Aktivität (1)

Abbildung A.4. Syntax der Aktivitätsdiagramme 2

Akt:4 Kante, Pfeil
    Abbildung: A.3
    Engl.: ActivityEdge
    Regeln:
    • Eine Kante verbindet Aktionen, Objekte oder Aktivitäten.
    • Sie kann mit einer Wächterbedingung versehen werden.
    • Die Anzahl der transportierten Objekte kann als Gewicht angegeben werden. {`weight=n`}
    siehe auch: Aktion (2), Aktivität (1) , Wächterbedingung (7)
    Andere Diagramme: Zustandsdiagramm (Zus:3)
    Beschreibung: Seite 30

Akt:5 Startknoten
    Abbildung: A.3
    Engl.: InitialNode
    Regeln:
    • Jedes Diagramm kann mehrere Startzustände haben
    siehe auch: Endknoten (6)
    Andere Diagramme: Zustandsdiagramm (Zus:5)
    Beschreibung: Seite 29

Akt:6 Endknoten
> **Abbildung:** A.3
> **Engl.:** ActivityFinal, FlowFinal
> **Regeln:**
> - Ein Endknoten mit dem gevierteltem Kreis bezeichnet das Ende eines Kontrollflusses, einer mit dem Spiegeleisymbol das der ganzen Aktivität.
>
> **siehe auch:** Startknoten (5)
> **Andere Diagramme:** Zustandsdiagramm (Zus:6)
> **Beschreibung:** Seite 29

Akt:7 Wächterbedingung
> **Abbildung:** A.3
> **Engl.:** guard condition
> **Regeln:**
> - Jede Kante kann mit einer Wächterbedingung versehen werden.
> - Die Formulierung der Bedingung kann in OCL erfolgen, ist aber nicht festgelegt.
>
> **siehe auch:** Aktion (2), Kante (4)
> **Andere Diagramme:** Zustandsdiagramm (Zus:3), Sequenzdiagramm (Seq:2)
> **Beschreibung:** Seite 30

Akt:8 Zusammenführung
> **Abbildung:** A.3
> **Engl.:** MergeNode
> **Regeln:**
> - Es gibt mehrere eingehende und eine abgehende Kante.
>
> **siehe auch:** Verzweigung (9)
> **Beschreibung:** Seite 31

Akt:9 Verzweigung
> **Abbildung:** A.3
> **Engl.:** DecisionNode
> **Regeln:**
> - Es gibt eine eingehende und zwei oder mehr abgehende Kanten.
> - Alle abgehenden Kanten müssen mit einer unterschiedlichen Wächterbedingung versehen werden.
> - else fasst alle nicht explizit aufgeführten Bedingungen zusammen.
> - Verzweigung und Zusammenführung können zu einem Symbol verschmolzen werden.
>
> **siehe auch:** Aktion (2) , Kante (4) , Wächterbedingung (7), Zusammenführung (8)
> **Beschreibung:** Seite 31

Akt:10 Synchronisationsbalken
  Abbildung: A.3
  Engl.: ForkNode, JoinNode
  Regeln:
  - Ein Synchronisationsbalken kann entweder nur eine eingehende und beliebig viele ausgehende Kanten oder beliebig viele eingehende und nur eine ausgehende Kante haben.
  - Er kann mit einer Bedingung versehen werden.
  siehe auch: Kante (4)
  Andere Diagramme: Zustandsdiagramm (Zus:14)
  Beschreibung: Seite 32

Akt:11 Pin
  Abbildung: A.3
  Engl.: pin
  Regeln:
  - Der Objektfluss kann auch durch Pins, die getypte Kanäle in Form von kleinen Quadraten bezeichnen, geregelt werden.
  - Eingangs- und Ausgangspins können durch Pfeile in den Quadraten gekennzeichnet werden.
  - Ein Datenstrom wird durch ausgefüllte Quadrate spezifiziert.
  - Mehrere Pins lassen sich zu einem Parametersatz gruppieren.
  siehe auch: Objekt (3), Objektfluss (12)
  Beschreibung: Seite 35

Akt:12 Objektfluss
  Abbildung: A.3
  Engl.: ObjectFlow
  Regeln:
  - Objektfluss wird durch Kanten zwischen Pins oder Objekten beschrieben.
  - Bei einem Datenstrom ist die Kantenspitze ausgefüllt.
  - Objekte können mit dem Stereotyp «centralBuffer» als Puffer oder mit «dataStore» als Speicher ausgezeichnet werden.
  siehe auch: Objekt (3), Pin (11)
  Beschreibung: Seite 35

Akt:13 Verantwortlichkeitsbereich, (Schwimmbahn)
  Abbildung: A.3
  Engl.: ActivityPartition
  Regeln:
  - Eine Schwimmbahn gruppiert Aktivitäten und Kanten.
  - Sie sollte einen Namen haben.

- Geschachtelte Verantwortlichkeitsbereiche oder Abgrenzungen in zwei Dimensionen sind möglich.

siehe auch: Aktivität (1), Kante (4)

Beschreibung: Seite 32

Akt:14 Unteraktivität

Abbildung: A.3

Engl.: subactivity

Regeln:

- Eine Unteraktivität ist eine Referenz auf ein anderes Aktivitätsdiagramm.
- Sie wird in einer Aktion ausgeführt.
- Ihre Details können verborgen werden, dann ist als Indikator das Gabelsymbol zu notieren.

siehe auch: Aktion (2), Aktivität (1)

Andere Diagramme: Zustandsdiagramm (Zus:7), Sequenzdiagramm (Seq:9)

Akt:15 Strukturierte Aktivität

Abbildung: A.5

Engl.: StructuredActivityNode

Regeln:

- Eine strukturierte Aktivität ist in einem Kontrollfluss oder Objektfluss direkt aufrufbar.
- Sie kann mit Objekten oder Pins parametrisiert werden.
- Sie dient dazu Knoten mit spezieller Semantik einzuführen.

siehe auch: Fallunterscheidunsaktivität (16), Schleifenaktivität (17), Mengenaktivität (18)

Akt:16 Fallunterscheidunsaktivität

Abbildung: A.5

Engl.: ConditionalNode

Regeln:

- Im if und den optionalen else if Bereichen stehen Aktionen für Bedingungen. In den then und else Bereichen stehen die Aktionen, die ausgeführt werden, falls die entsprechende Bedingung erfüllt ist.

siehe auch: Strukturierte Aktivität (15), Schleifenaktivität (17)

Beschreibung: Seite 38

Akt:17 Schleifenaktivität

Abbildung: A.5

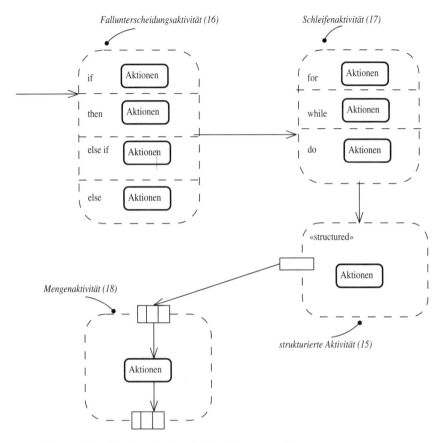

Abbildung A.5. Syntax der Aktivitätsdiagramme 3

Engl.: LoopNode
Regeln:
- Im `for` Bereich steht die Initialisierungsaktion, im `while` Bereich die Schleifenbedingung, im `do` Bereich der Schleifenrumpf

siehe auch: Strukt. Aktivität (15), Fallunterscheidunsaktivität (16)
Beschreibung: Seite 38

Akt:18 Mengenaktivität
    Abbildung: A.5
    Engl.: ExpansionRegion
    Regeln:
- Die Aktionen werden für alle Elemente der durch die Eingangspins eingebrachten Mengen oder Kollektionen ausgeführt.

    siehe auch: Strukturierte Aktivität (15)

A.4 Klassendiagramm

class diagram

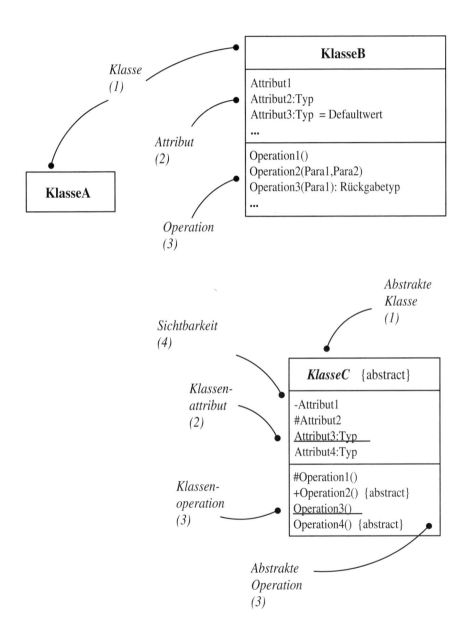

Abbildung A.6. Syntax der Klassendiagramme 1

Kla:1 Klasse
  Abbildung: A.6
  Engl.: class
  Regeln:
  - Eine Klasse wird durch Fächer näher beschrieben. Vordefinierte Fächer gibt es für:
    – Name
    – Attribute
    – Operationen
  - Eine Klasse hat einen innerhalb des umfassenden Paketes eindeutigen Namen.
  - Vor den eigentlichen Klassennamen werden die Namen der umfassenden Pakete gestellt. Syntax:
    Klassenname ::= [Paketname ":: "] Klassenname
  - Der Klassenname sollte mit einem Großbuchstaben beginnen.
  - Der Klassenname einer abstrakte Klasse wird kursiv gedruckt, zusätzlich kann die Klasse mit der Bedingung `{abstract}` versehen werden.
  - Stereotypen charakterisieren unter Umständen die Klasse. Es gibt folgende vordefinierte Stereotypen:
    – ≪interface≫ Schnittstelle für einen Teilaspekt
    – ≪implementationClass≫ festgelegte Struktur im Sinne einer Programmiersprache
    – ≪metaclass≫ Exemplare sind Klassen
    – ≪type≫ beschreibt Zustand und Verhalten ohne Implementierung.
    – ≪utility≫ Sammlung von eigenständigen Attributen und Operationen
  - In einer Eigenschaftsliste können weitere Eigenschaften z. B. das Persistenzverhalten der Klasse angegeben werden.
  siehe auch: Attribut (2), Operation (3), Stereotyp (All:4), Eigenschaftsliste (All:5)
  Andere Diagramme: Kompositionsdiagramm (Kps:1), Paketdiagramm (Pak:1)
  Beschreibung: Seite 44

Kla:2 Attribut
  Abbildung: A.6
  Engl.: attribute
  Regeln:
  - Jedes Attribut hat in der Klasse einen eindeutigen Namen.
  - Ist die verwendete Sprache Englisch, so sollte der Attributname mit einem Kleinbuchstaben beginnen.
  - Ein Klassenattribut wird unterstrichen dargestellt.
  - Syntax:
    Attribut ::= [Sichtbarkeit] Attrname ": " Typ [Multiplizität ["ordered

"]]
["=" Defaultwert] ["{ " Eigenschaften "} "]
siehe auch: Klasse (1), Operation (3), Multiplizität (10)
Beschreibung: Seite 45

Kla:3 Operation

Abbildung: A.6

Engl.: operation

Regeln:

- Jede Operation muss in Kombination mit ihren Typen der Parameter-liste und dem Typ des Rückgabewertes in der Klasse eindeutig sein.
- Eine Klassenoperation wird unterstrichen dargestellt.
- Eine abstrakte Operation wird kursiv dargestellt oder mit der Bedingung {abstract} versehen.
- Syntax:

  Operation ::= [Sichtbarkeit] Operationsname "(" [Parameterliste] ")"
  [":" Rückgabetyp] ["{ " Eigenschaften "} "]
  Parameterliste ::= Parameter ["," Parameterliste]
  Parameter ::= ["in " , "inout " , "out "] Name ":" Typ ["=" Defaultwert]

  Der Rückgabetyp kann auch durch einen Parameter namens return bestimmt werden.

- Die Eigenschaft query bezeichnet eine Operation ohne Zustandsverände-rung.
- Die Verwirklichung der Operation durch eine Methode kann in einer Notiz als Kommentar angegeben werden.

siehe auch: Klasse (1), Attribut (2), Notiz (All:3)

Beschreibung: Seite 46

Kla:4 Sichtbarkeit

Abbildung: A.6

Engl.: visibility

Regeln:

- Die Sichtbarkeit eines Klassenelements wird durch folgende Zeichen geregelt:
- +: public
- ~: package
- #: protected
- -: private

siehe auch: Klasse (1), Attribut (2), Operation (3)

Andere Diagramme: Paketdiagramm (Pak:3)

Beschreibung: Seite 47

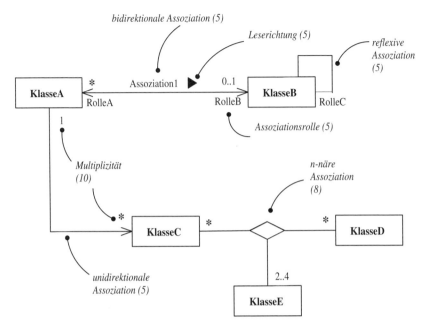

Abbildung A.7. Syntax der Klassendiagramme 2

Kla:5 Assoziation

Abbildung: A.7, A.9

Engl.: association

Regeln:

- Eine (binäre) Assoziation verbindet zwei Klassen miteinander.
- Eine Assoziation kann als navigierbar (mit Pfeilspitze) oder nicht navigierbar (mit Kreuz) gekennzeichnet werden. so entstehen gerichtete Assoziationen.
- Eine reflexive Assoziation verbindet eine Klasse mit sich selbst.
- Für jede Assoziation kann ein Assoziationsname mit optionaler Leserichtung angegeben werden.
- Für jeden Anknüpfpunkt der Assoziation an eine Klasse kann ein Rollenname und die Multiplizität der Klasse in dieser Assoziation angegeben werden.
- Außerdem sind Objektselektoren möglich.
- Die üblichen Zugriffsrechte schränken gegebenenfalls die Sichtbarkeit der Rollennamen ein.
- Ist die Multiplizität größer als 1, so kann die Kollektion als {ordered} oder {unique} spezifiziert werden.
- Die Bedingung {xor} kennzeichnet zwei verschiedene Assoziationen von einer Klasse aus als Alternativen.

siehe auch: Aggregation (6), n-äre Assoziation (8), Assoziationsklasse (9), Klasse (1), Komposition (7), Multiplizität, (10), Objektselektor (11)
Andere Diagramme: Use-Case-Diagramm (Use:4), Kommunikations-diagramm (Kmk:4)
Beschreibung: Seite 51

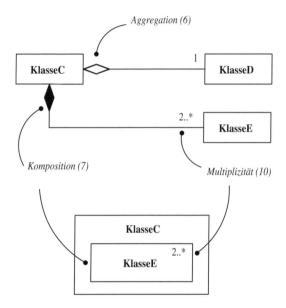

Abbildung   A.8.
Syntax der Klassen-diagramme 3

Kla:6 Aggregation
Abbildung: A.8
Engl.: aggregation
Regeln:
• Eine Aggregation ist eine gerichtete, binäre Assoziation.
siehe auch: Assoziation (5), Komposition (7), Klasse (1)
Beschreibung: Seite 57

Kla:7 Komposition
Abbildung: A.8
Engl.: composition
Regeln:
• Eine Komposition ist eine Aggregation.
• Eine Komposition kann auch durch Einzeichnen der Einzelteile in das Aggregat dargestellt werden.
• In diesem Fall wird die Multiplizität oben rechts notiert.

siehe auch: Aggregation (6), Klasse (1), Multiplizität (10)
Andere Diagramme: Kompositionsdiagramm (Kps:1)
Beschreibung: Seite 57

Kla:8 n-äre Assoziation
Abbildung: A.7
Engl.: n-ary association
Regeln:
- Eine n-äre Assoziation verbindet n Klassen miteinander.
- Die Enden einer n-äre Assoziation können nicht mit Objektselektoren versehen und nicht als Aggregation oder Komposition ausgezeichnet werden.

siehe auch: Assoziation (5), Klasse (1)
Beschreibung: Seite 63

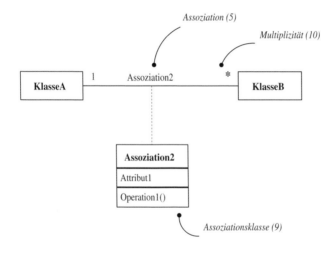

Abbildung A.9. Syntax der Klassendiagramme 4

Kla:9 Assoziationsklasse
Abbildung: A.9

Engl.: association class
Regeln:
- Eine Assoziationsklasse ist eine Klasse als Assoziation.
- Der Name der Assoziationsklasse muss mit dem Namen der Assoziation übereinstimmen.

siehe auch: Assoziation (5), Klasse (1)
Beschreibung: Seite 61

Kla:10 Multiplizität

Abbildung: A.7, A.8, A.9
Engl.: multiplicity
Regeln:
- Syntax: *Multiplizität* ::= *"∗"* | *Intervall*
  Intervall ::= *Zahl* | *Zahl* *".." Zahl* | *Zahl* *".." "∗"*

siehe auch: Assoziation (5), Attribut (2)
Beschreibung: Seite 59

Kla:11 Objektselektor

Abbildung: A.9
Engl.: qualifier
Regeln:
- Ein Objektselektor verbindet ein Ende einer Assoziation mit einer Klasse.
- Er beinhaltet ein Attribut oder eine Liste von Attributen der gegenüberliegenden Klasse, die dort deshalb nicht aufgeführt werden brauchen.

siehe auch: Assoziation (5), Klasse (1).
Beschreibung: Seite 60

Kla:12 Generalisierung

Abbildung: A.10
Engl.: generalization
Regeln:
- Jede Klasse kann beliebig viele Oberklassen und Unterklassen haben.
- Der Graph, der aus den Klassen und Generalisierungspfeilen entsteht, muss kreisfrei sein.
- Die Generalisierungsbeziehungen können unter Angabe eines Kriteriums zu Gruppen zusammengefasst werden.

siehe auch: Klasse (1)
Andere Diagramme: Use-Case-Diagramm (Use:6)
Beschreibung: Seite 65

Kla:13 Interface, Schnittstelle

Abbildung: A.11

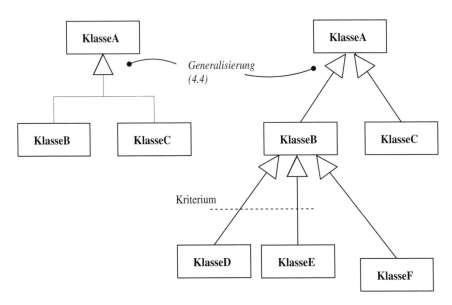

Abbildung A.10. Syntax der Klassendiagramme 5

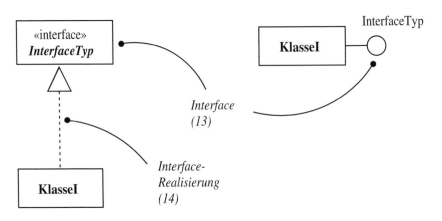

Abbildung A.11. Syntax der Klassendiagramme 6

Engl.: interface
Regeln:
- Ein Interface wird als Klasse mit dem Stereotyp ≪interface≫ dargestellt.
- Ein Interface beinhaltet keine Attribute und nur abstrakte Operationen.

siehe auch: Interface-Realisierung (14), Klasse (1)
Andere Diagramme: Komponentendiagramm (Kmp:2)
Beschreibung: Seite 69

Kla:14 Interface-Realisierung
    Abbildung: A.11
    Engl.: implemenation of interface
    Regeln:
    • Eine solche Beziehung verbindet ein Interface mit einer Klasse.
    • In der Kurzform wird nur der Name des Interfaces angegeben.
    siehe auch: Interface (13) Klasse (1), Abhängigkeit (18)
    Andere Diagramme: Komponentendiagramm (Kmp:6)
    Beschreibung: Seite 69

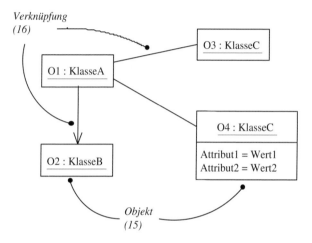

Abbildung   A.12.
Syntax der Klassen-
diagramme 7

Kla:15 Objekt
    Abbildung: A.12
    Engl.: object
    Regeln:
    • Ein Objekt besteht aus einem Namensfach und einem Attributfach.
    • Syntax des kompletten Objektnamens:
      [Objektname] [":" Klassenname] ["[" Zustandsliste "]"]
    • Objektname oder Klassenname können fehlen, aber nicht gleichzeitig.
    • Gehört ein Objekt mehreren Klassen gleichzeitig an, so werden deren Namen durch Komma getrennt.
    • Der Stereotyp der Klasse kann angegeben werden.
    • Im Attributfach stehen Wertbelegungen interessanter Attribute.
    • Syntax: *Wertbelegung ::= Attributname [":" Typ] "=" Wert*
    • Objekte sind durch Links miteinander verbunden.
    • Ein zusammengesetztes Objekt (Kompositum) ist eine Instanz einer Komposition.

siehe auch: Link (16) Klasse (1), Komposition (7)
Andere Diagramme: Aktivitätsdiagramm (Akt:3), Sequenzdiagramm
(Seq:1), Kommunikationsdiagramm (Kmk:1)
Beschreibung: Seite 49

Kla:16 Link, Verknüpfung
   Abbildung: A.12
   Engl.: link
   Regeln:
   - Links verknüpfen Objekte.
   - Links können unidirektional oder bidirektional sein.
   - Links sind Exemplare von Assoziationen.
   - Bei der Assoziation kann als Eigenschaft vermerkt werden, ob Links
     nur bei der Objekterzeugung geschaltet (`{readOnly}`), nur hinzugefügt
     (`{addOnly}`) werden dürfen oder frei veränderbar sind.
   siehe auch: Objekt (15), Assoziation (5), Eigenschaftsliste (5)
   Andere Diagramme: Kommunikationsdiagramm (Kmk:4)
   Beschreibung: Seite 51

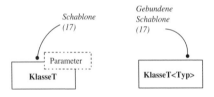

Abbildung   A.13.
Syntax der Klassen-
diagramme 8

Kla:17 Schablone
   Abbildung: A.13
   Engl.: template
   Regeln:
   - Eine Schablone ist eine parametrisierte Klasse.
   - Die Parameter im eingeschobenen Rechteck werden bei der Ausprägung
     ersetzt.
   - Die Ausprägung geschieht durch Angabe von aktuellen Parametern
   - oder eine Abhängigkeitsbeziehung mit dem Stereotyp «bind»
   siehe auch: Klasse (1), Abhängigkeit (18)
   Beschreibung: Seite 71

Kla:18 Abhängigkeit
 Abbildung: A.11
 Engl.: dependency
 Regeln:
- Eine beliebige Beziehung zwischen Modellelementen.
  - Interface und Realisierung
  - Schablone und ausprägendem Typ

 siehe auch: Assoziation (5), Schablone (17), Interface (13),
 Interface-Realisierung (14)
 Andere Diagramme: Komponentendiagramm (Kmp:6), Paketdiagramm
 (Pak:2), Use-Case-Diagramm (Use:7)
 Beschreibung: Seite 71

A.5 Sequenzdiagramm

sequence diagram

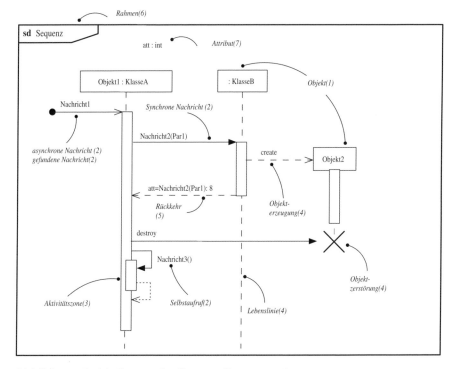

Abbildung A.14. Syntax der Sequenzdiagramme 1

Seq:1 Objekt
  Abbildung: A.17, A.14
  Engl.: lifeline head
  Regeln:
  - Objekte müssen bezeichnet werden.
  - Syntax für Objektname:
    [Objektname] [Selektor] [":" Klassenname] , nicht leer.
  - Der Selektor sucht ein Objekt aus einer Kollektion aus.
  - An Stelle der Objekte können auch andere Interaktionspartner, also Daten, Komponenten oder Rechnerknoten stehen.

  siehe auch: Objektlebenslinie (4), Objektselektor (11), Nachricht (2), Constraint (2)
  Andere Diagramme: Kommunikationsdiagramm (Kmk:1), Kompositionsdiagramm (Kps:2), Aktivitätsdiagramm (Akt:3), Installationsdiagramm (Ins:1), Klassendiagramm (Kla:15)
  Beschreibung: Seite 80, Seite 96

Seq:2 Nachricht
  Abbildung: A.17, A.14
  Engl.: message
  Regeln:
  - Jede Nachricht muss bezeichnet werden.
  - Nachrichten werden von Objekt zu Objekt gesendet.
  - Selbstaufrufe des Objekts sind möglich.
  - Nachrichtenpfeile verbinden Objektlebenslinien oder Aktivitätszonen.
  - Bei der Kreation von Objekten führen sie direkt zum Objektsymbol.
  - Für synchrone Nachrichten mit prozeduraler Semantik werden Pfeile mit ausgefüllten Spitzen gezeichnet.
  - Rückkehrnachrichten von Prozeduren und solche, die ein Objekt kreieren, werden als gestrichelte Pfeile mit normalen Spitzen gezeichnet ($-- \rightarrow$).
  - Für asynchrone Nachrichten werden normale Pfeile gezeichnet ($\rightarrow$).
  - Verlorene Nachrichten (ohne Empfänger) werden durch einen ausgefüllten Kreis an der Spitze, gefundene (Sender unbekannt) am Ende des Pfeiles modelliert.
  - Syntax für Beschriftung der Nachricht:
    Nachricht ::= [Attribut "="] Nachrichtenname ["(" [Parameter { ","
    Parameter}] ")"] [":" Rückgabewert]
    Parameter ::= ([Parname "="] Wert) | (Attribut "=" Parname [":"
    " Rückgabewert])
  - Nachrichten können mit einer Wächterbedingung versehen werden.

  siehe auch: Objekt (1)
  Andere Diagramme: Kommunikationsdiagramm (Kmk:2, Kmk:4)
  Beschreibung: Seite 81

Seq:3 Aktivitätszone
    Abbildung: A.14
    Engl.: activation
    Regeln:
    • Aktivitätszonen können bei direkten oder indirekten Selbstaufrufen des Objekts gestapelt werden.
    siehe auch: Objekt (1), Objektlebenslinie (4)
    Beschreibung: Seite 81

Seq:4 Objektlebenslinie
    Abbildung: A.14
    Engl.: lifeline
    Regeln:
    • Die Objektlebenslinie startet am Objektsymbol.
    • Sie repräsentiert das Objekt in der Interaktion.
    • Bei der Objekterzeugung beginnt die Objektlebenslinie auf der entsprechenden Position.
    • Bei Objektzerstörung endet die Lebenslinie mit dem Zerstörungssymbol.
    • Die Objektlebenslinie wird teilweise von Aktivitätszone überdeckt.
    siehe auch: Objekt (1), Aktivitätszone (3).
    Beschreibung: Seite 80

Seq:5 Rückkehrnachricht
    Abbildung: A.14
    Engl.: return message
    Regeln:
    • Nur synchrone Nachrichten können optional mit einer Rückkehrnachricht versehen werden.
    siehe auch: Nachricht (2)
    Beschreibung: Seite 81

Seq:6 Rahmen
    Abbildung: A.14
    Engl.: attribute
    Regeln:
    • Eine Interaktion kann in einen mit **sd** gekennzeichneten Rahmen eingeschlossen werden.
    Andere Diagramme: alle (All:1)
    Beschreibung: Seite 35

Seq:7 Attribut
    Abbildung: A.14

Engl.: attribute
Regeln:
• Eine Interaktion kann ein temporäres Attribut vereinbaren.
siehe auch: Objektlebenslinie (4)
Andere Diagramme: Klassendiagramm (Kla:2)
Beschreibung: Seite 35

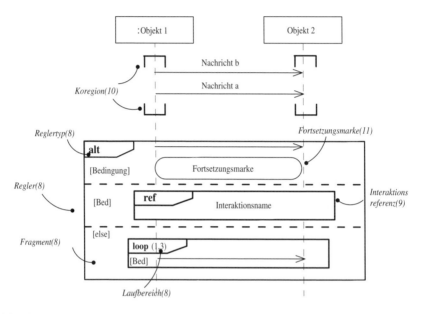

Abbildung A.15. Syntax der Sequenzdiagramme 2

Seq:8 Regler, Kontrolloperatoren
Abbildung: A.15
Engl.: CombinedFragment
Regeln:
• Regler fassen Teile eines Sequenzdiagrammes zusammen und belegen sie mit einer speziellen Semantik.
• Regler werden als Rahmen gezeichnet. Der Name notiert in Fettdruck einen von 12 Typen.
• Der Inhaltsbereich kann in verschiedene horizontale Fragmente aufgeteilt werden.

Typ	#Frag	zus. Syntax	Beschreibung
opt	1	Bedingung	optionale Interaktion
alt	2..*	Bedingungen, [else]	Alternative
loop	1	Laufbereichsgrenzen im Namensfach, Iterationsbedingung	Schleife
break	1	Bedingung	Abbruch der umschließenden Interaktion
par	2..*		nebenläufige Interaktionen, bel. Reihenfolge
seq	2..*		Abfolge gemäß Lebenslinien
strict	2..*		vorgeschriebene Abfolge
critical	1		atomare Interaktion
neg	1		ungültige Interaktion
assert	1		unabdingbare Interaktion
consider	1		wichtig
ignore	1		unwichtig

siehe auch: Rahmen (6), Interaktionsreferenz (9)
Beschreibung: Seite 86

Seq:9 Interaktionsreferenz

Abbildung: A.15
Engl.: interaction reference
Regeln:

- Eine fremde Interaktion kann eingesetzt werden.
- Der Name der referenzierten Interaktion steht in einem Rahmen mit Namen **ref**

siehe auch: Rahmen (6), Regler (8)
Andere Diagramme: Interaktionsübersichtsdiagramm (A.6.3)
Beschreibung: Seite 90

Seq:10 Koregion

Abbildung: A.15
Engl.: Coregion
Regeln:

- Mit eckigen Klammern kann auf den Lebenslinien ein Bereich markiert werden, der in beliebiger Reihenfolge abgearbeitet werden kann.

siehe auch: Regler (par) (8)

Seq:11 Fortsetzungsmarke
    Abbildung: A.15
    Engl.: Continuation
    Regeln:
    • Mit ovalen Fortsetzungsmarken lassen sich Fragmente eines Kontroll-operators über mehrere Plätze verteilen.
    siehe auch: Regler (alt) (8)

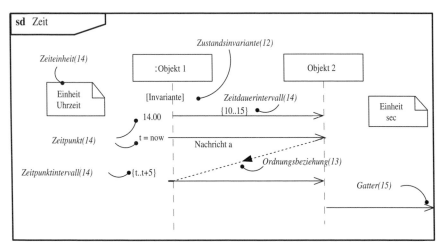

Abbildung A.16. Syntax der Sequenzdiagramme 3

Seq:12 Zustandsinvariante
    Abbildung: A.16
    Engl.: state invariant
    Regeln:
    • Lebenslinien können mit Bedingungen die Zustandsinvarianten einer Interaktion ausdrücken.
    • Die Bedingung wird direkt, mittels einer Notiz oder in einem abgerundeten Rechteck notiert.
    siehe auch: Notiz) (All:3)
    Andere Diagramme: Zustandsdiagramm (Zus:1)

Seq:13 Ordnungsbeziehung
    Abbildung: A.16
    Engl.: GeneralOrdering
    Regeln:

- Eine gepunktete Linie mit Pfeilspitze in der Mitte bringt 2 Ereignisse (Start- oder Zielpunkt einer Nachricht) in eine zeitliche Ordnung.

siehe auch: Regler (seq) (8)

Seq:14 Zeitangaben
    Abbildung: A.16
    Engl.: time constraint, duration constraint
    Regeln:
- Zeitpunkte und Zeitdauern können einzeln oder als Intervall an beliebiger Stelle angegeben werden.
- Zeiteinheiten werden in einer Notiz erklärt.
- Die genaue Syntax ist nicht festgelegt.

    siehe auch: Objektlebenslinie (4)
    Andere Diagramme: Timing-Diagramm (4)

Seq:15 Gatter
    Abbildung: A.16
    Engl.: gate
    Regeln:
- Punkt auf einem Rahmen für ein- oder ausgehende Nachrichten.

    siehe auch: Regler (par) (8)

A.6 Weitere Interaktionsdiagramme

interaction diagrams

Die zentralen Begriffe in den Interaktionsdiagrammen wie Objekt und Nachricht wurden bereits bei den Sequenzdiagrammen im vorigen Abschnitt erläutert, sie treten in leicht veränderter Notation auch in den anderen Diagrammen auf.

A.6.1 Kommunikationsdiagramm

communication diagram

Kmk:1 Objekt
    Abbildung: A.17
    Engl.: lifeline
    Regeln:
- wie im Sequenzdiagramm

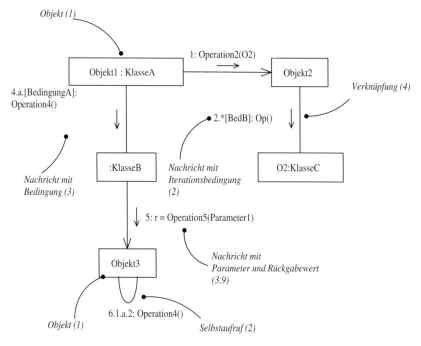

Objekt (1)

1: Operation2(O2)

Objekt1 : KlasseA

Objekt2

Verknüpfung (4)

4.a.[BedingungA]:
Operation4()

2.*[BedB]: Op()

:KlasseB

*Nachricht mit
Iterationsbedingung
(2)*

O2:KlasseC

*Nachricht mit
Bedingung (3)*

5: r = Operation5(Parameter1)

*Nachricht mit
Parameter und Rückgabewert
(3.9)*

Objekt3

Objekt (1)

6.1.a.2: Operation4()

Selbstaufruf (2)

Abbildung A.17. Syntax der Kommunikationsdiagramme 1

Andere Diagramme: Sequenzdiagramm (Seq:1)

Beschreibung: Seite 96

Kmk:2 Nachricht
Abbildung: A.17
Engl.: message
Regeln:
- Jede Nachricht muss bezeichnet werden.
- Nachrichten werden von Objekt zu Objekt gesendet.
- Selbstaufrufe des Objekts sind möglich.
- Nachrichten laufen entlang der Links.
- Ihre Aufrufrichtung wird durch kleine Pfeile angedeutet.
- Sequenznummern regeln die Reihenfolge.
- Syntax für Beschriftung der Nachricht:
  *Nachricht ::= Sequenznummer [Rückgabewert "="] Nachrichtenname
  ["(" Parameterliste ")"]*
  Sequenznummer ::= [Ziffern | Buchstaben] ["" "[" Iterationsausdruck
  "]" | "[" Bedingung "]"] ["." Sequenznummer]* , nicht leer

siehe auch: Link (4), Objekt (1)
Andere Diagramme: Sequenzdiagramm (Seq:2)
Beschreibung: Seite 96

Kmk:3 Wächterbedingung
Abbildung: A.17
Engl.: guard
Regeln:
- Jede Nachricht kann mit einer Wächterbedingung versehen werden.
- Die Formulierung der Bedingung kann in OCL erfolgen, ist aber nicht festgelegt.

siehe auch: Nachricht (2), Bedingung (All:2)
Andere Diagramme: Zustandsdiagramm (Zus:3), Aktivitätsdiagramm (7)
Beschreibung: Seite 85

Kmk:4 Link, Verknüpfung
Abbildung: A.17
Engl.: link
Regeln:
- Links verknüpfen Objekte.
- Links können unidirektional oder bidirektional sein.

siehe auch: Objekt (1), Nachricht (2)
Andere Diagramme: Klassendiagramm (Kla:16)
Beschreibung: Seite 97

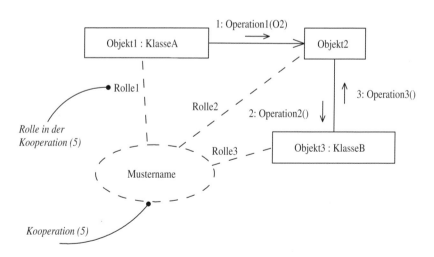

Abbildung A.18. Syntax der Kommunikationsdiagramme 2

Kmk:5 Kooperation
Abbildung: A.18
Engl.: collaboration
Regeln:
- Kooperationen sind benannte Objektgruppen, die zusammenarbeiten.
- Mit einer Kooperation kann der Einsatz eines Entwurfsmusters dokumentiert werden.
- Ihr Name wird in einer gestrichelten Ellipse angegeben, mit der die beteiligten Objekte verbunden sind.
- Die Verbindungslinien sind mit den Rollennamen markiert.

Andere Diagramme: Kooperationsdiagramm (Kop:1)
Beschreibung: Seite 131

A.6.2 Timing-Diagramm

timing diagram

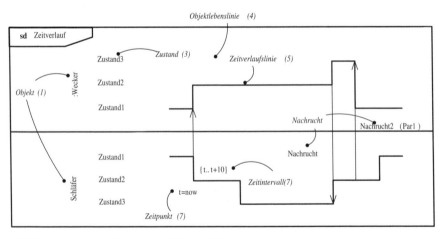

Abbildung A.19. Syntax der Timing-Diagramme 1

Tim:1 Objekt
Abbildung: A.19
Engl.: lifeline
Regeln:
- wie im Sequenzdiagramm
- vertikale Orientierung

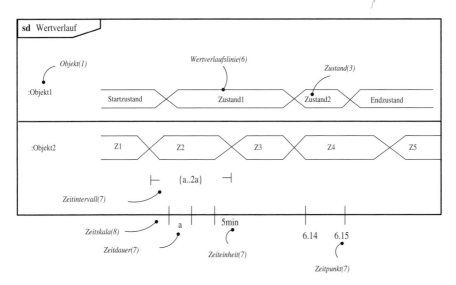

Abbildung A.20. Syntax der Timing-Diagramme 2

Andere Diagramme: Sequenzdiagramm (Seq:1), Aktivitätsdiagramm (Akt:3), Installationsdiagramm (Ins:1), Klassendiagramm (Kla:15)
Beschreibung: Seite 102

Tim:2 Nachricht
Abbildung: A.19
Engl.: message
Regeln:
- wie im Sequenzdiagramm
- vertikale Orientierung
Andere Diagramme: Sequenzdiagramm (Seq:2)
Beschreibung: Seite 81, Seite 96

Tim:3 Zustand
Abbildung: A.19
Engl.: state
Regeln:
- Die Zustände, die ein Objekt in der Interaktion einnimmt, belegen unterschiedliche Ebenen der Objektlebenslinie.
- Der Zustandsname steht links von der Zeitverlaufslinie.
- Wird eine Wertverlaufslinie angegeben belegen die Zustände die sechseckigen Fächer.
siehe auch: Objektlebenslinie (4), Zeitverlaufslinie (5), Wertverlaufslinie (6)

Andere Diagramme: Zustandsdiagramm (Zus:1)
Beschreibung: Seite 102

Tim:4 Objektlebenslinie
Abbildung: A.19
Engl.: lifeline
Regeln:
- Die Objektlebenslinie zeigt den Zeitverlauf der Zustandswechsel des Objekts.
- Sie kann mit Zeit- oder Wertverlaufslinien gezeichnet werden.

siehe auch: Zustand (3), Zeitverlaufslinie (5), Wertverlaufslinie (6)
Beschreibung: Seite 102

Tim:5 Zeitverlaufslinie
Abbildung: A.19
Engl.: state timeline
Regeln:
- Eine Treppenlinie, die die Zustandsebenen verbindet.

siehe auch: Objektlebenslinie (4), Wertverlaufslinie (6)
Beschreibung: Seite 102

Tim:6 Wertverlaufslinie
Abbildung: A.20
Engl.: value lifeline
Regeln:
- Eine parallele Doppellinie, deren Teile beim Zustandswechsel die Position tauschen und so sechseckige Figuren ausbilden.

siehe auch: Objektlebenslinie (4), Wertverlaufslinie (6)
Beschreibung: Seite 102

Tim:7 Zeitangaben
Abbildung: A.19
Engl.: time constraint, duration constraint
Regeln:
- Zeitpunkte und Zeitdauern können einzeln oder als Intervall an beliebiger Stelle angegeben werden.
- Die genaue Syntax ist nicht festgelegt.

siehe auch: Zeitskala (8), Objektlebenslinie (4)
Andere Diagramme: Sequenzdiagramm (14)
Beschreibung: Seite 102

Tim:8 Zeitskala
Abbildung: A.19

Engl.: timing ruler

Regeln:

• Eine Zeitskala legt am Rand des Rahmens die Zeiteinheit fest.

• Diese gilt proportional für den folgenden Teil des Diagramms.

siehe auch: Zeitangaben (7)

Andere Diagramme: Sequenzdiagramm (14)

Beschreibung: Seite 102

A.6.3 Interaktionsübersichtsdiagramm

interaction overview diagram

Ein Interaktionsübersichtsdiagramm ist ein Aktivitätsdiagramm, das an Stelle von Aktivitäten Interaktionen oder vorzugsweise Interaktionsreferenzen verbindet. Die Kontrolloperatoren eines Sequenzdiagramms werden dabei durch Verzweigungen von Kanten abgebildet.

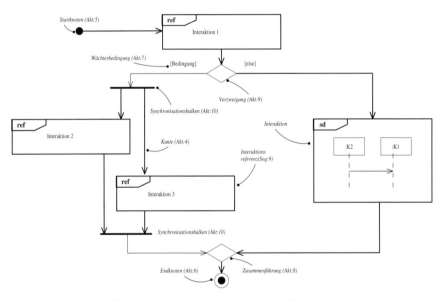

Abbildung A.21. Syntax der Interaktionsübersichtsdiagramme

Wir verweisen direkt auf die Elemente der zitierten Diagramme.

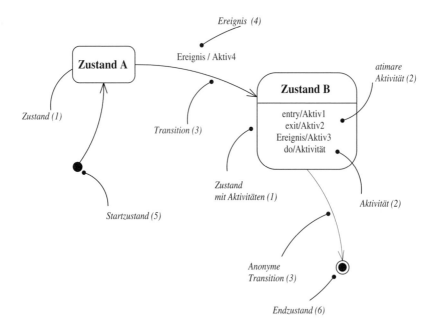

Abbildung A.22. Syntax der Zustandsdiagramme 1

A.7 Zustandsdiagramm

statechart diagram

Zus:1 Zustand
    Abbildung: A.22
    Engl.: state
    Regeln:
- Jeder Zustand wird durch seinen Namen identifiziert.
- Anonyme Zustände gelten als verschieden.
- Zustände können geschachtelt werden.

    siehe auch: Transition (3), Hierarchischer Zustand (7),
    History-Zustand (8)
    Andere Diagramme: Aktivitätsdiagramm (Akt:3), Klassendiagramm
    (Kla:15), Timing-Diagramm (Tim:1)
    Beschreibung: Seite 107

Zus:2 Aktivität
    Abbildung: A.22
    Engl.: activity
    Regeln:

- Bei Transitionen werden Aktivitäten bei der Ereignisbeschriftung mit angegeben.
- Für jede Aktivität können Parameter und Rückgabewerte angegeben werden.
  Syntax: *[Objekt "="] Aktivitätsname ["(" Parameterliste ")"]*
- In jedem Zustand kann maximal eine andauernde Aktivität angegeben werden.
- Das Pseudoereignis do bewirkt die Ausführung eines anderen Zustandsautomaten als Aktivität in einem Zustand.
- In Zuständen werden Aktivitäten als Ereignis-Aktivitäts-Paar aufgelistet.
  Syntax: *Ereignis "/" Aktivität*
- Für atomare Aktivitäten, die beim Erreichen bzw. Verlassen eines Zustandes ausgeführt werden sollen, sind die Pseudoereignisse entry bzw. exit definiert.
- Jedes Ereignis oder Pseudoereignis darf maximal einmal in einem Zustand auftauchen.

siehe auch: Transition (3), Ereignis (4). Zustand (1).
Andere Diagramme: Aktivitätsdiagramm (1)
Beschreibung: Seite 111

Zus:3 Transition

Abbildung: A.22
Engl.: transition
Regeln:

- Transitionen verbinden Zustände miteinander.
- Transitionen sind mit Ereignissen beschriftet.
- Für jedes Ereignis darf maximal eine einzige Transition von einem Zustand abgehen.
- Die anonyme Transition ohne Beschriftung sollte nur von Zuständen mit definierten Aktivitäten abgehen.
- Syntax der Beschriftung einer Transition:
  Transition ::= Ereignis [Bedingung] ["/" Aktivitäten]
  Ereignis ::= Ereignisname ["(" Parameterliste ")"]
  Aktivitäten ::= Aktivität [";" Aktivitäten]

siehe auch: Aktivität (2), Ereignis (4). Zustand (1).
Andere Diagramme: Aktivitätsdiagramm (Akt:1)
Beschreibung: Seite 111

Zus:4 Ereignis

Abbildung: A.22
Engl.: trigger
Regeln:

- Ereignisse beschriften Transitionen.

- Ereignisse haben Parameter.
- Es gibt vordefinierte Ereignisse (`after`).
- Die Auslösung eines mit `defer` gekennzeichnetem Ereignisses wird verzögert.
- Es gibt die Pseudoereignisse
  - `entry` Zustandsanfang
  - `exit` Zustandsende
  - `do` Zustandsinterne Aktivität

siehe auch: Transition (3), Zustand (1), Aktivität (2)
Beschreibung: Seite 107

Zus:5 Startzustand

Abbildung: A.22
Engl.: start state
Regeln:

- Der Startzustand markiert den Anfang des Zustandsautomaten.
- Jeder Automat darf maximal einen Startzustand haben.

siehe auch: Endzustand (6), History-Zustand (8)
Andere Diagramme: Aktivitätsdiagramm (Akt:5)
Beschreibung: Seite 107

Zus:6 Endzustand

Abbildung: A.22
Engl.: final state
Regeln:

- Ein Endzustand markiert ein Ziel des Zustandsautomaten.
- Jeder Automat darf beliebig viele Endzustände haben.

siehe auch: Startzustand (5), History-Zustand (8)
Andere Diagramme: Aktivitätsdiagramm (Akt:6)
Beschreibung: Seite 107

Zus:7 Hierarchischer Zustand

Abbildung: A.23
Engl.: composite state
Regeln:

- Statt hierarchischer Zustand sagt man auch zusammengesetzter Zustand oder Oberzustand.
- Der Name steht im obersten Fach des Zustandsrechtecks oder in einnem Karteireiter.
- Ein Oberzustand beinhaltet beliebig viele Zustände oder Unterzustände.
- Jeder Oberzustand beinhaltet maximal einen Startzustand oder alternativ maximal einen History-Zustand jeder Kategorie.

siehe auch: Transition (3), History-Zustand (8), Zustand (1).
Beschreibung: Seite 114

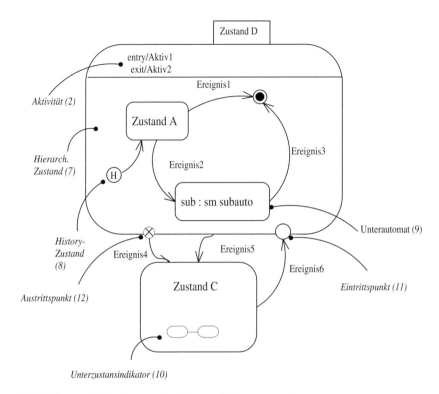

Abbildung A.23. Syntax der Zustandsdiagramme 2

Zus:8 History-Zustand
    Abbildung: A.23
    Engl.: history state
    Regeln:
- Ein Zustand kann einen flachen H und einen tiefen H* History-Zustand haben.

    siehe auch: Hierarchischer Zustand (7), Zustand (1)
    Beschreibung: Seite 114

Zus:9 Unterautomat
    Abbildung: A.23
    Engl.: submachine
    Regeln:
- Die Namen der Unterautomatenzustände enthalten nach einem Doppelpunkt den Namen des Unterautomaten.
- Unterautomaten kommunizieren über Ein- und Austrittspunkte.

    siehe auch: Hierarchischer Zustand (7)
    Beschreibung: Seite 114

Zus:10 Unterzustandsindikator
Abbildung: A.23
Engl.: decomposition indicator icon
Regeln:
- Wenn ein Zustand Unterzustände besitzt, die nicht eingezeichnet werden, so kann der Zustand mit dem Unterzustandsindikator gekennzeichnet werden.

siehe auch: Hierarchischer Zustand (7)
Beschreibung: Seite 114

Zus:11 Eintrittspunkt
Abbildung: A.23
Engl.: entry point
Regeln:
- Eintrittspunkte fassen mehrere in einen hierarchischen Zustand eingehende Transitionen zusammen.
- Alternativ zum Kreis am Zustandsrand kann die Transition mit dem in 2 Halbkreise eingeklammerten "via Eintrittspunktname" beschriftet werden.

siehe auch: Hierarchischer Zustand (7), Austrittspunkt (12)
Beschreibung: Seite 114

Zus:12 Austrittspunkt
Abbildung: A.23
Engl.: exit point
Regeln:
- Austrittspunkte fassen mehrere aus einem hierarchischen Zustand hinaus gehende Transitionen zusammen.
- Alternativ zum geviertelten Kreis am Zustandsrand kann die Transition mit dem in 2 Halbkreise eingeklammerten "via Austrittspunktname" beschriftet werden.

siehe auch: Hierarchischer Zustand (7), Eintrittspunkt (11)
Beschreibung: Seite 114

Zus:13 Konkurrente Zustände
Abbildung: A.24
Engl.: concurrent region
Regeln:
- Ein Zustand kann beliebig viele konkurrente Bereiche enthalten.
- In jedem konkurrenten Bereich läuft ein unabhängiger Zustandsautomat ab.
- Die einzelnen Bereiche können über Synchronisationsbalken aufgespalten und wieder vereinigt werden.

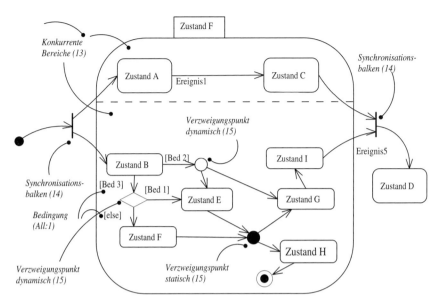

Abbildung A.24. Syntax der Zustandsdiagramme 3

siehe auch: Transition (3). Synchronisationsbalken (14).
Beschreibung: Seite 116

Zus:14 Synchronisationsbalken
Abbildung: A.24
Engl.: synchronization bar
Regeln:
- Ein Synchronisationsbalken kann entweder nur einen eingehenden und beliebig viele ausgehende Transitionen oder beliebig viele eingehende und nur einen ausgehenden Transitionen haben.
- Er kann mit einer Bedingung versehen werden.

siehe auch: Transition (3).
Beschreibung: Seite 117

Zus:15 Verzweigungspunkt
Abbildung: A.24
Engl.: choice, junction
Regeln:
- Eine oder mehr Transitionen können in einem Verzweigungspunkt enden.
- Zwei oder mehr Transitionen gehen von einem Verzweigungspunkt ab.
- Die abgehenden Transitionen müssen mit disjunkten Wächterbedingungen versehen werden.

- Bei einem statischen Verzweigungspunkt (Kreuzung) werden alle Bedingungen vor dem Start der Transition ausgewertet.
  siehe auch: Transition (3)
  Beschreibung: Seite 109

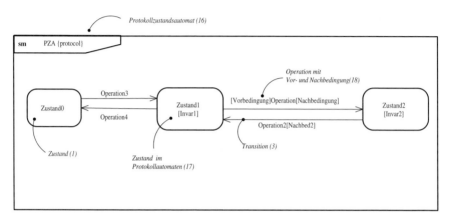

Abbildung A.25. Syntax der Zustandsdiagramme 4

Zus:16 Protokollzustandsautomat
    Abbildung: A.25
    Engl.: protocol state machine
    Regeln:
    - beschreibt eine Aufrufreihenfolge, ein Protokoll.
    - wird durch `{protocol}` gekennzeichnet.
    siehe auch: Transition (3), Zustand im Protokollzustandsautomat (17)
    Beschreibung: Seite 118

Zus:17 Zustand im Protokollzustandsautomat
    Abbildung: A.25
    Engl.: state
    Regeln:
    - Eine Invariante kann angegeben werden.
    siehe auch: Zustand (1), Protokollzustandsautomat (16)
    Andere Diagramme: Aktivitätsdiagramm (Akt:3),
    Klassendiagramm (Kla:15)
    Beschreibung: Seite 118

Zus:18 Operation
    Abbildung: A.25

Engl.: call trigger

Regeln:

- Operationen beschriften Transitionen.
- Operationen haben Parameter.
- Es können Vor- und Nachbedingungen spezifiziert werden.

siehe auch: Transition (3), Zustand im Protokollzustandsautomat (17)

Beschreibung: Seite 118

A.8 Komponentendiagramme

component, deployment, and composite structure diagrams

Die Elemente der Komponentendiagramme können teilweise auch in anderen Diagrammen, z.B. im Klassendiagramm auftreten. Nach den Installationsdiagrammen folgen die Kompositionsdiagramme und Kooperationsdiagramme, die in UML zu einem Diagramm, dem composite structure diagram zusammen gefasst werden.

A.8.1 Komponentendiagramm

component diagram, structure diagram

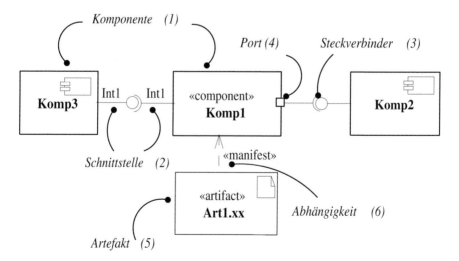

Abbildung A.26. Syntax der Komponentendiagramme 1

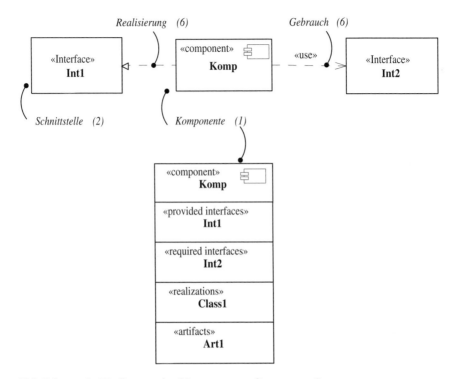

Abbildung A.27. Syntax der Komponentendiagramme 2

Kmp:1 Komponente
  Abbildung: A.26, A.27
  Engl.: component
  Regeln:
  • Der Name wird fett geschrieben.
  • Komponenten implementieren Schnittstellen oder benötigen Schnitt-
    stellen.
  • Die Schnittstellen können hinter den Stereotypen «provided interfaces»
    bzw. «required interfaces» aufgelistet werden. Zusätzlich ist die An-
    gabe der realisierenden Klassen oder Artefakte möglich.
  • Komponenten werden durch Steckverbinder miteinander gekoppelt.
  • Komponenten können durch Stereotypen klassifiziert werden:
    «entity», «process», «service», «implement», «subsystem»
  siehe auch: Schnittstelle (2), Steckverbinder 3, Artefakt (5)
  Andere Diagramme: Installationsdiagramm (Ins:2)
  Beschreibung: Seite 122

Kmp:2 Schnittstelle, Interface
  Abbildung: A.26, A.27

Engl.: interface
Regeln:
- Die Schnittstelle wird bezeichnet.
- Eine Schnittstelle kann eine Komponente mit einer anderen Komponente über einen Steckverbinder verbinden.

siehe auch: Komponente (1), Steckverbinder (3)
Andere Diagramme: Klassendiagramm (Kla:13)
Beschreibung: Seite 125

Kmp:3 Steckverbinder, Konnektor
Abbildung: A.26
Engl.: assignment connector
Regeln:
- Ein Konnektor verbindet Komponenten über Schnittstellen.

siehe auch: Schnittstelle (2), Komponente (1)
Andere Diagramme: Kompositionsdiagramm (Kps:3)
Beschreibung: Seite 122

Kmp:4 Port, Anschluss
Abbildung: A.26
Engl.: port
Regeln:
- Interaktionspunkt für eine Komponente.
- Komplexe Ports fassen mehrere Schnittstellen zusammen.

siehe auch: Schnittstelle (2)
Andere Diagramme: Kompositionsdiagramm (Kps:4)
Beschreibung: Seite 130

Kmp:5 Artefakt
Abbildung: A.26
Engl.: artifact
Regeln:
- Artefakte beschreiben physische Komponenten.
- Artefakte können durch Stereotypen klassifiziert werden, in UML vorgesehen sind: ≪executable≫ , ≪file≫ , ≪library≫ , ≪source≫

siehe auch: Komponente (1)
Andere Diagramme: Installationsdiagramm (Ins:2)
Beschreibung: Seite 124

Kmp:6 Abhängigkeit
Abbildung: A.26, A.27
Engl.: dependency
Regeln:

- Abhängigkeiten verbinden Komponenten mit anderen Elementen, z.B. Gebrauch von Schnittstellen (Stereotyp ≪use≫), Realisierung oder Implementierung durch Klassen (dreieckige Spitze) oder Manifestation von Artefakten (Stereotyp ≪manifest≫).

siehe auch: Komponente (1), Schnittstelle (2)
Andere Diagramme: Klassendiagramm (Kla:18), Paketdiagramm (2), Use-Case-Diagramm (Use:7), Installationsdiagramm (Ins:3)
Beschreibung: Seite 124

A.8.2 Installationsdiagramm

deployment diagram

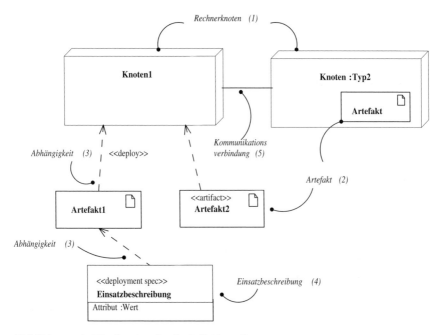

Abbildung A.28. Syntax der Installationsdiagramme

Ins:1 Rechnerknoten
Abbildung: A.28
Engl.: node
Regeln:
- Ein Rechnerknoten hat einen Namen und einen Typnamen. Beide können fehlen, jedoch nicht gleichzeitig.

- Rechnerknoten werden mit Kommunikationsverbindungen miteinander verknüpft.
- Rechnerknoten beinhalten beliebig viele Artefakte und Objekte.
- Rechnerknoten können geschachtelt werden.
- Es gibtfür Geräte und Ausführungsumgebungen eigene Stereotypen, ≪device≫ bzw. ≪execution env≫

siehe auch: Artefakt (2), Kommunikationsverbindung (5)
Andere Diagramme: Komponentendiagramme (Kmp:1)
Beschreibung: Seite 126

Ins:2 Artefakt
    Abbildung: A.28
    Engl.: artifact
    Regeln:
- siehe Artefakt im Komponentendiagramm

    Andere Diagramme: Komponentendiagramm (Kmp:5)
    Beschreibung: Seite 124

Ins:3 Abhängigkeit
    Abbildung: A.28
    Engl.: dependency
    Regeln:
- Eine spezielle Abhängigkeit (≪deploy≫) verbindet ein Artefakt mit dem Rechnerknoten, auf dem es installiert ist.

    siehe auch: Artefakt (2)
    Andere Diagramme: Klassendiagramm (Kla:18), Paketdiagramm (2), Use-Case-Diagramm (Use:7), Komponentendiagramm (Kmp:6)
    Beschreibung: Seite 124

Ins:4 Einsatzbeschreibung
    Abbildung: A.28
    Engl.: deployment specification
    Regeln:
- Ein Objekt das nähere Einzelheiten über den Einsatz (die Installation) eines Artefaktes enthält.

    siehe auch: Abhängigkeit 3
    Beschreibung: Seite 126

Ins:5 Kommunikationsverbindung
    Abbildung: A.28
    Engl.: communication association
    Regeln:
- Kommunikationsverbindungen verknüpfen Rechnerknoten

- Kommunikationsverbindungen können durch Stereotypen wie ≪TCP/IP≫ oder ≪CORBA≫ charakterisiert werden.

siehe auch: Rechnerknoten (1)

Beschreibung: Seite 126

A.8.3 Kompositionsdiagramm

composite structure diagram

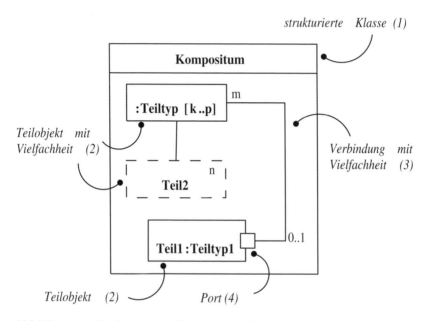

Abbildung A.29. Syntax der Kompositionsdiagramme

Kps:1 strukturierte Klasse
    Abbildung: A.29
    Engl.: composite structure
    Regeln:
- Der Name wird fett geschrieben, er steht im Namensfach.
- Die Komposition ist im 2. Fach beschrieben.
- Auch Komponenten können aus Teilen zusammengesetzt werden.

    siehe auch: Verbindung (3)
    Andere Diagramme: Klassendiagramm (Kla:1,Kla:7), Komponentendiagramm (Kmp:1)
    Beschreibung: Seite 127

Kps:2 Teilobjekt
  Abbildung: A.29
  Engl.: part
  Regeln:
  - Der Name wird fett geschrieben, er besteht aus dem Namen des Teilobjekts und dessen Typnamen.
  - Die Vielfachheit steht im Kasten oben rechts oder in eckigen Klammern nach dem Typnamen.
  - Ein gestrichelter Rand deutet an, dass das Teilobjekt nicht im Besitz des Kompositums ist.

  siehe auch: Verbindung (3)
  Andere Diagramme: Komponentendiagramm (Kmp:1)
  Beschreibung: Seite 127

Kps:3 Verbindung
  Abbildung: A.29
  Engl.: connector
  Regeln:
  - Eine Verbindung verbindet Teilobjekte über Ports oder direkt.
  - Die Vielfachheit beschränkt die Anzahl der Teile.

  siehe auch: Teilobjekt (2), Port (4)
  Andere Diagramme: Komponentendiagramm (Kmp:3), Klassendiagramm (Kla:16)
  Beschreibung: Seite 127

Kps:4 Port, Anschluss
  Abbildung: A.29
  Engl.: port
  Regeln:
  - Anschlusspunkt für andere Teilobjekte.

  siehe auch: Teilobjekt (2)
  Andere Diagramme: Komponentendiagramm (Kmp:4)
  Beschreibung: Seite 130

A.8.4 Kooperationsdiagramm

composite structure diagram

Kop:1 Kooperation
  Abbildung: A.30
  Engl.: collaboration
  Regeln:
  - In einer gestrichelter Ellipse wird das Zusammenspiel von Teilobjekten in verschiedenen Rollen beschrieben.

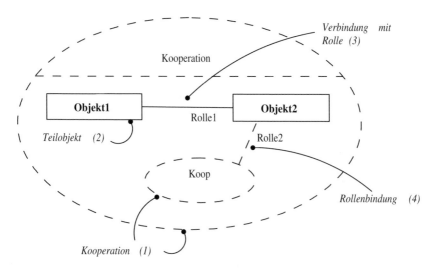

Abbildung A.30. Syntax der Kooperationsdiagramme

siehe auch: Teilobjekt (2)
Andere Diagramme: Klassendiagramm (Kla:15), Kommunikationsdiagramm (Kmk:5), Kompositionsdiagramm (Kps:1)
Beschreibung: Seite 132

Kop:2 Teilobjekt
Abbildung: A.30
Engl.: part
Regeln:
• siehe Kompositionsdiagramm
Andere Diagramme: Kompositionsdiagramm (Kps:2)

Kop:3 Verbindung
Abbildung: A.30
Engl.: connector
Regeln:
• siehe Kompositionsdiagramm
• Zusätzlich wird der Rollenname angegeben.
Andere Diagramme: Kompositionsdiagramm (Kps:3)

Kop:4 Rollenbindung
Abbildung: A.30
Engl.: role binding
Regeln:
• Eine Rollenbindung verknüpft mit einer gestrichelter Line eine Kooperation und deren Teilobjekt.

- Der Rollenname wird angegeben.

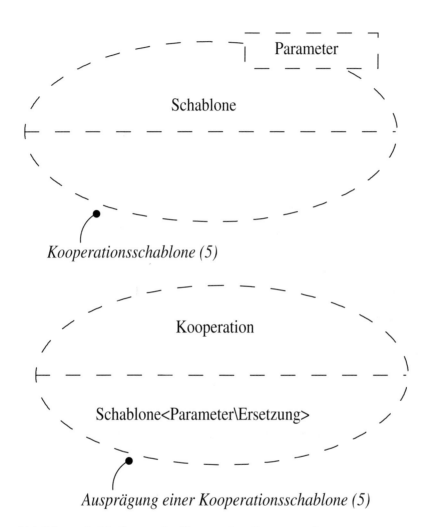

Abbildung A.31. Syntax der Kooperationsdiagramme 2

Kop:5 Kooperationsschablone
  Abbildung: A.31
  Engl.: collaboration template
  Regeln:
  - Der oder die Parameter der Kooperation werden in einem gestrichelter Rechteck notiert.

- Bei der Ausprägung werden die Parameter Ersetzungen in spitzen Klammern an den Schablonennamen angehängt.

siehe auch: Kooperation (1)
Andere Diagramme: Klassendiagramm (Kla:17)
Beschreibung: Seite 132

A.9 Paketdiagramm

package diagram

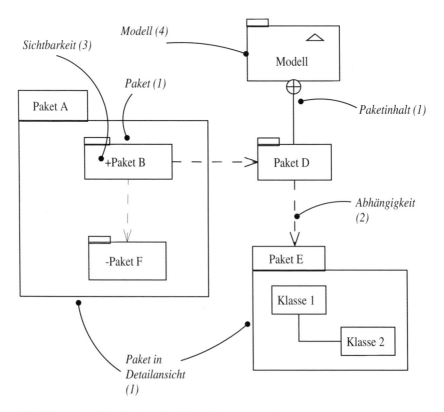

Abbildung A.32. Syntax der Paketdiagramme 1

Pak:1 Paket
    Abbildung: A.32
    Engl.: package
    Regeln:

- Ein Paket hat einen Namen.
- Pakete können unter anderem folgende Modellelemente enthalten:
  - Pakete
  - Klassen
  - Interfaces
  - Objekte
  - Akteure
  - Use-Cases
  - Generalisierungen
  - Assoziationen
  - Links
  - Abhängigkeitsbeziehungen
- Jedes Modellelement ist in höchstens einem Paket enthalten.
- Der Inhalt eines Paketes kann direkt in den Kasten gezeichnet oder durch eine baumartige Notation mit einem geviertelten Kreis als Anker angegeben werden.
- Der Paketname wird dem des enthaltenen Modellelements vorangestellt und mit ":: " abgetrennt.

siehe auch: Abhängigkeitsbeziehungen (2)
Beschreibung: Seite 138

Pak:2 Abhängigkeit (zwischen Paketen)
Abbildung: A.32
Engl.: dependency
Regeln:

- Abhängigkeitsbeziehungen verbinden zwei Pakete miteinander.
- Zur Beschreibung von Abhängigkeitsbeziehungen gibt es vordefinierte Stereotypen wie ≪import≫ , ≪access≫ und ≪merge≫

siehe auch: Paket (1)
Andere Diagramme: Implementierungsdiagramme (6), Use-Case Diagramm (7), Klassendiagramm (Kla:18)
Beschreibung: Seite 138

Pak:3 Sichtbarkeit
Abbildung: A.32
Engl.: visibility
Regeln:

- Die Sichtbarkeit eines Elementes in einem Paket wird durch folgende Zeichen vor dem Namen des Elementes gekennzeichnet:
- +: public
- −: private

siehe auch: Paket (1)
Andere Diagramme: Klassendiagramm (Kla:4)
Beschreibung: Seite 140

Pak:4 Modell

   Abbildung: A.32
   Engl.: model
   Regeln:
   • Ein Modell ist als grafischer Stereotyp für Pakete definiert.
   siehe auch: Paket (1)
   Beschreibung: Seite 144

A.10 Die OCL-Syntax

Die OCL Syntax wird hier nur verkürzt wiedergegeben, um einen Überblick über die möglichen Ausdrücke zu erhalten.

```
constraint := contextDeclaration
              (stereotype ":" expression)*
contextDeclaration := "context"
                      (clasifierContext | operationContext)
classifierContext := <typeName>
operationContext := <typeName> "::" <name>
                    "(" formalParameterList? ")"
                    ( ":" <typeName> )?
formalParameterList := formalParameter (";" formalParameter)*
formalParameter := <name> ":" <typeName>
stereotype := "inv" | "pre" | "post"


Expression := VariableExp | LiteralExp | IteratorExp |
              LetExp | OclMessageExp | IfExp
VariableExp := simpleName
LiteralExpCS := pathName "::" simpleEnumName |
                CollectionLiteralExp | PrimitiveTupelLit
CollectionLiteralExp :=
( "Set"| "Bag"| "Sequence"| "Collection"| "OrderedSet")
 CollectionRange ( "," CollectionRange )*
IteratorExp := Expression "->" (simpleName|"iterate")
"(" (VariableDeclaration,(("," |";") VariableDeclaration)? "|" )?
    Expression")"
IteratorExp := Expression "." simpleName ("("arguments?")")?
LetExp := "let" VariableDeclaration ("," VariableDeclaration)*
OclMessageExp := Expression ("^^"|"^") simpleName
 "(" OclMessageArg ("," OclMessageArg)*")"
IfExp := "if" Expression "then" Expression
  "else" Expression "endif"
```

A.11 Vordefinierte Stereotypen

Stereotyp:	betrifft:
≪access≫	Pakete
≪call≫	Abhängigkeit
≪create≫	Nachricht
≪create≫	Abhängigkeit
≪derive≫	Abhängigkeit
≪destroy≫	Nachricht
≪document≫	Komponente
≪executable≫	Komponente
≪file≫	Komponente
≪framework≫	Pakete
≪friend≫	Abhängigkeit zwischen Klassen
≪global≫	Verknüpfung
≪implement≫	Komponente
≪implementation≫	Generalisierung
≪implementationClass≫	Klasse
≪import≫	Abhängigkeit zwischen Paketen
≪instantiate≫	Abhängigkeit
≪invariant≫	Bedingungen
≪library≫	Komponente
≪metaclass≫	Klasse
≪metamodel≫	Modell
≪modelLibrary≫	Modell
≪postcondition≫	Bedingung
≪precondition≫	Bedingung
≪process≫	Klasse
≪realization≫	Klasse
≪realize≫	Abhängigkeit
≪refine≫	Abhängigkeit
≪requirement≫	Kommentar
≪responsibility≫	Kommentar
≪script≫	Komponente
≪send≫	Abhängigkeit
≪systemModel≫	Modell

→

Stereotyp:	betrifft:
≪trace≫	Abhängigkeit
≪type≫	Klasse
≪utility≫	Klasse

A.12 Vordefinierte Bedingungen

Bedingung	betrifft:
{association}	Verknüpfung
{complete}	Generalisierung
{destroyed}	Objekt
{disjoint}	Generalisierung
{global}	Verknüpfung
{implicit}	Assoziation
{incomplete}	Generalisierung
{local}	Verknüpfung
{new}	Objekt
{overlapping}	Generalisierung
{parameter}	Verknüpfung
{self}	Verknüpfung
{transient}	Objekt
{xor}	Assoziation

Anhang B
Inhalt der CD-ROM

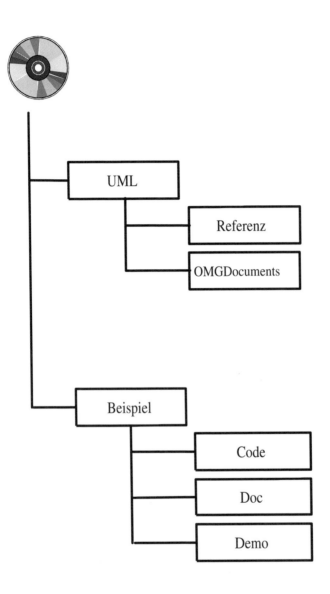

Abbildung B.1. Verzeichnisse auf der CD-ROM

Literatur

[1] C. Alexander. *The Timeless Way of Building.* Oxford University Press, 1979.

[2] K. Beck and W. Cunningham. *A Laboratory For Teaching Object-Oriented Thinking,* volume 24. SIGPLAN Notices, 1989.

[3] G. Booch. *Object-Oriented Analysis and Design with Applications.* Benjamin/Cummings, Redwood City/CA, 1994.

[4] F. Buschmann, R. Meunier, H. Rohnert, P. Sommerlad, and M. Stal. *Pattern-orientierte Software Architektur.* Addison-Wesley-Longman, Bonn, 1998.

[5] P. Coad and E. Yourdon. *Object-Oriented Analysis.* Yourdon Press, Prentice-Hall, Englewood Cliffs/NJ, 1991.

[6] P. Coad and E. Yourdon. *Object-Oriented Design.* Yourdon Press, Prentice-Hall, Englewood Cliffs/NJ, 1991.

[7] D. Flanagan. *Java in a Nutshell.* O'Reilly, Sebastopol/CA, 1996.

[8] M. Fowler. *Analyse Muster.* Addison-Wesley, Bonn, 1999.

[9] E. Gamma, R. Helm, R. Johnson, and J. Vlissides. *Design Patterns - Elements of Reusable Object-Oriented Software.* Addison-Wesley, Reading/MAS, 1995.

[10] IBM Object-Oriented Technology Center. *Developing Object-Oriented Software, An Experience-Based Approach.* Prentice-Hall, Englewood Cliffs/NJ, 1997.

[11] I. Jacobson, M. Christerson, P. Jonsson, and G. Övergaard. *Object-Oriented Software-Engineering.* Addison-Wesley, Reading/MAS, 1992.

[12] M. Jeckle, C. Rupp, J. Hahn, B. Zengler, S. Queins *UML 2 glasklar.* Hanser, München, 2004.

[13] C. Larman. *Applying UML and Patterns.* Prentice-Hall, Upper Saddle River/NJ, 1998.

[14] D. Lea. *Concurrent Programming in Java - Design Principles and Patterns.* Addison-Wesley, Reading/MAS, 1997.

[15] J. Martin and J. Odell. *Object-Oriented Analysis and Design.* Prentice-Hall, Englewood Cliffs/NJ, 1992.

[16] B. Meyer. *Objektorientierte Software-Entwicklung.* Hanser, München, 1988.

[17] G. Müller-Ettrich. *Objektorientierte Prozessmodelle.* Addison-Wesley, Bonn, 1999.

[18] Object Management Group. *Model Driven Architecture.* www.omg.org/mda .

[19] Object Management Group. *OCL 2.0 Specification* . www.omg.org, ptc/05-06-06.

[20] Object Management Group. *UML Specification 1.1.* www.omg.org, 1997.

[21] Object Management Group. *Unified Modeling Language Super-structure, version 2.0.* www.omg.org, formal/05-07-04 2005.

[22] Object Management Group. *Unified Modeling Language Infra-structure, version 2.0.* www.omg.org, ptc/04-10-14 2004.

[23] Rational Software Inc. *UML Specification 1.1.* www.rational.com, 1997.

[24] Rational Software Inc. *Rational Objectory Process.* www.rational.com/CD-ROM, 1999.

[25] Rational Software Inc. *UML Specification 1.3 (draft).* www.rational.com, 1999.

[26] J. Rumbaugh, M. Blaha, W. Premerlani, F. Eddy, and W. Lorensen. *Object-Oriented Modeling and Design.* Prentice-Hall, Englewood Cliffs/NJ, 1991.

[27] S. Shlaer and S. Mellor. *Object Lifecycles: Modeling the World in States.* Prentice-Hall, Englewood Cliffs/NJ, 1991.

[28] R. Wirfs-Brock, B. Wilkerson, and L. Wiener. *Designing Object-Oriented Software.* Prentice-Hall, Englewood Cliffs/NJ, 1990.

Index